Die Verurteilung der Folter ist nicht mehr einhellig, seit ihre Apologeten im „Krieg gegen den Terror" eine Rechtfertigung für diese Praxis gefunden haben, die sich in den letzten Jahren in Demokratien ebenso ausbreitet wie in diktatorischen Regimen. Ein empörtes „Nein" reicht zur Verteidigung der verletzten Menschenwürde nicht mehr aus. In klarem und prägnantem Stil zeichnet die Autorin ein kritisches Gesamtbild der Folter und zeigt ihre enge Verbindung zur Macht. Wie soll man gegen Folter kämpfen, wenn der Verbrecher der Staat selbst ist? Di Cesare entwirft eine neuartige Phänomenologie der Folter, in der sie die Besonderheit dieser systematischen und methodischen Form von Gewalt erfasst, bei der der Täter den Schmerz berechnet und abmisst, um das Opfer am Sterben zu hindern und weiterhin seine souveräne Macht ausüben zu können. Folter lauert überall dort, wo sich Wehrlose in den Händen von Stärkeren befinden: in Gefängnissen, Psychiatrien, Flüchtlingslagern, Hospizen, Behindertenzentren, Internaten. Das Fehlen eines Straftatbestandes begünstigt sie.

Donatella Di Cesare, geboren 1956, ist Professorin für theoretische Philosophie an der Universität La Sapienza in Rom.

FOLTER

PASSAGEN THEMA

Donatella Di Cesare
Folter

Aus dem Italienischen von
Christian Leitner

Passagen Thema
herausgegeben von
Peter Engelmann

Passagen Verlag

Deutsche Erstausgabe
Titel der Originalausgabe: *Tortura*
Aus dem Italienischen von Christian Leitner

Dieses Buch wurde dank der Übersetzungsförderung des Italienischen Ministeriums für Äußere Angelegenheiten und Internationale Zusammenarbeit übersetzt.

Questo libro è stato tradotto grazie a un contributo alla traduzione assegnato dal Ministero degli Affari Esteri e della Cooperazione Internazionale italiano.

Die Deutsche Nationalbibliothek verzeichnet diese Publikation in der Deutschen Nationalbibliografie; detaillierte bibliografische Daten sind im Internet über http://dnb.dnb.de abrufbar.

ISBN 978-3-7092-0558-7
© 2016 Bollati Boringhieri editore, Torino
© der dt. Ausgabe 2023 by Passagen Verlag Ges. m. b. H., Wien
http://www.passagen.at
Grafisches Konzept: Gregor Eichinger
Satz: Passagen Verlag Ges. m. b. H., Wien
Druck: Ferdinand Berger & Söhne GmbH, 3580 Horn

Inhalt

Prolog

Über die Folter zu schreiben ist eine problematische und heikle Wahl. Noch bis vor wenigen Jahren erschien ihre Ablehnung, zumindest verbal, einhellig. Was nicht verhindern konnte, dass die Folter sich diesem Verbot entzogen und das Interdikt umgangen hat – das so weitgehend allgemein geteilt wurde, dass es fast zu einem kategorischen Grundsatz erhoben wurde –, indem sie sich heimlich hinter den Kulissen ihre Hintertüren suchte.

Doch die Einhelligkeit ist verschwunden. Ihre neuen Adepten sind fast überall an die Öffentlichkeit getreten. In den Vereinigten Staaten haben sie gar eine Debatte auf den Weg gebracht. Könnte eine Ausnahme nicht auch Vorteile haben? Könnte ein wohlüberlegter, beschränkter, vielleicht sogar legalisierter Einsatz der Folter sich nicht unter Umständen als nützlich erweisen? Der „Krieg gegen den Terror" scheint es zu erfordern. Die Bemühungen, einer Praxis Legitimität zu verleihen, die nie aufgegeben wurde, werden immer zahlreicher. Ihre eingefleischten Verteidiger, Diktatoren und Autokraten, Despoten und Demagogen, die in verschiedenen Winkeln der Welt weiterhin regieren, sind wohl zufrieden mit der plötzlichen Spaltung, freuen sich über die unerwartete Bresche, die sich in der Demokratie eröffnet hat. Die öffentliche Meinung schwankt, unsicher und zögerlich. Als würde die instinktive Ablehnung nicht mehr ausreichen.

Das Folterverbot steht nunmehr im Verruf eines hohlen Utopismus, der einer Weltordnung, die indes von der Bedrohung durch den Terror beherrscht wird, nicht angemessen ist. Man sollte also die Demokratie schützen, indem man Folter zulässt, das heißt, auf Terror zurückgreifen, um den Terror zu bekämpfen.

Deswegen also ist das Problem der Folter die Wasserscheide, die zwei alternative Lesarten der jüngsten Geschichte voneinander trennt.

Dass man es akzeptiert, ihre Rolle und ihr Statut, ihre Grundannahmen und Ergebnisse zu diskutieren, bedeutet nicht, dass man in Zukunft bereit wäre, ein gutes Argument zu ihrer Rechtfertigung zu billigen. Ein unbeirrbares „Nein" zur Folter wird jeder weiteren Diskussion vorangestellt. Wo immer begonnen wird, Sonderfälle zu reklamieren, wo immer ein Moralphilosoph über Ausnahmen und Beschränkungen nachgrübeln möchte, kann die Antwort nur die knappe und kategorische Antwort der politischen Praxis sein: „Man darf nicht foltern".

Allerdings ist ein „Nein", das vor allem aus der Empörung entspringt, nicht ausreichend, um die von der Folter angetastete Menschenwürde zu verteidigen. Eine Reflexion ist unabdingbar. In diesem Sinn stellt die Folter geradezu das Paradigma der Frage der Moral in der Gegenwart dar, deren zwingende und paradoxale Form Theodor W. Adorno wie folgt zusammengefasst hat: „Es soll nicht gefoltert werden; es sollen keine Konzentrationslager sein, während all das in Afrika und Asien fortwährt und nur verdrängt wird, weil die zivilisatorische Humanität wie stets inhuman ist gegen die von ihr schamlos als unzivilisiert Gebrandmarkten".[1] Einerseits der Impuls, der ein entschiedenes „Nein" dagegensetzt, wenn man in Erfahrung bringt, dass jemand gefoltert wurde, das Gefühl der Solidarität mit den gequälten Leibern, die nackte körperliche Angst dessen, der sich mit dem Opfer identifiziert; andererseits die Suche nach einer theoretischen Reflexion, die sich nicht darauf beschränkt, diesen Impuls zu rationalisieren, ihn in einen abstrakten Grundsatz zu überführen.

Hier tritt ein Widerspruch zutage, der das aktuelle Szenario durchdringt und zumindest zum Teil die tatsächliche Machtlosigkeit erklärt, die jeder dabei empfindet. Es ist der Widerspruch zwischen der spontanen Weigerung, dieses nicht zu duldende Grauen weiterhin dulden zu müssen, und einem Bewusstsein, das ahnt, warum das Grauen trotz allem weitergeht, ohne dass ein Ende abzusehen wäre. Gerade die Folter macht das Dilemma des Einzelnen sichtbar, der mit diesem Zwiespalt ringt.

In diesem dramatischen Szenario ist also offen anzuerkennen, dass „nichts sich geändert hat", wie es der Refrain von Wisława Szymborskas Gedicht „Folter" nahelegt – beinah ein kurzes philosophisches Traktat, in dem die Schärfe des Blicks nicht die ungläubige Verblüffung, das empörte Entsetzen mindert. Und wenn das „Nein" angesichts der Wiederkehr des Grauens seinen wehrlosen Eigenwillen zur Schau stellt, sollten wir jedenfalls in Erinnerung behalten, dass wir nicht nur sind, was wir tun, sondern auch, was wir geloben zu tun oder zu unterlassen.

Geändert hat sich nichts;
der Körper ist schmerzempfindlich,
muss essen, atmen und schlafen,
unter der dünnen Haut fließt das Blut,
er hat einen ziemlichen Vorrat an Zähnen und Nägeln,
sein Knochengerüst ist brüchig, die Gelenke sind streckbar.
Das alles wird bei der Folter beachtet.

Geändert hat sich nichts,
der Körper zittert, wie er gezittert hatte,
vor der Gründung Roms und nach der Gründung Roms,
im zwanzigsten Säkulum vor, nach Christi Geburt,
die Folter ist, wie sie war, nur die Erde ist kleiner,
und was immer geschieht, ist so, als wäre es gleich nebenan.

Geändert hat sich nichts;
es gibt nur mehr Menschen,
zu den alten Vergehen kamen neue hinzu,
wirklich, eingeredete, zeitweilige und keine,
aber der Schrei, mit dem der Körper sie büßt,
war, ist und bleibt ein Schrei der Unschuld,
gemäß der ewigen Skala und der Register.

Geändert hat sich nichts,
außer den Manieren, Zeremonien, Tänzen.
Die Handbewegungen derer, die ihren Kopf schützen wollen,
bleibt die gleiche.

Der Körper windet sich, bäumt sich auf, reißt sich los,
knickt in den Knien zusammen, fällt,
wird blau, schwillt an und speichelt und blutet.

Geändert hat sich nichts;
außer dem Wettlauf der Grenzen,
der Linien der Wälder, Gestade, Wüsten und Gletscher.
In diese Landschaften streut unsere Seele,
verschwindet, kommt wieder, mal näher, mal ferner,
sich selber fremd, unbegreifbar,
mal sicher, mal unsicher ihres Vorhandenseins,
während der Körper ist und ist und ist
und weiß nicht wohin.[2]

Politik der Folter

1. Ohne Ende? Im 21. Jahrhundert

Es scheint, als würde das Wort „Folter" archaische und weit entfernte Szenarien heraufbeschwören, die der düsteren und grausamen Vergangenheit der Menschheit entspringen. Als sollte diese Randerscheinung ganz der historischen Rekonstruktion überlassen werden, die dazu beitragen würde, sie unwiderruflich und endgültig in alle Ferne zu verdrängen. Die Geschichten der Folter, selbst die gelungensten, stellen ein Repertoire von Gräueltaten, einen Katalog der Schrecken, ein Inventar von Grausamkeiten dar, die vor dem Hintergrund eines dürftigen und repetitiven Handlungsstrangs nachgezeichnet werden. Zwischen Sadismus und Perversion beschreibt eine solche Folklore des Bösen Verfahren und Techniken, welche die menschliche Vorstellungskraft erdacht hat, um Schmerz und Qualen zuzufügen; verweilt auf der wehrlosen Nacktheit des Opfers und auf der bleiernen Maske des Büttels, dringt ins dunkle Labyrinth der Zelle, wo das Geständnis erpresst wird, tritt verstohlen in die Folterkammer ein und gibt ein Bild von der grausigen Lustbarkeit des Strafens. Pranger oder Rad, Schraubstock oder Geißel, Galgen oder Scheiterhaufen: Die Szenographie der Folter wird auf der Bühne der Inquisition arrangiert, vielleicht, weil man in dieser den Höhepunkt der Geschichte ausmacht. Allerdings kann es vorkommen, dass der Vorhang fällt und dass Entsetzen und Abscheu sogar jenem Gefühl des Erhabenen Platz machen, das denjenigen durchdringt, der die Zerstörung des fremden Leibs aus angemessener Entfernung betrachtet.

15

Die Geschichte sollte eigentlich auf ein unausbleibliches *Happy End* hinauslaufen. Der Fortschritt setzt sich gegen die Barbarei durch, die Folter wird in eine prämoderne Vorzeit der Zivilisation verwiesen. Beruhigend erhebt sich die Gestalt Cesare Beccarias, der in seiner 1764 veröffentlichten Abhandlung *Dei delitti e delle pene* („Von den Delikten und den Strafen") Theorie und Praxis der Folter entschieden verurteilt. Pietro Verri und die großen Reformer des 18. Jahrhunderts stimmen mit ihm überein. In europäischen Landen fast überall abgeschafft – 1740 in Preußen, 1770 in Sachsen, 1780 in Frankreich, 1786 im Großherzogtum Toskana, 1789 im Königreich Sizilien – bleibt die Folter trotz Aufklärung und Moderne eine beunruhigende Präsenz, deren Schatten lang und unheilvoll über der Zivilisation liegt. Folterszenen ereignen sich immer wieder, in unterschiedlichen und wandelbaren Formen. Doch die Folter lässt sich nicht auf eine Phantasmagorie reduzieren. Ungeheuerlich und dennoch real steht sie dem glücklichen Ende im Weg. Das Kapitel über ihre Abschaffung wird nicht das letzte bleiben. Eine Sonderregel, Ausnahme oder Anomalie folgt auf die nächste, es werden Anmerkungen und Nachträge notwendig. Es scheint, dass die Folter sich höchstens für ein paar Jahrzehnte zurückzieht. Bald schon taucht sie jedoch in Randbereichen wieder auf: in Konflikten und Kriegen, an den Grenzen der modernen Imperien, in den Kolonien. Sie feiert mit all ihrer grausamen Wucht in den Gefängnissen der Diktaturen, in den Lagern der totalitären Regimes ihre Rückkehr. Auch in der zweiten Hälfte des vergangenen Jahrhunderts setzt sie ihren Vormarsch unaufhaltsam fort. Wie könnte man die Gräueltaten vergessen, die in Algerien und im Iran, im Griechenland der Obristen, in Salazars Portugal begangen wurden? Von der massiven Anwendung von Folter in den lateinamerikanischen Diktaturen ganz zu schweigen.

Das Fortschrittsnarrativ wird durch eine Abfolge von Nachträgen beschädigt. Die Folter ist kein Relikt der Inquisition; sie lässt sich nicht auf zeitliche und räumliche Peripherien einschränken. Sie taucht voller Anmaßung aus der Vergangenheit auf und droht damit, dass sie auch eine Zukunft hat. „Ohne Ende?", fragt Edward Peters in der erweiterten Ausgabe seines mittlerweile zum Klassiker gewordenen Buchs *Torture*.[1] Mit seiner Frage knüpft er an Piero Fiorelli an, den größten Historiker der Folter, der am Ende seines monumentalen, 1953–1954 veröffentlichten Werks *La tortura giudiziaria nel diritto comune* („Die Justizfolter im gemeinen Recht") einen abschließenden Abschnitt mit dem Titel „Ohne ein Ende?" eingefügt hatte.[2] Die Frage ist ein Eingeständnis. Die Folter bleibt nicht in den Grenzen der Geschichte, sondern geht über diese hinaus.

Ob offen oder versteckt, bekämpft oder geduldet, die Folter ist niemals ganz verschwunden, sodass sie sich, trotz ihrer Veränderlichkeit im Laufe der Jahrhunderte, als ein ununterbrochenes Phänomen, eine dauerhafte Institution, eine Konstante der Menschheitsgeschichte darstellt. Das dokumentieren die Kodizes und Gesetze; das kollektive Gedächtnis bezeugt es. Es wäre widersinnig, sie als die Verirrung eines primitiven Rechts, als Anomalie einer noch stammelnden Justiz, als Unfall auf dem Weg einer triumphierenden Vernunft zu betrachten. Man kann wohl versuchen, sie in die anstößige Brutalität der Vergangenheit zu projizieren, um sich so einzureden, dass man in einem Paradies lebe, das noch im Entstehen begriffen ist. Ein fernes Zeitalter, ein weit entfernter Ort, eine diskreditierte Ideologie – das sind die Alibis einer beschönigenden Sichtweise, die nicht mehr aufrechtzuerhalten ist.

Die Folter konnte sich Bann und Beschränkung entziehen, hat Verbote und Interdikte umgangen. Sie ist nicht beseitigt, ja nicht einmal unter Kontrolle gebracht worden. Die Folter übersteht hartnäckig sogar den Übergang von der Marter zur Strafe. Auch die neue Nüchternheit des Strafens, bei der die Ökonomie der Bestrafung im Mittelpunkt steht, wird ihrer nicht Herr. Das Gefängnis verdrängt die Folter nicht und führt nicht zu ihrer Ächtung. Auch Michel Foucault räumt in seinem berühmten Text *Überwachen und Strafen* aus dem Jahr 1975, in dem er bei der Rekonstruktion der Genealogie des Gefängnisses die Überwindung der Marter in den Bestrafungen noch in gewisser Weise optimistisch skizziert, ein, dass der Strafvollzug weiter von der Folter besessen bleibt.[3] Indem sie sich nämlich an die Verschiedenheit von Körper und Seele anpasst, wird sie zwar subtiler und ätherischer, jedoch um nichts weniger furchtbar.

Die Verurteilung der Folter begünstigt paradoxerweise auch in demokratischen Ländern ihre heimliche Verbreitung. Um die derzeitige Tragweite des Phänomens ermessen zu können, braucht man sich nur die von Amnesty International zur Verfügung gestellten Daten anzusehen – im Jahr 2016 wurden in mindestens 122 Ländern Folterungen durchgeführt – und den Strom von Nachrichten zu verfolgen, die nicht nur von Kriegsschauplätzen, aus Flüchtlingslagern oder den Kellern von Diktaturen eintreffen, sondern auch aus den Zuchthäusern, Gefängnissen und allen Arten von Internierungsanstalten der demokratischen Länder. Es tritt eine umfassende und gespenstische Landkarte zutage, die es nahelegt, von einer Globalisierung der Folter zu sprechen. Je mehr sie kritisiert wird, desto mehr verschleiert sich die Folter und verbirgt sich hinter neuen Formen. Wenn sie abgeschafft wird, taucht sie wieder auf; wenn sie abgeschrieben wird, manifestiert sie sich nur noch virulenter. Und sie erzwingt ihren Platz im aktuellen politischen Geschehen, ganz oben auf seiner Tagesordnung.

Noch brannte die Asche des World Trade Center, da wurde die Folter bereits zu einem Gegenstand der öffentlichen Debatte. Warum sollte man, im apokalyptischen Szenario eines bevorstehenden Anschlags, bei dem die Terroristen zum Einsatz von Massenvernichtungswaffen bereit waren, nicht auf Folter zurückgreifen, um an unentbehrliche Informationen zu gelangen und zahlreiche Menschenleben zu retten? Im *War on Terror*, dem „Krieg gegen den Terror", ist die Duldung der Folter der augenfälligste Beweis für die unvermittelte und tiefgreifende Aushöhlung der Menschenrechte.

Ihr Einzug in das 21. Jahrhundert hätte triumphaler nicht sein können. Die Folter stellt sich als ultimative Waffe der Geheimdienste dar, um den globalen Konflikt mit seinen unvorhersehbaren Wechselfällen einzudämmen. Dieselbe politische Macht, die zuvor nach außen hin ihren Einsatz verboten, sie aber zugleich im Kampf gegen Dissens und Subversion gebraucht, oder besser missbraucht, hatte, strebt nun danach, die Folter zu rechtfertigen, zu erlauben, zu legalisieren; indem sie vorgibt, einem Wunsch der Bevölkerung zu entsprechen, betreibt sie deren vollständige Zulassung. Und so, gerade wie sie als außerordentliches Hilfsmittel zur Terrorismusbekämpfung durchgeschleust wird, offenbart die Folter bei näherer Betrachtung ihr intimstes und dunkelstes Gesicht: das des Terrors. Von Anfang an in die Logik der Herrschaft eingeschrieben, deren gewaltsamste und stringenteste Praxis sie ist, gehört die Folter zur Politik der Einschüchterung, nach innen hin noch mehr als nach außen. In diesem Sinne stellt sie die Allmacht der Staatshoheit zur Schau.

2. Folter und Macht

Die Hölle wird normalerweise als endlose Bestrafung vorgestellt. Eben dies und nichts anderes bedeutet die ewige Verdammnis, für die es weder Freikauf noch Erlösung gibt. Das Todesurteil wird in Folter verwandelt, jenen Schmerz, der den Korridor des ewigen Sterbens drohend überschattet.

Die Folter ist die perverse und erbarmungslose Erscheinungsform der Ewigkeit. Daher ruft sie Höllenvisionen hervor. Die Bestrafung ist von Dauer. Dabei dehnt sich die Folter allerdings nicht auf einen ewigen Zeitraum aus, sondern findet vielmehr in einer endlosen Schleife von Wiederholungen statt. Dieses unaufhörliche Nicht-Enden ist eine ihrer besonderen Eigenschaften.

Es überrascht nicht, dass der Gefolterte beständig ein Ende herbeisehnt – auch wenn es das endgültige des Todes ist. Was ihn quält, ist die Angst vor einem endlosen Sterben. In den Augen des Folterers hingegen ist der vorzeitige Tod des Opfers ein ärgerlicher Unfall, das Eintreten von Bewusstlosigkeit ein Fehler, der vermieden werden sollte. Der andere muss bei Bewusstsein und am Leben bleiben, zumindest solange die Folter andauert. Obwohl sie sehr oft mit dem Tod endet, darf die Folter daher nicht mit einer Hinrichtung verwechselt werden. Sie ist keine Tötungstechnik. Mit dem Tod des anderen würde jedes Verhältnis verschwinden – auch und vor allem jenes der Macht. Der Tod würde das Opfer aus den Händen des Schinders befreien – eine elende und paradoxe Befreiung. Eben aus diesem Grund gibt sich die Folter nicht mit dem Tod des anderen zufrieden, der im Gegenteil den Moment markiert, in dem diese fortgesetzte Gewaltanwendung, während

19

sie noch in ihrer Grausamkeit triumphiert, frühzeitig ihr Objekt einbüßt. Die Vernichtung ist nicht ihr letztes Ziel. Die Folter geht darüber noch hinaus, indem sie das Sterben zu einer andauernden Strafe macht und dabei den Menschen in eine sterbende Kreatur verwandelt.

Nur wenn man sie auf diese Weise betrachtet, als Ausübung absoluter Gewalt, kann man die politische Bedeutung der Folter erfassen. Hier tritt ihre enge Verbindung zur Macht in aller Klarheit hervor. Sie ist vor allem die Macht, über den anderen zu herrschen, ihn durch Qualen zu überwältigen, durch Leid und Schikanen sich zu unterwerfen. Ohne jede Beschränkung – außer dem Tod, den es zu vermeiden gilt. Bis in die verborgensten Winkel seines Daseins hinein soll der Gefolterte den ihm zugefügten Schmerz wahrnehmen, der sich zum Insigne der schrecklichen und unbedingten Macht des Folterers erhebt. Auf der einen Seite das hilflose Opfer in der Schmach seiner Erniedrigung, auf der anderen der triumphierende Büttel in seiner gottgleichen Souveränität. Gar nichts wird dem Opfer gestattet, für den Folterknecht dagegen ist alles möglich.

Dieser macht aus dem Gefolterten einen Leib, auf dem die Strafe einzuschreiben ist. Er bearbeitet das Fleisch, den Ort seiner Experimente, den Gegenstand seiner Zerstörungstechnik. Der Folterknecht ist ein Handwerksmann, der sich als Schöpfer gebärdet, sich zum Herrn des Schmerzes erhebt. Der andere wird, entmenschlicht, auf schiere, passive Körperlichkeit reduziert. Auch wenn die Folter seelischer Natur ist – der psychische Schmerz vermengt sich mit dem körperlichen und umgekehrt. Der leidende Körper des Opfers gerät in ein Räderwerk, das mit ständig neuen Gerätschaften und Mechanismen ausgestattet wird, mit Instrumenten, die es zu erproben gilt. Die Folter ist nicht Sitzungsort für einen Prozess, sondern vielmehr Labor einer destruktiven Vorstellungskraft.

Gewalt ruft Schmerz hervor, entblößt ihn, macht ihn sichtbar und hörbar. Verletzungen, Schläge, Hiebe ersticken das Wort. Für artikulierte Laute bleibt kein Platz, nur für Stöhnen und Schreie. Während sie versucht, in die Intimität des Opfers einzudringen, in seine am wenigsten greifbare Innerlichkeit, um sie nach außen zu stürzen und sich ihrer zu bemächtigen, vernichtet diese Gewalt seine Sprache und vereitelt somit ihr eigenes Unterfangen. Man kann ihm bei lebendigem Leibe die Eingeweide entnehmen, wie es eine uralte Foltermethode will, doch der Gefolterte bleibt ein Körper ohne Stimme.

Dies widerspricht der über lange Zeit von einem breiten Konsens getragenen Vorstellung, dass das letzte Ziel der Folter das Gestehen der Wahrheit sei. Als wäre die Peinigung schon an sich gerechtfertigt, und als trüge die Person, die sie erleidet, gewissermaßen die Schuld daran. Mithilfe dieser moralischen Umkehrung, auf der eine jahrhundertewährende Fiktion aufgebaut wurde, sollte nicht nur der Folterknecht seiner Verantwortung enthoben, sondern auch die Folter als Werkzeug des Gestehens gerechtfertigt werden.

Erst wenn man sie aus den fiktiven Banden der „Wahrheit" herauslöst, erst wenn das Alibi der Befragung zusammenbricht, offenbart sich die Folter als das, was sie stets war und immer noch ist: als gewaltsame Machtausübung. Die Folter folgt also nicht dem Gesetz der Wahrheit, sondern jenem der Macht.

Vermutlich hat niemand den Status der Folter so deutlich offengelegt wie Franz Kafka, der auf ihre enge Verbindung mit dem Gesetz der Macht hingewiesen hat. Seine berühmte Erzählung *In der Strafkolonie*, geschrieben im Jahr 1914 und veröffentlicht 1919, ist eine komplexe und bewundernswerte Allegorie, die von einem „eigentümlichen Apparat" handelt.[4] Die Verweise sind vielfältig: Der Apparat spielt auf das technische Dispositiv an, das sich auch seinem Lenker entzieht, dessen Kontrolle untergräbt und ihn verdrängt; er repräsentiert die Kriegsmaschine, die Heil verspricht, doch Zerstörung bringt; er bedeutet die Entfremdung der Arbeit, den Fetischismus des Konsums, die Ungeheuerlichkeit eines entmenschlichten Fortschritts.

In der sonnigen Kolonie, einem Ort von traditioneller Extraterritorialität, im Grenzbereich zwischen dem Garten der Qualen und dem Universum der Konzentrationslager gelegen, bewohnt von unpersönlichen Schatten – dem Offizier, dem Soldaten, dem Reisenden, dem Verurteilten –, die Masken, Rollen, Schicksale tauschen, gibt es zwar viele beunruhigende Fragen, zumindest die Funktion des Apparats aber ist klar: Es handelt sich um eine Art Nadeldrucker, der tötet, während er schreibt. Die Maschine druckt das Urteil auf den Leib des Verurteilten.

Man bereitet die Hinrichtung eines Soldaten vor, dem Ungehorsam und die Beleidigung eines Vorgesetzten vorgeworfen werden. Der archaische und veraltete Apparat vollzieht dabei allerdings ein langwieriges Ritual – von mindestens zwölf Stunden Dauer –, um Vokale und Konsonanten eingravieren zu können, ohne dabei auf Verzierungen und Arabesken zu verzichten, die, indem sie die Strafe in die Länge ziehen, Schmerz und Tod sublimieren sollen. Vor der Hinrichtung wird also eine Folterung durchgeführt. Der Reisende, Vertreter der modernen europäischen Welt, in der die Todesstrafe abgeschafft ist, wo „es Folterungen nur im Mittelalter gab", wird von dem Offizier, der auch Richter und Henker ist, eingeladen, „am Rande einer Grube" Platz zu nehmen, zwischen Leben und Tod, im schmalen Zwischenreich der Folter, um Zeuge dieses weitgehend unbeachteten Schauspiels aus fernen Zeiten zu werden.

Das Gerät ist zugleich eine Rechtssprechungs- und eine Todesmaschine. „Der Grundsatz, nach dem ich entscheide, ist: Die Schuld ist immer zweifellos" – so erklärt der Offizier die herrschende Justizpraxis in der Kolonie, in der im Übrigen „besondere Maßregeln" zur Anwendung kommen. Es gibt keinen Prozess – keine Verteidigung, kein Zugeben der Schuld, kein Eingeständnis der Wahrheit. Wozu wäre das gut? Wenn doch die Schuld stets schon vorausgesetzt ist? Die Wahrheit, und zwar die einzige, ist die im Urteilsspruch enthaltene. Es ist nicht notwendig, diesen dem Verurteilten vorher mitzuteilen, denn er „erfährt es ja auf seinem Leib". Kafka stellt die Logik der Justiz auf den Kopf, um so ein Licht auf die Folter zu werfen, und paradoxerweise erscheint damit alles viel klarer. Von dem Gemarterten wird nicht verlangt, dass er spricht; tatsächlich wird ihm ein Knebel in den Mund geschoben, damit er nicht schreit. Seinem nackten Körper, der in dieses Getriebe gesteckt wird, das Wahrheit produzieren soll, wird der Urteilsspruch eingeschrieben, den er entziffern muss, wenn er wenigstens die Strafe verstehen will. Sein Rücken ist – wie Benjamin feststellte[5] – eine Schreibfläche, seine Haut eine weiße Seite, in die sich die Nadeln einsenken, während das Blut mit Wasser abgewaschen wird, um die Schönheit der Gravur zu bewahren. Das Gerät ist performativ: Es verwandelt Worte in Tatsachen. So wollte es der frühere Kommandant, der es entworfen hat. Die Schuld wird nur getilgt, wenn die Strafe niedergeschrieben wird. Verurteilung und Strafe sind ein und dasselbe. Das Gesetz ist Folter – die Folter das Gesetz. So sieht die Gesetzgebung in der Strafkolonie aus. Die Folter ist das Urteil, das dem Verurteilten in den Leib geschrieben wird. Mit Kafkas Worten:

„Unser Urteil klingt nicht streng. Dem Verurteilten wird das Gebot, das er übertreten hat, mit der Egge auf den Leib geschrieben. Diesem Verurteilten zum Beispiel" – der Offizier zeigte auf den Mann – „wird auf den Leib geschrieben werden: Ehre deinen Vorgesetzten!"[6]

Kafka begnügt sich nicht damit, einen tiefgehenden und schonungslosen Blick auf das Dispositiv der Folter zu werfen. Er macht auch ihr letztendliches Motiv aus: die Majestätsbeleidigung. Die Folter ist die Antwort, die dem zuteilwird, der, wenn auch unwissentlich, das Gesetz der Macht herausgefordert hat. Nicht umsonst wird dem Soldaten in der Geschichte Ungehorsam vorgeworfen. Die Anschuldigung ist insofern exemplarisch, als sie in aller Deutlichkeit das Verbrechen beim Namen nennt, welches einer jeden Verurteilung zur Folter impliziert ist, nämlich das *crimen majestatis*. Die Brüskierung des Prinzips der Staatshoheit und der unbeschränkten Rechtmäßigkeit der Macht, die darauf mit einer extremen, doch stets verfügbaren Praxis reagiert, um zu bekräftigen, dass jedes kleinste Delikt ein Angriff auf das Gesetz ist. „In jedem Vergehen" – schrieb Foucault – „steckt ein *crimen majestatis*, und noch im geringsten Verbrecher ein potentieller Königsmörder."[7] Durch die Folter wird keinerlei Wahrheit gesucht; im Gegenteil, die Wahrheit der Macht ist es, die am Leib des Gefolterten wiederhergestellt wird, wo die Rache des Souveräns triumphiert.

Am Ende der Geschichte weigert sich der Apparat, den Befehl „Sei gerecht!" zu schreiben. Die blinde Maschine, die, außer Kontrolle geraten, die Zahnräder ihres rätselhaften Getriebes eins nach dem anderen ausspuckt, spießt dabei den Offizier auf, dieses Rädchen der Militärhierarchie, Emblem mediokrer Dienstbarkeit, ergebener und gehorsamer Disziplin. Auf seinem versteinerten Gesicht ist keine Spur von Erlösung zu sehen. Die Revolte der Foltermaschinerie, mit deren Auseinanderfallen der Folterer schließlich zum Gefolterten wird, ist das Sinnbild einer bitteren Revanche, einer grausamen und makabren Genugtuung.

Die Folter stellt keineswegs Gerechtigkeit wieder her; sie verschafft der Macht neue Geltung. Anschaulich offenbart sich die Mechanik der Folter, dieses Markierungssystems, das, indem es die Wahrheit der Macht in den Leib transkribiert, diesen in die Logik der Staatshoheit einschreibt. Diese Strategie der Wiederaneignung lauert immer und überall. Es gibt keine Staatsform, die davon unberührt bliebe, nicht einmal die Demokratie. Die Marterung als Spektakel mag enden, doch dadurch verschwindet die Folter nicht. Auch wenn das Urteil der Seele eingraviert wird, funktioniert die politische Körpertechnologie weiterhin, da die Seele ihrerseits zum Werkzeug der über den Körper ausgeübten Macht geworden ist. Die Folter bleibt felsenfest und unvergänglich am dunkelsten Ort des politischen Rituals erhalten, wo sich die nur für einen Augenblick verletzte Souveränität wiederherstellt, während der Gefolterte weiterhin die Rolle des Feindes spielt. Die Suprematie der Macht fegt über seinen Körper hinweg, nicht jene des Gesetzes, sondern die der körperlichen Stärke, weil der Rechtsbrecher, indem er das Gesetz übertrat, an die Staatshoheit gerührt hat. Die Politik der Folter ist letzten Endes eine Politik des Schreckens. Dem gefolterten Körper wird die entfesselte Präsenz der hoheitlichen Macht eingeprägt.

3. Der finstre Hintergrund der Opferung.
Die Folter im Dispositiv des Terrors

Wo der Terror hereinbricht, da kommt auch die Folter zum Vorschein. Die Komplizenschaft geht tief, das stille Einverständnis ist innig und heimlich. Es schien, als wäre die Folter, in ihrem vermeintlichen Anachronismus, im modernen Staat überwunden, wo

24

auch der Terror für seinen Teil beinah befriedet im Dämmerschlaf stagnierte. Doch dieser Zustand währte nur kurz – und sollte sich als bloßer Schein erweisen. Terror und Folter haben gewaltsam und mit größter Dringlichkeit ihren Weg zurück auf die Tagesordnung gefunden. Der Terror beschwört die Folter herauf, weil er zu jener Art von Souveränität hinführt, die sich außerhalb des Gesetzes eröffnet, wo plötzlich sogar die Folter legitim wird. Bei beiden handelt es sich um politische Rituale, die den Körpern die Markierungen der Macht einschreiben, die verstören und verunsichern, indem sie sich zugleich als vor- und postmodern erweisen, als unannehmbar und doch im öffentlichen Raum geduldet.

Die politische Macht behält sich die Möglichkeit der Gewaltanwendung vor – Gewalt im Sinne von staatlicher Hoheit und Gewaltmonopol. Der Staat schützt das Leben seiner Bürger durch die Androhung des Todes – auch wenn er niemals zu den Waffen greifen muss. Auf der anderen Seite unterwerfen sich die Bürger, weil sie die zerstörerische Macht des Staates fürchten. Die Anerkennung der politischen Macht erfolgt über den Weg der Angst und des Bedürfnisses nach Sicherheit. Wenn die Ordnung Gewalt einbegreift, begreift umgekehrt auch die Gewalt Ordnung ein. Die Demokratie lässt uns diesen Teufelskreis vergessen. Allerdings kann sie sich ihm ebenso wenig wie andere politische Formen entziehen. Der Übergang zu einem Polizeistaat kann sich unter Umständen rasch und sogar innerhalb des gesetzlichen Rahmens ereignen. Die Freiheit überlässt ihren Platz der Sicherheit: Verdächtige werden präventiv festgenommen, Sondertribunale eingerichtet, die Folter wird wieder eingeführt. Plötzlich stellt sich heraus, dass die politische Macht sich auf jene Möglichkeit der Gewaltanwendung gründet, die jeder Bürger am eigenen Leib erfahren kann. Wer schützt also die Bürger vor der Willkür des Staates?

Allerdings darf Terror nicht einfach mit Gewalt gleichgesetzt werden. Die Beziehung ist komplexer, wie Hannah Arendt in ihrem Buch *Macht und Gewalt* verdeutlicht:

Nirgends tritt das selbstzerstörerische Element, das dem Sieg der Gewalt über die Macht innewohnt, schärfer zutage als in der Terrorherrschaft […]. Terror und Gewalt sind nicht dasselbe. Die Terrorherrschaft löst eine Gewaltherrschaft ab, und zwar in den, wie wir wissen, nicht seltenen Fällen, in denen die Gewalt nach Vernichtung aller Gegner nicht abdankt, sondern im Gegenteil die zentrale Kontrolle über den Staatsapparat ergreift.[8]

Um das Entstehen der Folter, oder vielmehr ihr Fortdauern, zu begreifen, ist es erforderlich, die symbolische Matrix jener politischen Gewalt näher zu betrachten, aus der schließlich der Terror hervorgeht. Doch genau das wird normalerweise sorgfältig vermieden. Wenn die Folter in der gemeinsamen Vorstellungswelt eine besondere Position einnimmt, dann deshalb, weil man versucht, sie sowohl zeitlich als auch räumlich in eine fast exotische Ferne abzuschieben, in der Absicht, sie zu exorzieren und ihre beunruhigende Nähe zu leugnen. Dies sollte durch das Verschwinden der Marterung als Spektakel begünstigt werden, die in der Neuzeit durch eine heimliche Praxis der Folter ersetzt wurde, welche trotz allem weiterhin die Reformierung des Strafvollzugs flankiert. Die Folter wird hinter den Kulissen nach wie vor ausgeübt, an für die Öffentlichkeit unzugänglichen Orten, wo das Ritual – bei dem man sich auf Agenten verlässt, die sich im Schatten der Staatsmacht bewegen – in einer solchen Weise durchgeführt wird, dass es sich zurückweisen, dementieren, verleugnen lässt. In ihrer modernen Form nimmt die Folter die undurchsichtige Eigenart der Leugbarkeit an. Man muss zwar von ihr wissen, darf sie aber nicht sehen. Sie ist eine politische Praxis, die, auch wenn sie nicht im öffentlichen Raum vonstatten gehen kann, über diesem Raum lasten, in seiner Nähe schwebend vorhanden sein muss, damit die Drohung ihre Wirkung zeigt. Aus diesem Grund wird die Folter, sobald sie in ihrer Grausamkeit an die Oberfläche tritt, sofort mit dem Stigma der Illegalität versehen.

Für den Liberalismus ist sie nichts weiter als eine Übertretung, eine Dysfunktion, eine Pathologie. Sie ist das Resultat eines Machtungleichgewichts, das für die liberale Moral, die davon überzeugt ist, dass jeder einzelne die gleiche Würde besitzt und dass jedem der gleiche Respekt gebührt, den grundlegenden Vertrag verletzt und gefährdet. Über die Folter hat der Liberalismus sonst nichts zu sagen. Abgesehen wohlgemerkt davon, dass er sich bereit zeigt, ihren Gebrauch angesichts des Terrors als Ausnahmefall zu legalisieren.

Diese zweideutige Zurückhaltung ist kein Zufall. Gerade in der Folter kommt die unleugbare Konvergenz zwischen Demokratie und Totalitarismus ans Tageslicht, so wie sie Agamben in *Homo sacer* verstanden hat.[9] Die Folter bildet einen Teil jenes unterirdischen Flusses der Biopolitik, der das Leben des *homo sacer* mit sich reißt, der getötet, aber nicht geopfert werden kann. Obwohl Agamben sie nicht ausdrücklich erwähnt, ist eben die Folter das Ritual, das von Anbeginn an das nackte Leben der staatlichen Ordnung einschreibt. Und aufgrund dieses Anbeginns, dieser *arché*, ist sie in furchtbarer Weise archaisch.

Vielleicht lässt sich die Bedeutung der Folter in einem theologisch-politischen Kontext am ehesten erhellen. In ihrer Archäologie schnitzte die uralte Schrift der Folter dem Leib die hoheitliche Macht ein. Es war nicht etwa eine beliebige Gewalt, sondern vielmehr eine Art Opferung, die diese heilige Präsenz aufprägte. Die Opferung, nicht der Vertrag, war die Chiffre hoheitlicher Macht. Das Folteropfer bildete den Ort, an dem sich der mystische Körper des Souveräns manifestierte. Die hoheitliche Folter war ein unmittelbarer Beitrag zur Macht, zu ihrer Festigung und Anerkennung.

In der säkularisierten Moderne, in der die politische Theologie im Hintergrund vorhanden bleibt, löst die Staatshoheit ihre Bande mit der Opferung nicht.[10] Vielmehr findet die Opfergewalt Verbreitung, verallgemeinert sich, wird in vielfältigen Formen zum alltäglichen Lebensumstand.

Auch im Rahmen der Volkssouveränität werden die Bürger zum Opfer aufgerufen, und die Macht offenbart sich weiterhin im Körper. Der Souverän jedoch, der sich in der Opferhandlung manifestiert, ist – davon zeugt das Grab des unbekannten Soldaten, ein Denkmal nicht des Unbekannten, sondern eines jedes Einzelnen – die Volkshoheit. Der Bürger ist bereit, sich zu opfern, wenn der Staat es verlangt, weil er sich in dieser Souveränität wiedererkennt. Was nicht bedeutet, dass ihm diese anbefohlene Gewalt nicht manchmal als ungerechtfertigt, als Machtmissbrauch erscheinen kann; das Opfer wäre dann nichts weiter als ein unsinniger Tod.

Wenn der Körper des Staatsbürgers der unmittelbare Sitz seiner Macht ist, wie kann es dann sein, dass man ihn foltert? Es sei denn, auch im modernen Staat ist ein finstrer Hintergrund von Macht zurückgeblieben, den die Volkssouveränität nicht durchdringt und der von den Bürgern unbemerkt bleibt. Gewissermaßen die opake, verborgene, stets abstreitbare Gegenwart des mystischen Körpers der heiligen Staatshoheit. Diese greift auf die Folter zurück. Es handelt sich dabei jedoch nicht länger um das Ritual der hoheitlichen Folter, bei der das Individuum als Opfer der Macht dargebracht wurde, die darin ihren Triumph fand. Im Gegenteil, hier gibt es kein Motiv mehr für einen Triumph. Im Verlangen der Macht nach Glaubwürdigkeit ist der Bürger, ganz dem Dispositiv des Terrors gemäß, ermordet worden – nicht geopfert, was auch nicht möglich gewesen wäre. Und eben das muss jeder Einzelne in der vom Staat praktizierten Folter mit Bestürzung erkennen: dass er plötzlich nur noch nacktes Leben ist. Hinter der Fassade des Bürgers scheint der *homo sacer* durch.

Aus diesem Grund hat die Folter, wenn sie im modernen Staat zum Vorschein kommt, eine archaische Patina, ein sakrales Gepräge, das die Volkssouveränität vor den Kopf stößt und verletzt, das jedoch noch von keiner Abschaffung getilgt werden konnte.

4. Die Folter nach der Abschaffung der Folter

Obwohl eine große abolitionistische Bewegung im Laufe der letzten zwei Jahrhunderte versucht hat, sie dauerhaft abzuschaffen, ist die Folter nie verschwunden. Vielmehr hat sie sich gewandelt und den neuen Umständen angepasst. Sie ist, wie Serge Portelli feststellte, „von der Verfahrensordnung ins Strafrecht gewandert".[11] Von Gesetzes wegen abgeschafft, ist sie zu einer klandestinen Praxis in den dunklen Bereichen der Staatshoheit geworden.

Während Beccarias Einsichten auf dem Papier bestehen blieben und folglich weiterhin Gültigkeit besitzen, hat der Kampf gegen die Folter einen anderen Charakter angenommen, der nicht länger normativ ist, sondern kritisch. Über das Prinzip wurde nicht mehr diskutiert. Eine Apologie erschien lange Zeit undenkbar – zumindest bis ins 21. Jahrhundert. Die Verurteilung, die bereits in der *Erklärung der Menschen- und Bürgerrechte* von 1789 enthalten war, wo in Artikel 9 die Unschuldsvermutung eingefordert und übermäßige Härte verboten wird, war zu gut begründet und zu entschlossen: „Da jeder Mensch so lange für unschuldig gehalten wird, bis er für schuldig erklärt wurde, soll, wenn seine Verhaftung für unumgänglich erachtet wird, jede Härte, die nicht notwendig ist, um sich seiner Person zu versichern, durch Gesetz streng vermieden sein".

Fast überall muss die Folter, für illegal erklärt, von einer Seite des Grenzbalkens auf die andere wechseln: Sie steigt vom Königsbeweis zur düsteren und furchtbaren Komplizin der Macht ab. Und der Staat passt sich an: Er erklärt die Folter für „ungesetzlich", praktiziert sie allerdings weiterhin, oder besser gesagt, lässt sie, mehr oder weniger verborgen, unter der Hand praktizieren. Wie also soll man gegen die Folter kämpfen, wenn doch der Staat der Verbrecher ist? Und wenn der Staat dies außerdem bestreitet? Wenn er sich weigert, jegliche Verantwortung zuzugeben, indem er sich auf die eigene Gesetzgebung beruft, die offiziell die Folter verbietet? Vor allem: Wenn es der Staat selbst ist, der das Gesetz bricht, wer stellt dann seine Schuld fest? Denn es ist offensichtlich, dass der, der die Straftat begangen hat, sich jedem Urteil entziehen wird. Das Problem erscheint umso komplexer, als sich der Folterer, der früher am helllichten Tage agierte, nunmehr versteckt hält, indem er im Labyrinth des Staatsapparats verschwindet. Und der Staat verteidigt ihn unweigerlich, bietet ihm Schutz, weil der Folterknecht im Stillen die Unterdrückung ermöglicht. Die Verantwortung erscheint kollektiv und zugleich zersplittert – wer steht für die staatliche Folter ein?

Nach den Völkermorden des 20. Jahrhunderts, die jeden Traum vom Fortschritt widerlegt haben, wurde die Folter, die man zuversichtlich als bloßes Aufflammen einer totalitären „Barbarei" betrachtete, von einer internationalen öffentlichen Meinung stigmatisiert, die durch das Ausmaß der begangenen Verbrechen wachsam gemacht und sensibilisiert worden war. Die Rolle der systematischen Folter in den Lagern, im Dienst der Vernichtung beunruhigt, verängstigt, alarmiert. Die Menschenwürde wird beschworen, und es werden Regeln gesucht, um die Menschheit vor sich selbst zu schützen. Die Folter wird vor den Gerichten, in denen diese abscheulichen Verbrechen verhandelt werden, in den Prozess einbezogen, sie wird Gegenstand des internationalen Rechtes.

Unmittelbar nach dem Krieg wird sie von der UNO in der *Allgemeinen Erklärung der Menschenrechte* von 1948 feierlich verboten, wo im Artikel 5 geschrieben steht: „Niemand darf der Folter oder grausamer, unmenschlicher oder erniedrigender Behandlung oder Strafe unterworfen werden". Diese Worte scheinen ein Vorher und Nachher zu markieren, einen Punkt ohne Wiederkehr. Aber es handelt sich im Grunde doch nur um Worte, die zwar juristisch ein *ius cogens* sind, eine zwingende und unabdingbare Norm, die allerdings keine praktischen Auswirkungen hat und sich als leicht umgehbar erweist.[12]

Es ist Europa, Theaterbühne weltumspannender Konflikte und Boden der Shoah, das mit einem Dokument, in dem erstmals auch eine Sanktionierung vorgesehen ist, einen Schritt weiter geht. Die *Europäische Konvention zum Schutz der Menschenrechte und Grundfreiheiten*, in deren Artikel 3 die Folter verboten wird, wird am 4. November 1950 in Rom unterzeichnet. Richter werden dafür verantwortlich sein, zu überprüfen, ob das Verbot von allen EU-Ländern eingehalten wird. So wird 1959 der Europäische Gerichtshof für Menschenrechte mit Sitz in Straßburg eingerichtet, auf den sich jeder europäische Bürger berufen kann. Obwohl der Gerichtshof sehr langsam und nur *post factum* interveniert und die Wirksamkeit seiner Urteile begrenzt ist, erlangt die Rechtsprechung des Gerichtshofs Autorität und beeinflusst die öffentliche Meinung. Natürlich gibt es keinen Mangel an Fällen von Verletzungen und Übertretungen.

In Europa wird weiterhin gefoltert – das Vereinigte Königreich tut es in Irland, Frankreich in Algerien – und ebenso auf der ganzen Welt, von Lateinamerika bis zu den kommunistischen Ländern, von Asien bis Afrika und Nordamerika. Die Staaten wissen es, aber sie leugnen; sie stellen das Prinzip nicht infrage, versuchen durchaus, die Folter im Verborgenen zu belassen. Sie schämen sich für sie und, im Gegensatz zur Todesstrafe, fordert niemand sie ein.

Später versucht man, juristische Instrumente zu entwickeln und internationale Organe zu schaffen, die weltweit eine sorgfältige Kontrolle der Folter ermöglichen könnten. Erreicht wurde dieses Ziel im *Übereinkommen gegen Folter und andere grausame, unmenschliche oder erniedrigende Behandlung oder Strafe*, das am 10. Dezember 1984 von der Generalversammlung der Vereinten Nationen angenommen wurde und am 27. Juni 1987 in Kraft trat. Dieses Übereinkommen stellt das wichtigste Mittel im Kampf gegen die Folter dar, die im ersten Artikel wie folgt definiert wird:

Im Sinne dieses Übereinkommens bezeichnet der Ausdruck „Folter" jede Handlung, durch die einer Person vorsätzlich große körperliche oder seelische Schmerzen oder Leiden zugefügt werden, zum Beispiel um von ihr oder einem Dritten eine Aussage oder ein Geständnis zu erlangen, um sie für eine tatsächlich oder mutmaßlich von ihr oder einem Dritten begangene Tat zu bestrafen oder um sie oder einen Dritten einzuschüchtern oder zu nötigen, oder aus einem anderen, auf irgendeiner Art von Diskriminierung beruhenden Grund, wenn diese Schmerzen oder Leiden von einem Angehörigen des öffentlichen Dienstes oder einer anderen in amtlicher Eigenschaft handelnden Person, auf deren Veranlassung oder mit deren ausdrücklichem oder stillschweigendem Einverständnis verursacht werden. Der Ausdruck umfasst nicht Schmerzen oder Leiden, die sich lediglich aus gesetzlich zulässigen Sanktionen ergeben, dazu gehören oder damit verbunden sind.

Die Originalität dieses *Übereinkommens* liegt allerdings weniger in der Art und Weise, wie Folter definiert wird, als vielmehr in dem absoluten Verbot, das im zweiten Artikel festgelegt ist: „Außergewöhnliche Umstände gleich welcher Art, sei es Krieg oder Kriegsgefahr, innenpolitische Instabilität oder ein sonstiger öffentlicher Notstand, dürfen nicht als Rechtfertigung für Folter geltend gemacht werden". Entscheidend war vor allem die Schaffung eines Ausschusses gegen Folter, bestehend aus zehn Sachverständigen mit dem Auftrag der Überwachung und Berichterstattung. Der begrenzte Handlungsspielraum dieses Ausschusses zeigt sich umso deutlicher neben enger gefassten wie dem CPT, dem durch das *Europäische Übereinkommen zur Verhütung von Folter und unmenschlicher oder erniedrigender Behandlung oder Strafe* von 1987 eingerichteten Komitee, dem auch regelmäßige präventive Besuche erlaubt sind.

Die internationalen Institutionen erhielten Unterstützung von effizienten Nichtregierungsorganisationen wie Amnesty International, die seit 1961 gegen Folter und die Todesstrafe kämpft, und

Human Rights Watch, der wichtigsten Menschenrechtsorganisation in den Vereinigten Staaten. Angesichts zahlreicher Verletzungen der Konvention – es ist von einer „globalen Krise" die Rede – initiierte Amnesty im Jahr 2000 die Kampagne *Stop Torture*.[13]

Man kann jedoch nicht umhin, ein Paradoxon hervorzuheben: Obwohl einerseits die Gerichtsbarkeiten immer zahlreicher werden, obwohl es immer mehr Tribunale, Strafgerichte – das bedeutendste davon ist der 1998 eingerichtete Internationale Strafgerichtshof –, Komitees und NGOs gibt, ist andererseits kein Rückgang der Folter festzustellen, geschweige denn, dass sie angesichts der Androhung des Völkerrechts ganz verschwinden würde. Letztendlich nämlich müssten die Staaten sich selbst verurteilen. Doch im Gegenteil ignorieren selbst diejenigen, die das *Übereinkommen gegen Folter* von 1984 ratifiziert haben (im Jahr 2015 waren das 176), Mahnungen und Beschwerden, solange sie dadurch nicht wirklich ihre Glaubwürdigkeit verlieren. Gerade die offizielle Verurteilung begünstigt also die heimliche Verbreitung von Folter.

5. Der schwarze Phönix

Gegen Folter zu kämpfen bedeutet, im Schatten nach ihren Spuren zu suchen, staatliche Übergriffe und Praktiken zu überwachen, eine Macht anzuprangern, die im Verborgenen agiert und sich, auch wenn sie so ständig Gefahr läuft, ihre Legitimität zu verlieren, nicht auf Einschüchterung beschränkt, sondern mit Gewalt reagiert. Daher die entscheidende Rolle, die den Medien zukommt. Doch Wissen bedeutet nicht immer Macht, und die Masse an Informationen verstärkt sogar das Gefühl der Ohnmacht in einem meist ungleichen Kampf, in dem der Täter fast immer der Staat ist. Das Internet hat zur Kontrolle und zur Transparenz beigetragen. Man braucht nur an die von WikiLeaks enthüllten geheimen Akten der Guantanamo-Häftlinge zu denken.[14] Oft bleiben die Machtverhältnisse jedoch unverändert. Zu wissen, dass China Menschenrechtsanwälte wie Yu Wensheng foltert, der sich von Oktober 2014 bis Januar 2015 im Internierungslager Daxing nahe Peking befand, bedeutet bedauerlicherweise nicht, dass man effektiv eingreifen kann.[15]

Die Globalisierung der Folter kompliziert das Bild zusätzlich. Techniken, Mittel, Erfahrungen lassen sich problemlos exportieren. Auch aus historischer Perspektive scheint die Kette ungebrochen: Während die Magnetfolter von der französische Sûreté nach Indochina gebracht wurde, wandte auch Südvietnam in seinen eigenen Internierungslagern – das bekannteste davon befand sich auf der Insel Poulo Condor – extreme Praktiken an, von Stromschlägen bis hin zur *falaka*, Schlägen auf die Fußsohle. Von dem Erfahrungsschatz ganz zu schweigen, den die Nationalsozialisten mit sich führten, als sie nach 1945 Deutschland verließen. Beispielhaft ist der Fall Klaus Barbies, der, nachdem er sich dem Nürnberger Prozess entzogen hatte, ab 1947 den Geheimdiensten der Vereinigten Staaten entscheidende Unterstützung leistete, indem er im Rahmen des Kalten Krieges mit dem CIC, dem Counter Intelligence Corps der amerikanischen Armee, zusammenarbeitete. 1951 gelang es ihm, sich von Genua unter der falschen Identität eines Klaus Altmann nach Buenos Aires einzuschiffen. Zunächst in Argentinien, ab 1955 dann in Bolivien, war er als Foltermeister tätig und war an allerhand blutigen Unternehmungen beteiligt.

Doch nicht nur Folterknechte werden exportiert. In den letzten Jahren hat, insbesondere auf Betreiben der Regierung von George W. Bush, die Verlegung von Häftlingen stetig zugenommen, wobei sie befreundeten Ländern überlassen werden, die mit der Folter auf vertrauterem Fuß stehen und sie weniger stark kontrollieren. Dieses Vorgehen nennt sich *extraordinary rendition* (außerordentliche Überstellung). Die Gefangenen, meist mutmaßliche Terroristen, wurden in geheime Haftanstalten gebracht, auch in Europa, zum Beispiel in Polen und Rumänien. Die Vereinigten Staaten setzten außerdem als schwimmende Gefängnisse eingerichtete Schiffe ein, die zum Beispiel vor der Küste der Insel Diego Garcia vor Anker gingen, einem britischen Territorium im Indischen Ozean, wo sich eine US-Militärbasis befindet.[16] Wie man leicht erraten wird, wurde auf diesem Weg Exterritorialität angestrebt – so wie auch in Guantanamo. Doch auch nachdem Obama beschlossen hatte, dieses Internierungslager zu schließen, hörten die außerordentlichen Überstellungen nicht auf. Viele Ex-Häftlinge wurden an andere Länder ausgeliefert. Aus humanitären Gründen beschloss Italien im Juli 2016, den jemenitischen Staatsbürger Fayiz Ahmad Yahia Suleiman aufzunehmen, der vierzehn Jahre lang in Guantanamo inhaftiert gewesen war.

Hier kommen zwei eng verbundene Phänomene ans Licht. Zahlreiche Staaten erklären die Folter zwar für illegal, praktizieren sie aber mehr oder weniger verdeckt, wobei sie eine Notfallpolitik beschwören, sich auf Ausnahmen berufen oder gar den Ausnahmezustand erklären. Zu diesem Zweck setzen sie bei der Definition von „Folter" an und versuchen, deren Grenzen einzuengen. Auf der anderen Seite tarnt sich die Folter, während sie sich ausbreitet, mit immer raffinierteren, dabei allerdings nicht weniger gewaltsamen Methoden – so raffiniert, dass sie keine Spuren hinterlassen. Das ist die „weiße Folter", die im Nachhinein unsichtbar bleiben soll: vom Schlafentzug bis zur raumzeitlichen Desorientierung, von der Immobilisierung bis hin zur Isolation, von sexueller Gewalt bis zu psychischen Schikanen, von der simulierter Hinrichtung bis zu allen möglichen Formen körperlicher und moralischer Demütigung. So wandelt sich die scheinbar verbotene Folter, bis sie ihren klassischen Begriff transzendiert, wodurch die Definitionen der Vergangenheit auf die Probe gestellt werden.

Alles verschwört sich, um zu verschweigen und schnell zu vergessen. Man gesteht jenen das Privileg der Immunität zu, die im Auftrag des Staates, oder schlimmer noch, ohne sein Wissen foltern: seien es Ordnungskräfte, Geheimdienstagenten, Paramilitärs oder gar private Milizen – entsprechend der verbreiteten Tendenz, das Gewaltmonopol auszulagern. Je mehr sich der Raum hinter den Kulissen ausweitet, in dem die Folter praktiziert wird, je unkontrollierbarer er wird, desto eiserner die Verschwiegenheit, desto fester die Mauer der Stille. Bekämpft und doch geduldet verschwindet die Folter, um jedes Mal, einem schwarzen Phönix gleich, unter den entsprechenden Umständen wieder aufzutauchen.

6. Folter und Demokratie

Die heimliche Ausbreitung der Folter macht auch an den Grenzen der demokratischen Länder nicht halt. In den letzten Jahrzehnten des vergangenen Jahrhunderts herrschte lang die Überzeugung vor, dass Folter mit gewaltsamen politischen Formen verbunden sei, dass sie ein Überbleibsel des sogenannten Totalitarismus in seinen verschiedenen Erscheinungsformen darstelle oder die barbarische und unbarmherzige Waffe diktatorischer Regimes. Sobald erst der Totalitarismus verschwunden wäre, angefangen bei jenem, der jenseits des Eisernen Vorhangs noch immer herrschte, und sobald in den Diktaturen, wie etwa in den lateinamerikanischen, die Demokratie hergestellt wäre, wäre die Folter vom Angesicht der Welt getilgt. Diese Überzeugung – mehr oder weniger naiv, mehr oder weniger unschuldig und dabei so tröstlich, dass sie uns daran hinderte, mit offenen Augen anzusehen, was in vielen westlichen Ländern, zum Beispiel in Italien und Deutschland in den 70er Jahren, bereits vonstattenging – basierte auf der Annahme, dass Demokratie das einzig wahre Abwehrmittel gegen die Folter sei. „Mehr Demokratie, weniger Folter!" So als wäre die Demokratie immun gegen die Folter, als erschließe sie ein neues Land des Rechts, der Rechtschaffenheit und der Moral und eröffne ein neues Kapitel in der Geschichte der Menschheit, an dem die Folter keinen Anteil haben könnte.

In den ersten Jahren des neuen Jahrhunderts wurde gegen ein Tabu verstoßen, nämlich gegen jenes, das im demokratischen *Ethos* eine Garantie gegen jede Art von Missbrauch oder Übergriff sah. Es trat ein echter Paradigmenwechsel ein, als nach dem 11. September die größte westliche Demokratie mit der Verkündung des Ausnahmezustands die Anwendung von Folter zur Terrorismusbekämpfung anerkannte und teilweise rechtfertigte. Damit setzten die Vereinigten Staaten die wenigen auf dem Gebiet der Menschenrechte erreichten Errungenschaften aufs Spiel und schufen einen Präzedenzfall, dessen Auswirkungen noch nicht absehbar sind. Wenn Amerika sich von Zeit zu Zeit Methoden der Zwangsgewalt bedient, warum sollten die asiatischen und afrikanischen Staaten, denen solcherlei stets vorgeworfen wird, nicht dasselbe tun? Warum sollten Russen in Tschetschenien, die Inder in Kaschmir nicht dasselbe Recht haben?

Der Tabubruch, das Verschwinden des unmittelbaren Zusammenhangs, der die Folter mit totalitären und diktatorischen Regimen verband, hatte immerhin den Vorteil, ein Phänomen ans Licht zu bringen, das sich schon seit einiger Zeit abzeichnete und vor dem man lieber die Augen verschloss: die effektive Demokratisierung der Folter. In seinem 2007 erschienenen Buch *Torture and Democracy*, einer monumentalen Zusammenfassung aktueller Formen und Methoden, hat der iranisch-amerikanische Politikwissenschaftler Darius Rejali pointiert die Heuchelei jener Demokratien herausgestellt, die die Folter in immer raffinierterer Weise einsetzen, um Spuren zu verwischen und den Schein zu wahren. Es geht – wie Rejali feststellt[17] – nicht mehr um die Frage, ob und warum die Folter mit der Demokratie vereinbar ist, sondern darum, „wie" sie mit ihr vereinbar sein kann.

Auch die Demokratien können mit der Folter leben. Und sie leben tatsächlich mit ihr – akzeptieren sie in ihrem Inneren, je nach den Umständen und der Sensibilität der öffentlichen Meinung mehr oder weniger explizit, mehr oder weniger versteckt. Aber wenn es nötig ist, können moderne Staaten auch foltern, ohne sich allzu sehr um den diffusen Tadel von Seiten der Bürger zu kümmern. Wie sehr nämlich die öffentliche Meinung, auch die der westlichen Länder, beeinflussbar ist, belegen die Umfragen. In einem im April 2009 erschienenen Artikel schreibt Mark Danner: „Die Zahlen zeigen tendenziell, dass die Mehrheit der Amerikaner Folter befürwortet, solange sie davon überzeugt sind, dass sie ‚einen Terroranschlag vereiteln' wird."[18] In einem Essay aus dem Jahr 2011, in dem er die neuesten Daten kommentiert, unterstreicht Rejali, dass „eine Mehrheit für die Folter ein sehr rezentes Phänomen aus der Post-Obama-Ära ist".[19]

Die Demokratie ist weder eine Vorbeugung gegen die Folter noch verhindert sie sie. Schlicht deshalb, weil die Folter nicht von einer bestimmten politischen Form abhängig ist. Dank ihrer Flexibilität kann sie sich auch innerhalb des komplexen demokratischen Szenarios weiter halten. Es lässt sich im Gegenteil sogar sagen, dass die Demokratisierung der Folter, ihr Fortbestehen jene

Leere sichtbar macht, die sich, wenn auch verstohlen, im Zentrum einer jeden Demokratie eröffnet, sobald die Verbindung zwischen der konstitutionellen Staatshoheit und der geistigen Macht auseinanderbricht.[20] Mit anderen Worten: gerade durch die Folter wird offenbar, dass das Geheimnis der Politik nicht das Gesetz ist, sondern die Polizei.

7. Ausnahmezustand und präventive Folter. Nach dem 11. September

Am Morgen des 11. September 2001 wurden von neunzehn Al-Qaida-Mitgliedern vier Flugzeuge entführt. Sie stürzten auf sorgfältig ausgewählte Ziele, Symbole der amerikanischen Macht: die Twin Towers in New York, einen Flügel des Pentagon in Washington. Das letzte verfehlte sein Ziel und stürzte in der Nähe von Pittsburgh, Pennsylvania, ab. Es starben 265 Menschen in den Flugzeugen, 2752 im World Trade Center, 125 im Pentagon. Die Anschläge läuteten in dramatischer Weise das neue Jahrtausend ein, die Welt trat in ein neues Zeitalter.

Die Vereinigten Staaten reagierten, indem sie den *War on Terror*, den „Krieg gegen den Terror", erklärten. Der Ausdruck, der am 20. September 2001 während einer gemeinsamen Sitzung des Kongresses von US-Präsident George W. Bush erstmals verwendet wurde, wurde im gesamten Westen bereitwillig aufgegriffen und wiedergegeben. Der „Krieg gegen den Terror" richtete sich gegen als „terroristisch" eingestufte Organisationen und gegen die sogenannten *failed states*, „gescheiterte" Staaten, die kaum mehr als solche erkennbar sind, oder auch „Schurkenstaaten". Wenige Tage später, am 7. Oktober, begann mit der Operation *Enduring Freedom* („Dauerhafte Freiheit") die Invasion Afghanistans und der Sturz des Taliban-Regimes. Wenig später, am 19. März 2003, begann der Angriff auf den Irak Saddam Husseins, dem vorgeworfen wurde, Al Qaida zu unterstützen und Massenvernichtungswaffen zu besitzen – zwei Anschuldigungen, die sich beide als haltlos erwiesen.

Der Ausdruck „Krieg gegen den Terror" ist – wie auch „Krieg gegen das Böse" – hinreichend metaphorisch, um sicherzustellen, dass der „Krieg" räumlich und zeitlich unbeschränkt bleibt. Ein „Krieg gegen den Terror" wird möglicherweise niemals enden. Zumal der „Feind" nicht eindeutig identifiziert und auch nicht identifizierbar ist, zumal er einzig auf Grundlage seiner Handlungen definiert wird.

Neben den Vorteilen eines unbegrenzten Krieges lieferte der *War on Terror* der amerikanischen Regierung auch einen Vorwand, um die bürgerlichen Freiheiten aufzuheben, die Macht der Exekutive zu stärken und mittels des *Patriot Act*, der am 26. Oktober 2001 vom Kongress fast einstimmig angenommen wurde, den Ausnahmezustand zu erklären. In einem Szenario, das auch durch die von den großen Fernsehsendern verbreitete Erzählung immer mehr die Konturen eines manichäischen Konflikts annahm, gab die erste Demokratie der Welt viele demokratische Sonderrechte auf. Der *Patriot Act*, der darauf abzielen sollte, Terroranschlägen vorzubeugen, gestand unter anderem der Polizei und dem Geheimdienst außerordentliche Befugnisse zu, führte zu einer verstärkten Überwachung der Kommunikation und, mit der Verwendung von Fingerabdrücken, zur Verschärfung der Einreisekontrolle. Dank eines von Bush am 13. November 2001 unterzeichneten Dekrets wäre man nicht nur in der Lage, „Terrorverdächtige" auszuweisen, sondern sie auch auf unbestimmte Zeit festzuhalten und ihnen, ohne Unschuldsvermutung, hinter den verschlossenen Türen außerordentlicher Militärtribunale den Prozess zu machen.

Der Notstand wurde in der Folge weitestgehend normalisiert, das Außergewöhnliche wurde zum Gewöhnlichen, die Aussetzung des Rechts wurde auf unbestimmte Zeit verlängert – allerdings nicht, ohne dem Bild, das Amerika von sich selbst und die Welt von Amerika hat, einen tiefen Riss zuzufügen. Damit tauchte die alte philosophische Frage wieder auf: Was für einen Nutzen hätte der Versuch, das Böse zu besiegen, wenn man dabei selbst zum Bösen werden muss? In der neuen Version: Was bringt es, die antidemokratischen Kräfte des Terrors zu besiegen, wenn es dazu notwendig ist, Terror einzusetzen und die Demokratie zu untergraben?

Bei den Anschlägen des 11. September wurden etwa 3000 Menschen getötet. Vier Jahre „Präventivkrieg" im Irak forderten das

Leben einer großen Zahl von Irakern, 60 000 laut dem *Iraq Body Count*, 600 000 laut dem medizinischen Journal *The Lancet*. Die Rechnung ist nicht schwierig: Für jedes Opfer des 11. September wurden zwischen 20 und 200 Iraker getötet. Die Eskalation im „Krieg gegen den Terror" hat zu Verwüstungen, Massakern, Gewalttaten geführt, deren Folgen heute noch schwer abzuschätzen sind. Indem man die „westlichen Werte" auf diese Weise exportiert hat, sind sie vielleicht für immer kompromittiert worden.

Die Terroristen terrorisieren: Das war die bevorzugte Strategie in einer Gewaltspirale, die dem Diktat einer symbolischen Wiedergutmachung folgte. Die Terroristen zu terrorisieren bedeutet jedoch, sich in ihr – sogar noch entschlosseneres und zielstrebigeres – Spiegelbild zu verwandeln. So als wollte man beweisen, dass demokratische Werte nicht das Vermögen zum Gegenschlag schwächen. Im „Krieg gegen das Böse" ist alles gestattet, sogar der Einsatz illegaler Mittel. Es spielt keine Rolle, dass der Terrorismus nicht besiegt wurde, dass die Gewalt nicht abgenommen hat und dass sogar die Rekrutierung neuer Dschihadisten begünstigt wurde.

Nichts anderes eher als die Folter, die eine Art Vergeltungsterror darstellt, hätte als die wirksamste Waffe zur Bestrafung der „Engel des Bösen" erscheinen können. Nichts anderes zeigte den moralischen Zusammenbruch der Vereinigten Staaten deutlicher als sie. Nachdem sie aus dem Halbverborgenen hervorgetreten war, wo man sie beständig verfeinert hatte, wurde die Folter von der amerikanischen Regierung zur Notwendigkeit erklärt, sie wurde in die öffentliche Debatte aufgenommen und erstmals in einer Demokratie offiziell eingestanden und geduldet. Darin bestand das Novum nach dem 11. September: Die Ablehnung der Folter erschien nicht mehr selbstverständlich.

In einem Kriegsszenario, in dem die Fronten nicht klar definiert sind, tarnt sich der Feind, indem er unvorhersehbar agiert, mit einzelnen Vorstößen, kurzen und blitzschnellen Operationen; der Konflikt wird durch Nachrichten und Informationen entschieden, die hinter den Kulissen gesammelt werden, in jener Schattenzone, die die Folter begünstigt. Man braucht nur an den Partisanenkrieg zu denken, die Guerillas oder die Befreiungskriege, etwa jenen in

Algerien. Das bedeutet nicht, dass das Feindverhör nicht auch in der traditionellen Kriegsführung eine entscheidende strategische Waffe dargestellt hätte. Die Genfer Konventionen von 1949, die die Rechte von in Gefangenschaft geratenen „Feinden" schützen, wirkten jedoch als eine erhebliche Abschreckung gegen die Anwendung der Folter.

Der „Krieg gegen den Terror" ermöglichte es den Vereinigten Staaten, die zu den Unterzeichnern der Konventionen gehören, allerdings, dieses Hindernis zu umgehen, indem sie eine neue, ungewöhnliche Kategorie von „Feind" erfanden: den *unlawful combattant*, den „illegalen Kombattanten". Diese Figur ist nicht mit jener des feindlichen Soldaten gleichzusetzen, weil die Terrororganisationen die Genfer Konventionen nicht unterzeichnet haben – folglich kann der „illegale Kombattant" nicht unter Schutz stehen. Dasselbe gilt für den Kombattanten eines „Schurkenstaates" – also auch für die Taliban Afghanistans. Wäre er hingegen ein „Krimineller", der in Friedenszeiten eine Straftat begangen hätte, wäre er durch den sogenannten Habeas Corpus geschützt, dem zufolge ein Gefangener nur unter der Auflage festgehalten werden kann, dass die Festnahme begründet und eine Arrestdauer festgesetzt wird – *habeas corpus*, „du sollst deinen Körper haben", die körperliche Freiheit wird dir zurückerstattet, eine Regelung, die im britischen Recht bereits im 12. Jahrhundert ausgesprochen wurde und seither zum Prinzip der persönlichen Unantastbarkeit aufgestiegen ist. Im Krieg ist diese Gesetzgebung aus Friedenszeiten jedoch nicht anwendbar. Und der „Krieg gegen den Terror", mit dem faktisch der Ausnahmezustand ausgerufen wird, setzt den Habeas Corpus außer Kraft, hebt – auf *unbestimmte* Zeit, bis zur Erreichung des Ziels – nationale Gesetze und internationale Normen vorläufig auf. Den „illegalen Kombattanten", den mutmaßlichen Terroristen kann man an einen Ort fernab jeden Rechts verlegen und foltern. Auf diese Weise wird die Folter präventiv.

In dieser paralegalen Biopolitik ist der Schmitt'sche Zug, der die westliche Demokratie in tiefgehender Weise charakterisiert, leicht auszumachen. Für den *Kronjuristen*[21] des Führers ist die Grenze zwischen Freunden und Feinden – wie er in seinem Aufsatz *Der Begriff des Politischen* von 1932 feststellt – stets fließend;

der „Feind" hält sich verborgen und macht sich unkenntlich. Es ist kein Zufall, dass Schmitt im Juden das Paradigma des „Feindes" par excellence sah. Die Aufgabe der Politik ist es, vermittels des Imaginationsvermögens ein erkennbares Angesicht für den Feind zu konstruieren.[22] Nach dem Kalten Krieg und dem Abschmelzen vieler jahrzehntealter Gletscher hat die amerikanische politische Imagination im „illegalen Kombattanten" nun das bedrohliche und verstörende Gesicht eines „Feindes" vorgezeichnet, dem per Definition kein positiver Rechtsstatus zukommt und gegen den das Völkerrecht daher ausgesetzt werden kann.

Guantanamo Bay auf Kuba, der Ort, an den die ersten „illegalen Kämpfer" nach der Invasion Afghanistans gebracht wurden, bildet, zusammen mit einer Vielzahl anderer Haftorte, deren vollständige Landkarte uns bis heute fehlt – der berüchtigtste ist das irakische Gefängnis von Abu Ghraib –, diese rechtsfreie Zone.

Die von den *Kronjuristen** der amerikanischen Regierung verfolgte Strategie besteht aus zwei Hauptargumenten: zunächst zu zeigen, dass es sich bei diesen Gefangenen um „illegale Kämpfer" handelt und sie daher nicht von den internationalen Konventionen geschützt sein können; es daraufhin für legitim zu erklären, sie „Zwangsvernehmungen" zu unterziehen, wobei diese nicht als „Folter" bezeichnet werden und die Beamten oder Agenten, die sie durchführen, nicht belangt werden können.

Den Wendepunkt markiert das sogenannte *Torture Memo*, das als Antwort auf die wachsenden öffentlichen Proteste gegen die Anwendung von Folter an Gefangenen verfasst und am 1. August 2002 von John Yoo und Jay Bybee im Namen des Rechtsbüros des Department of Justice präsentiert wurde. Unter Anwendung einer recht fadenscheinigen Interpretation nicht nur der Gesetze, sondern auch des amerikanischen Militärkodex geben die beiden *Kronjuristen** John Yoo und Jay Bybee die begangenen Gewalttaten zu, bestreiten allerdings, dass sie als „Folter" eingestuft werden können. „Um den Grad einer Folterung zu erreichen" – schreiben sie – „muss das psychische Leiden in seiner Intensität dem Leiden entsprechen, das mit schweren körperlichen Verletzungen einhergeht, wie zum Beispiel der Verwundung eines Organs, der Schädigung einer Körperfunktion oder sogar dem Tod."[23] Die

41

Folter muss mit einer „spezifischen Absicht" durchgeführt werden und körperliche Verletzungen hinterlassen. Damit wären beispielsweise *waterboarding*, also simuliertes Ertränken, Vergewaltigung, der Entzug von Nahrung, Wasser oder Medikamenten sowie Elektrodenbehandlung keine Folter.[24]

Allerdings kann man die Folter nicht auf magische Weise in Nicht-Folter verwandeln, indem man ihren Namen ändert. Die Formulierung „Zwangsverhör" ist ein sprachlicher Trick, mit dem die amerikanische Administration versucht hat, die Folter durch Einengung des Begriffs zu legalisieren. Es ist kein Zufall, dass sich für den am 17. Oktober 2006 vom amerikanischen Kongress verabschiedeten *Military Commission Act*, der Bushs Verordnung ratifizierte und außergewöhnliche Militärtribunale für mutmaßliche Terroristen einrichtete, der Name *Torture Law* einbürgerte. Am 12. Juni 2008 erklärte der Oberste Gerichtshof der Vereinigten Staaten das von der Bush-Regierung errichtete „Sonderregime" für verfassungswidrig. Das Problem scheint keineswegs gelöst, wie Matthew Alexander in einem Artikel in der New York Times vom 20. Januar 2010 auseinandersetzte, auch wenn Obama am 22. Januar 2009 eine Exekutivverordnung unterzeichnete, um Folterungen zu verbieten und Gefangenenlager wie Guantanamo zu schließen. Die Verhöre bleiben weiterhin „unmenschlich und kontraproduktiv".[25]

Das „Torture Memo" und die nach dem 11. September ergriffenen Maßnahmen haben ebenso zur Ausbreitung der Folter wie auch zum Schwinden der allgemein geteilten Ablehnung beigetragen. Damit wurde ein Tabu gebrochen: Die Verurteilung der Folter erschien nicht länger offensichtlich und selbstverständlich.

8. Die Debatte über die Folter

Da sie nunmehr nicht länger stigmatisiert und teilweise sogar rehabilitiert war, konnte die Folter Gegenstand einer breiten und langwährenden öffentlichen Debatte werden. Sie hatte sich von jener gotischen Aura befreit, die sie über die Jahrhunderte immer mehr als unanständig und furchterregend erscheinen hatte lassen, sodass es wieder möglich wurde, offen über die richtige Anwendung der Folter in Ausnahmefällen zu sprechen. Aber zu akzeptieren, dass über ihren Gebrauch diskutiert wird, bedeutet bereits, das grundsätzliche Veto, das absolute Verbot, infrage zu stellen. Dies war die Voraussetzung für jene „liberale Ideologie der Folter" – wie Luban sie nannte[26] –, die sich allmählich durchsetzte.

Wenige Wochen nach dem Angriff auf die Twin Towers wurde die Debatte von der Presse und den großen Fernsehsendern Fox News, CNN, CBS eröffnet. Es nahmen nicht nur einflussreiche Politiker teil, sondern auch Journalisten, Meinungsmacher, Intellektuelle, Juristen, Philosophen, Vertreter der akademischen Welt. „Time to Think about Torture", lautet der bezeichnende Titel eines Artikels, den Jonathan Alter am 5. November 2001 in *Newsweek* veröffentlichte.[27] Es war also „Zeit, über Folter nachzudenken" – um auf den Terror zu reagieren. Doch diese Worte, mit denen die Debatte eröffnet wurde, waren auch ein Signal für den Bankrott der Demokratie. Alter argumentierte seine Position für den Einsatz von Folter folgendermaßen:

Wir können die Folter nicht legalisieren: Sie verstößt gegen die amerikanischen Grundsätze. Aber wenn wir gegen Menschenrechtsverletzungen auf der ganzen Welt auftreten wollen, müssen wir in Hinblick auf gewisse Maßnahmen zur Terrorismusbekämpfung, wie etwa gerichtlich genehmigte psychologische Verhörmethoden, flexibel bleiben. Und wir müssen über die Möglichkeit nachdenken, manche Verdächtige an unsere weniger zimperlichen Verbündeten auszuliefern, auch wenn das heuchlerisch erscheinen mag.[28]

Einige Tage später, am 8. November 2001, setzte in der *Los Angeles Times* der bekannte Jurist Alan Dershowitz, Rechtsprofessor in Harvard und eine bedeutende Figur der amerikanischen Medienlandschaft, mit dem Artikel „Is There a Torturous Road to Justice?" nach, in dem er mit der Frage, ob es „einen qualvollen [*torturous*] Weg zur Gerechtigkeit" geben könne, erstmals die Möglichkeit eines gesetzlichen Mandats zur Folter in Betracht zieht.[29]

Der Extremfall einer Zeitbombe, die explodieren und zahlreiche Opfer fordern könnte, spielte eine entscheidende Rolle in der Debatte. Es handelt sich dabei in Wirklichkeit um ein altes Beispiel, das zumindest bis auf den Algerienkrieg zurückgeht. Damals hatte es Jean-Marie Le Pen verwendet, der gemeinsam mit Jean-Maurice Demarquet – die beiden waren die Gründer des Front National des Combattants – am 27. Mai 1957 in *Le Monde* geschrieben hatte: „Wenn es nötig wird, einen Menschen zu foltern, um hundert Menschen zu retten, dann ist die Folter unumgänglich." Später bekannte Le Pen sich öffentlich dazu, gefoltert zu haben.[30] Das Argument wurde von Vidal-Naquet in dem 1959 in Frankreich erschienenen Buch *La Torture dans la République* behandelt, das zum ersten Mal die Anwendung der Folter durch eine Demokratie anprangert.

Das Argument der Zeitbombe wurde später von deutschen Juristen wieder aufgegriffen.[31] Ausgelöst wurde die Diskussion im September 2002 durch den Fall des elfjährigen Bankierssohnes Jakob von Metzler, der von dem Studenten der Rechtswissenschaft Magnus Gäfgen entführt worden war; letzterer wollte, als er bei der Abholung des Lösegelds von der Polizei ausfindig gemacht wurde, den Ort, an dem er den entführten Jungen festhielt, nicht preisgeben. Tatsächlich hatte er ihn bereits getötet. Der Vizedirektor der Frankfurter Polizei Wolfgang Daschner, überzeugt, dass er im letzten Augenblick noch etwas tun könnte, drohte Gäfgen mit Folter. Dafür wurde er später vor Gericht gestellt und verurteilt. Der Fall stieß in Deutschland auf große Resonanz und warf die Frage der sogenannten „Rettungsfolter" auf, eine zweifelhafte Formulierung, mit der der Jurist Winfried Brugger den „rettenden" Charakter unterstrich, den die Folter für die öffentliche Sicherheit haben sollte. Doch schon im Dezember 1992 hatte der berühmte Soziologe Niklas Luhmann in der Absicht, der blockhaften Ablehnung der Folter Risse zuzufügen, während einer Tagung an der Universität Heidelberg das Argument der Zeitbombe vorgebracht und sich gefragt, ob „in unserer Gesellschaft noch unveräußerliche Normen existieren".[32] In Deutschland war die Gegenantwort sehr entschlossen,[33] allerdings kann man auch nicht sagen, dass der Widerhall der Kontroverse gänzlich verstummt ist.

In der amerikanischen Debatte haben Bilder entscheidend zur Trivialisierung der Folter beigetragen – nicht so sehr Fotografien oder Bilder in Dokumentationen, sondern in Filmen und Serien: von der Fernsehserie *24*, für die zu Recht die Genrebezeichnung *torture porn* erfunden wurde, bis hin zum James-Bond-Film *Casino Royale* aus dem Jahr 2006 oder dem umstrittenen Thriller *Zero Dark Thirty* aus dem Jahr 2012. So konnte das amerikanische Publikum jahrelang begeistert die Taten des heldenhaften Agenten mitverfolgen, der den Terroristen zum Wohl der Allgemeinheit foltert. Dieses Spektakel der Folter stellt eine Niederträchtigkeit als einen unverzichtbaren Initiationsritus auf dem Weg zu einer höheren Stufe der Menschlichkeit dar.

9. Das Dilemma der „schmutzigen Hände".
Thomas Nagel und Michael Walker

Um die Debatte in Amerika in ihrer philosophischen Dimension und in ihrer politischen Relevanz zu verstehen, muss man jedoch viel weiter zurückgehen als nur bis zum 11. September. Man kann sagen, dass alles mit einem Aufsatz von Thomas Nagel beginnt, einer der maßgeblichsten Stimmen der amerikanischen analytischen Philosophie. Dieser Aufsatz mit dem Titel „War and Massacre" stammt aus dem Jahr 1971. Der historische Kontext ist jener des Vietnamkriegs, der von 1961 bis 1973 andauerte. Nagel fragt sich, ob es eine „moralische Grundlage für die Regeln des Krieges" gibt und untersucht vor allem die richtige „Verhaltensweise" bei militärischen Aktionen. Die Erreichung eines Zwecks könnte es rechtfertigen, ein Mittel zu ergreifen, das man sonst lieber vermeiden möchte. Daraus würden sich einige „moralische Dilemmata" ergeben. Er präzisiert:

[Jemand] mag zum Beispiel glauben, dass er durch die Folter eines Gefangenen Informationen erhalten kann, die notwendig sind, um eine Katastrophe zu verhindern, oder dass es möglich ist, durch die Bombardierung eines Dorfes einen Terroranschlag abzuwehren. Wenn er glaubt, dass der Nutzen einer bestimmten Entscheidung eindeutig größer ist als deren Kosten, aber dennoch weiter an der Auffassung festhält, dass er diese Entscheidung nicht treffen sollte, verwickelt er sich in ein Dilemma, das durch den Konflikt zwischen zwei verschiedenen Kategorien moralischer Vernunft hervorgerufen wird: Kategorien, die man *utilitaristisch* und *absolutistisch* nennen könnte. Der Utilitarismus interessiert sich primär dafür, was *geschehen wird*, der Absolutismus primär dafür, was man *tut*.[34]

45

Auch wenn er möglichst zweideutig zu bleiben versucht, kritisiert Nagel die „absolutistische" Position, die er mit dem Pazifismus und ganz allgemein mit dem Standpunkt all jener identifiziert, die von ihren Prinzipien nicht ablassen wollen. Diese Position besteht zum Beispiel darauf, dass man unter keinen Umständen und aus keinem Grund töten darf, unabhängig von den Folgen, die sich daraus ergeben – das Töten eines anderen unterliegt einem absoluten Verbot, und dasselbe gilt für die Folter. Deshalb spricht Nagel – mit einem sehr fragwürdigen Begriff, der bereits ein Urteil in sich trägt – von „Absolutismus". Die „utilitaristische" Position hingegen nehmen jene ein, die sowohl individuell als auch vermittels der Institutionen „das Gute maximieren und das Böse minimieren" wollen. Nagel hält sich nicht lange mit dem Utilitarismus auf, weil dieser, wie er sagt, „einfach" und „von Natur aus ansprechend" ist.[35]

Es ist jedenfalls hervorzuheben, dass die beiden Etiketten „absolutistisch" und „utilitaristisch" sich später durchsetzen und in weiterer Folge die Richtung der amerikanischen Debatte vorgeben werden. Nagels Absicht ist es, daraus die zwei Extrempositionen eines moralischen Dilemmas zu konstruieren. Wer könnte je wirklich absolutistisch sein? Für ihn handelt es sich um eine utopische Position, weil sie die Realität von Kriegen und Massakern nicht berücksichtigt, außerdem um eine paradoxe, weil sie gegebenenfalls verlangt, auf das kleinere Übel zu verzichten, mit all den daraus sich ergebenden Schäden, und letztlich um eine unmoralische, weil sie, als Preis für die Bewahrung der eigenen Reinheit, die schrecklichsten Gräueltaten ermöglicht. Dem Anschein nach sucht Nagel einen Mittelweg. Bei näherer Betrachtung stellt er jedoch den sogenannten „Absolutismus" unter Anklage, indem er ihn zu einem normativen Ideal macht, das unsinnig abstrakt und in willkommener Weise unerreichbar ist; wobei es sich noch dazu, sollte es jemals erreicht werden, als verwerflich erwiese. Die Grundsätze derer, die meinen, man dürfe niemals töten oder foltern, scheinen hier ins Wanken zu geraten.

Nagel wischt das Veto gegen Mord und Folter beiseite, womit das Einfallstor für eine immer energischere und vehementere Strömung geöffnet wird, die in den Folgejahren den Weg der Rechtfertigung erprobt wird. Mit großem Geschick verfolgt Nagel, ohne sich jemals offen zu exponieren, eine effektive Taktik, die er oft hinter sophistischen Argumenten verbirgt. Zunächst geht er wie selbstverständlich von einem Kriegsfall aus. Dann geht er, bereits innerhalb eines solchen Kriegsszenarios, einen Schritt weiter zu jenem des „tödlichen Konflikts", wo er nun mit einem weiteren, keineswegs offensichtlichen Zug seinen normativen Ansatz vorlegt und als den bestmöglichen anpreist. Seriös seien diejenigen, die, anstatt über große Themen zu spekulieren, über die Lösung von Problemen nachdenken, kurzum diejenigen, die Antworten auf die Fragen „Was sollen wir tun?", „Wie sollen wir uns verhalten?", „Wie rechtfertigen wir unsere Entscheidungen?" geben.

In diesem Zusammenhang verwundert es nicht, dass der moralische Primat dem Utilitarismus zufällt, wenn Nagel auch nicht verhehlt, dass ihn diese Perspektive nicht ganz befriedigt, da sie, wenn sie nicht durch die Barriere des einen oder anderen Grundsatzes eingedämmt wird, in den Abgrund des Massenmords führen würde. Doch in Nagels Augen hat der Utilitarist die Tugend, in die Konkretheit des Handelns getaucht zu sein, wo er nicht nur Kosten und Nutzen kalkuliert, bevor er entscheidet, sondern auch alle Konsequenzen trägt. Ein Utilitarist ist derjenige, der sich und seine Ethik auf dem Altar des kleineren Übels opfert. Umgekehrt könne man dem Absolutisten, der seine eigene moralische Reinheit bewahren möchte, ohne sich die Hände schmutzig zu machen, und sich damit sogar über das Leben der anderen stellt, Unmoral vorwerfen.

Der tödliche Konflikt würde in beiden Fällen ein moralisches Dilemma hervorrufen: beim Utilitaristen, weil er immerzu denken wird, die Kosten nicht korrekt kalkuliert zu haben; beim Absolutisten, weil er kaum das Gefühl haben wird, das Problem in zufriedenstellender Weise bewältigt zu haben. Damit aber versetzt Nagel dem pazifistischen Absolutismus einen weiteren, ziemlich fragwürdigen Schlag.

Es gibt zwei Argumente, die seine Taktik als Erbe hinterlässt: jenes der schmutzigen Hände und jenes des kleineren Übels. In unterschiedlichen Varianten bilden diese Argumente die Eckpunkte der Debatte, die in Amerika in der mehr oder weniger offenkundigen

Absicht eröffnet wurde, die Folter wieder salonfähig zu machen und zu legitimieren.

Es ist kein Zufall, dass Michael Walzer in einem 1973 erstmals veröffentlichten Artikel unter dem Titel „Political Action. The Problem of Dirty Hands" ausdrücklich auf Nagels moralisches Dilemma Bezug nimmt. Dieser Artikel war seinerseits, aufgrund der behandelten Themen und der darin vorgebrachten Ansinnen, dazu bestimmt, ein unverzichtbarer Bezugspunkt für jeden zu werden, der die Anwendung von Folter in Ausnahmefällen rechtfertigen möchte. Obwohl er im Ausland im Ruf eines Philosophen und Intellektuellen steht, der liberale Positionen vertritt, hat Walzer oftmals auch eine neokonservative Politik unterstützt. In einem theoretischen Rahmen, der schon eine Vorahnung von der in weiterer Folge entwickelten Thematik der „gerechten und ungerechten Kriege" gibt, nimmt Walzer bereits das Beispiel der Zeitbombe vorweg, wobei er präzise Indikationen zur Verfügung stellt.

Das moralische Dilemma lässt sich politisch durch das Drama der „Schmutzigen Hände" lesen. Walzer zitiert Sartres gleichnamiges Stück, in dem der Kommunistenführer Hoederer ausruft:

Wie sehr du an deiner Reinheit hängst, Kleiner! Was für eine Angst du hast, dir die Hände schmutzig zu machen! Bitte, bleib sauber! Aber wem wird es nützen? Reinheit! Das ist etwas für Mönche – für Fakire ... Nur, ihr Intellektuellen, ihr bürgerlichen Anarchisten, ihr nehmt das zum Vorwand, um nichts zu tun. Ihr steht in der Ecke, untätig, tragt Handschuhe. Ich habe schmutzige Hände! Bis zum Ellbogen – Blut ... und Scheiße – wie zum Teufel soll man es anstellen, ohne sich schuldig zu machen?[36]

Walzers Antwort ist eindeutig: „Nein, ich könnte nicht unschuldig regieren".[37] Das mag womöglich – wie er einräumt – ein politischer Gemeinplatz sein, ein konventionelles Vorurteil. Doch niemand kann in der Politik Erfolg haben, ohne sich die Hände schmutzig zu machen. Und überhaupt, wer würde sich schon gerne von einem Absolutisten regieren lassen? An Beispielen, die diese These untermauern sollen, mangelt es nicht. Am dramatischsten ist jenes, das von einem Politiker erzählt, der kurz nach seinem Wahlsieg, und obwohl er an den Frieden glaubt, die Krise eines langwierigen Kolonialkrieges bewältigen muss, in den sein Land verwickelt ist.

Er versucht neue Verhandlungen aufzunehmen und nimmt deshalb den ersten Flug in die Hauptstadt der Kolonie, die sich in der Hand der Terroristen befindet. Hier wird er vor die erste schwierige Entscheidung gestellt: Der Rebellenführer ist gefangengenommen worden, und er weiß, oder besser gesagt weiß vielleicht, wo in der Peripherie der Stadt die Bomben gelegt wurden, die in den nächsten 24 Stunden explodieren könnten. Er befiehlt, den Mann zu foltern, um das Leben derer zu retten, die bei der Explosion sterben könnten, obwohl er überzeugt ist, dass Folter falsch und abscheulich ist – nicht manchmal, sondern immer.

Paradoxerweise bringt die Politik der „schmutzigen Hände" die neuartige Figur des edlen Folterknechts hervor, der eine gewisse Ähnlichkeit mit dem melancholischen Soldaten des Augustinus aufweist (Brief 93), der überzeugt war, in einem gerechten Krieg zu kämpfen, ohne dabei aber zu vergessen, wie schrecklich es war, zu töten. Der Folterer, den Walzer beschreibt, ist ein einsamer Mann, der die gesamte Verantwortung trägt, der sich die Hände schmutzig macht, der das kleinere Übel wählt und sich bewusst ist, ein Verbrechen zu begehen, dessen moralische Last er auf sich nimmt. Er ist schuldig, doch gerade das macht ihn zum „moralischen Politiker" – was für Walzer wie ein Oxymoron klingt. Er trifft diese in der Zwangslage gebotene und durch den Notfall erforderlich gemachte Entscheidung, wobei er politische, ethische und rechtliche Grundprinzipien verletzt, in dem klaren und aufrichtigen Bewusstsein seiner eigenen unausweichlichen Schuld. Er tut dies zum Wohle der Gemeinschaft, wobei er die Bereitschaft zeigt, als Individuum alle moralischen und strafrechtlichen Konsequenzen, die daraus folgen, auf sich zu nehmen. Nur einem solchen edlen, von Skrupeln geplagten Folterknecht kann die Last der Entscheidung darüber anvertraut werden, wann im absoluten Ausnahmefall die Anwendung der Folter notwendig ist.[38]

Regeln zu übertreten bedeutet nicht, sie abzulehnen, geschweige denn sie aufzuheben. Der „moralische Politiker" ignoriert sie nicht, sondern erkennt sie im Gegenteil in ihrer ganzen normativen Kraft an. Gerade in dem Moment, in dem er sie außer Kraft setzt, betrachtet er sie, nicht ohne Bitterkeit, aus nächster Nähe; er ist ja schließlich gezwungen, sie zu brechen. Nur ein solcher

Politiker von hohem moralischen Ansehen darf die Folter anordnen. „Wir wollen nicht, dass es *eine beliebige Person* ist" – kommentiert Walzer.[39] Der edle Folterknecht kann nur jemand sein, der eine moralische Wahrnehmung des Übels hat, das er begeht. Nur so wird das Gute geschützt und das Recht in seiner Integrität gewahrt.

Sich der eigenen Schuld bewusst, der juridischen Verurteilung gewiss, ist dieser edle Folterer eine tragische Figur, weil er mit einem moralischen Dilemma ringen muss, das er in seiner ganzen Schwere wahrnimmt. Er versucht nicht etwa, das Böse zu entschuldigen, das, auch wenn es notwendig ist, ein solches bleibt – nichts kann es in etwas Gutes verwandeln. So wie die Regeln nicht abgeschafft werden, werden auch die Werte nicht umgestürzt. Im edlen Folterknecht lassen sich die Züge des machiavellischen Fürsten erkennen, auf den Walzer sich nicht zufällig beruft. Da er nicht auf juristische Vorwände, ethische Alibis oder Kosten-Nutzen-Rechnungen vertrauen kann, ist der „moralische Politiker" auf sich allein gestellt; er muss sich einzig auf seine Tugend, seine Fähigkeiten und seinen Mut verlassen, um eine Entscheidung zu treffen, die zwar politisch ist, aber dennoch eine absolut persönliche zu sein scheint. Um die Grenze aufrechtzuerhalten zwischen dem, was erlaubt, und dem, was verboten ist, zwischen der Befolgung des Gesetzes und seiner Übertretung, wird er allein für seine Entscheidung geradestehen, die Last auf sich nehmen und sich allen Konsequenzen stellen – sogar dem Urteil in einem Zivil- oder Militärprozess.

Die individuelle Färbung der Entscheidung soll ihren Ausnahmecharakter hervorheben. Deswegen muss die Folter für Walzer eine illegale Praxis bleiben, die nur im Notfall anzuwenden ist. Nur so könnte vermieden werden, dass der Rechtsstaat, der an ihrer Verurteilung festhält, beschädigt wird. Eine analoge Position vertritt auch der Politikwissenschaftler Henry Shue, der schreibt:

Eine Folterhandlung muss weiter illegal bleiben, sodass jeder, der aufrichtig der Meinung ist, dass es sich um das letzte noch verfügbare geringere Übel handelt, verpflichtet wird, seine Handlung moralisch zu rechtfertigen, um sich vor dem Gesetz zu verteidigen. Der Folterer müsste annähernd in derselben Position sein wie jemand, der zivilen Ungehorsam begeht. Wer immer glaubt, dass eine Folter-handlung gerechtfertigt ist, darf keine andere Wahl haben, als vor einem Gericht ein Publikum von Gleichrangigen davon zu überzeugen, dass alle notwendigen Bedingungen für eine moralisch vertretbare Handlung erfüllt waren.[40]

So als ließe sich, ausgehend vom Rechtsbruch, der beiden ge-meinsam ist, ziviler Ungehorsam auch nur entfernt mit der Folter vergleichen – der Mut, den einer aufbringen muss, der alle Kon-sequenzen seiner öffentlichen Weigerung auf sich nimmt, ein als unrecht empfundenes Gesetz zu befolgen, mit der verstohlenen Niedertracht, die dem Akt der Folter innewohnt.

10. „Mandat zur Folter". Alan Dershowitz

Die Debatte über die Folter hat sich in den Vereinigten Staaten nicht so sehr unter den Konservativen entfaltet als vielmehr un-ter jenen, die sich als „liberale Demokraten" deklarieren. Dies gilt insbesondere für Alan Dershowitz, der mehrfach das Etikett eines Liberalen für sich beansprucht hat und sich gern als Verfechter der Menschenrechte präsentiert. Dabei hat er sich allerdings auch in der aktuellen Debatte hervorgetan, denn bei näherer Betrach-tung ist Dershowitz ein Parteigänger der Folter, der geschickt den Zeitgeist erfasst und die Umfrageergebnisse interpretiert hat, als er einer in der amerikanischen Öffentlichkeit nach dem 11. Septem-ber weitverbreiteten Ansicht Ausdruck verlieh: Wenn der Terrorist sich selbst außerhalb jedes demokratischen Vertrags stellt, wieso sollten ihm dann Rechte zugestanden werden?

2002 veröffentlichte Dershowitz *Why Terrorism Works*, ein höchst umstrittenes Buch, in dem er die Maßnahmen anführt, die zur Bekämpfung des Terrorismus erforderlich seien. Zu den „dramatischen Entschlüssen", die eine Demokratie treffen müsse, gehört auch die Folter.[41] Doch Dershowitz sagt nicht einfach: Foltern wir den Terroristen. In einer später folgenden Selbstrecht-fertigung weist er dahingehende Vorwürfe und Verunglimpfungen gereizt zurück – man hatte ihn etwa „Torquemada Dershowitz" genannt, in einer offenkundigen Anspielung auf den berühmten

Inquisitor – und behauptet sogar, gegen Folter zu sein und höchstens nach einem Weg zu suchen, diese einzuschränken. Wie sieht seine Position also aus?

Für Dershowitz stellt die Folter, wie für Walzer, ein unvermeidliches Übel in Ausnahmefällen solcher Art dar, wie sie im „Krieg gegen den Terror" auftreten. Der Unterschied besteht dabei darin, dass der eine ein Machiavellist ist, der andere ein Utilitarist. Die beiden sind sich allerdings in Folgendem einig: Es braucht nicht darüber diskutiert zu werden, ob im Notfall einer extremen Bedrohung die Folter angewandt werden sollte, sondern es geht nur um die Entscheidung, wie dabei vorzugehen ist. Die tragische Figur des edlen Folterknechts macht einem eher aseptischen „Mandat" zur Folter Platz. Der von Dershowitz verwendete Begriff lautet *warrant*, also juristische Ermächtigung oder gesetzliche Garantie.

Schluss mit der Heuchelei: Die Folter wird, mal mehr, mal weniger heimlich, allerorten praktiziert, nicht nur von despotischen und diktatorischen Regimes. Es nützt nichts, das zu verleugnen. Dershowitz ist Realist – er beruft sich auf das Realitätsprinzip. Es ist also an der Zeit, sich einzugestehen, dass die demokratischen Staaten foltern. Vielleicht hinter den Kulissen, an den dunklen Orten der Demokratie, unbemerkt von den ahnungslosen Bürgern, jedoch mit ihrer, wenn auch unfreiwilligen, Komplizenschaft. Es wäre also korrekter, die Tatsachen anzuerkennen und zu versuchen, die Folter zu regulieren, damit sie nicht außer Kontrolle gerät und womöglich missbraucht wird. Mit einem Mandat könnte man all das lösen. Es müsste also im Vorfeld die Zustimmung eines Richters eingeholt werden, sodass in den seltenen Fällen, in denen Folter notwendig wird, rechtswidrige Exzesse vermieden werden und vor allem eine weitgehende „öffentliche Haftung" ermöglicht wird – das Schlüsselwort lautet *accountability*. Selbstverständlich stellt auch für Dershowitz die Zeitbombe den emblematischen Fall dar. Sollte denn ein Terrorist, der über bevorstehende Anschläge Bescheid weiß, nicht gefoltert werden? Eine „nicht-tödliche Folterung", *nonlethal torture* würde ausreichen, „zum Beispiel das Einführen einer sterilisierten Nadel unter die Fingernägel, um einen unerträglichen Schmerz zu verursachen, ohne jedoch die Gesundheit oder das Leben des Subjekts zu gefährden".[42] Wenn im Übrigen die Todesstrafe für einen bereits erfolgten Mord an einer Einzelperson als gerechtfertigt gilt, warum sollte dann nicht die nicht-tödliche Folter erlaubt werden, um ein in der Zukunft liegendes Massaker an vielen Menschen zu verhindern? Zumal der Tod endgültig ist, während der Schmerz vorübergeht.

Mehrmals umreißt Dershowitz, auch in autobiografischen Tönen, den Kontext, in dem er über die Schwierigkeit nachzudenken begann, hinsichtlich der bürgerlichen Freiheiten einen Kompromiss zu finden. Es war in den 80er Jahren, und er hatte gerade angefangen, an der Hebrew University in Jerusalem zu arbeiten. Es wird kaum überraschen, dass Israel als die Demokratie betrachtet wird, die am stärksten den verschiedenen Terrorrisiken ausgesetzt ist. Ganz allgemein spielt Israel daher in der Debatte um das schwierige Gleichgewicht zwischen Sicherheit und Menschenrechten die Rolle eines besonders avancierten Labors. Was Dershowitz angeht, ist jedoch Amerika maßgeblich – nicht Israel, von dessen Entscheidungen er sich vielmehr distanziert. Indem er im Folgenden das bereits aufgegriffene Thema präzisiert, schreibt er:

Wenn die Folter von einer demokratischen Nation *de facto* unter bestimmten Umständen praktiziert wird, erfordern dann nicht etwa die Rechtsstaatlichkeit und die Grundsätze der öffentlichen Rechenschaftspflicht, dass jede Anwendung der Folter einer Prüfung (oder Kontrolle) durch die Justiz (oder womöglich durch die Exekutive) unterzogen wird? Ich habe meine Meinung zu diesem normativen Problem bereits klar und deutlich geäußert. Meine Antwort lautet, im Gegensatz zu der des Obersten Gerichtshofs von Israel, ja.[43]

Dershowitz' These, in der empirische Beobachtungen mit Grundsatzargumenten vermischt werden, dreht sich um zwei Eckpunkte. Der erste, jener der *accountability* besteht in der Vorstellung, dass eine Demokratie, um eine solche zu sein, einfordern müsse, dass alle staatlichen Handlungen innerhalb des gesetzlich festgelegten Rahmens und unter öffentlicher Kontrolle stattfinden. Da es eine Tatsache ist, dass der Staat foltert, so muss dies auf legale Weise geschehen, und es sollte nicht ein Polizist, ein FBI- oder CIA-Agent die Entscheidung treffen, sondern ein Richter oder eine Behörde.

Der zweite Eckpunkt ist jenes so geläufige Argument der *exception*, also der durch die Zeitbombe repräsentierten Ausnahme, deretwegen die Folter als kleineres Übel zu wählen ist.

Obwohl sie ein moralisch nicht zu rechtfertigendes Übel darstellt, wird die Folter hier zu einer politisch legitimen und rechtlich korrekten Praxis. So kann Dershowitz sich sogar als Gegner der Folter präsentieren, der nur versucht, ihre Anwendung zu mäßigen. Ganz im Gegenteil rechtfertigt er jedoch in seinem dubiosen Hyperrealismus die Folter und fordert erstmals seit der Aufklärung offen ihre Legalisierung. Es ist verständlich, dass seine These viel Aufsehen erregt und harsche Kritik von vielen Seiten auf sich gezogen hat. Stärker noch als die Sophismen, die verfänglichen Gedankengänge und argumentativen Fehler, an denen durchaus kein Mangel herrscht, sollten einige inakzeptable Punkte hervorgehoben werden.

Zunächst scheint Dershowitz zu vergessen, vielleicht weil er so sehr in den amerikanischen Kontext vertieft ist, dass die internationale Gemeinschaft unmittelbar nach dem Zweiten Weltkrieg die Folter verboten hat – ohne Ausnahmen. Mit seinem Plädoyer für eine legalisierte Folter stellt er sich gegen das Völkerrecht, tritt die Menschenrechte mit Füßen und untergräbt die Idee der Rechtsstaatlichkeit. Es darf nicht übersehen werden, dass sich in seinem Diskurs das Gesetz schließlich dem Staat unterwirft, indem es sich in eine Praxis fügt, die es niemals gebilligt hat, wo doch im Gegenteil der Staat sich dem Gesetz unterwerfen sollte. Außerdem handelt es sich nicht um irgendeine beliebige Praxis. Das Recht verändert sich im Laufe der Zeit und passt sich an, es folgt dem Lauf der Geschichte. Doch es macht vor jenen unveräußerlichen Prinzipien halt, die der Menschenwürde zugrunde liegen und die nicht verhandelt werden können.

Es gibt auch zahlreiche spezifischere Fragen. Wer kann garantieren, dass der Sonderfall nicht zum Präzedenzfall wird, mit der Folge, dass die allgemeine Regel entwertet und zuletzt ganz aufgegeben wird? Werden sich Richter finden, die dieser Aufgabe gewachsen und zudem bereit sind, die Last eines solchen Mandats auf sich zu nehmen, indem sie es gegebenenfalls vor einem Tribunal rechtfertigen? Wem wird die strafrechtliche Verantwortlichkeit zukommen: dem, der foltert, dem, der kontrolliert, oder dem, der die Genehmigung erteilt hat?

Doch das ist noch nicht alles. In dieser Konzeption wird das Böse durch die Notwendigkeit reingewaschen: Insofern die Folter ein notwendiges Übel ist, verwandelt sie sich in ein Gut. In diesem Punkt lässt sich die Distanz zu Walzer ermessen. Auch wenn Dershowitz mehrfach von einem „moralischen Drama" spricht, wohnt seiner auf Kosten-Nutzen-Analysen beruhenden, rein utilitaristischen Moral überhaupt nichts Dramatisches inne – und es ist kein Zufall, dass er sich auf Jeremy Bentham bezieht. In einem solchen Zusammenhang kann es keine Irrtümer geben, denn man vertraut in allen Dingen dem Kalkül, das rational und objektiv, unpersönlich und neutral ist. Derjenige, der entscheidet, bleibt vom ethischen Dilemma, vom politischen Entweder-Oder unberührt. Auch angesichts des Zeitbombenszenarios kann die auf Berechnung beruhende Entscheidung, im Interesse der Vielen zu handeln, nur zu einem positiven und unstrittigen Ergebnis führen. Es handelt sich nicht einmal mehr um ein kleineres Übel, sondern um eine gute und gerechte Entscheidung. Es ist das Kalkül, das sie diktiert. Jeder Gewissensskrupel, jeder tragische Zweifel verschwindet. Wir sind hier weit von Machiavelli entfernt, für den die Notwendigkeit, gewissermaßen ins Gebiet des Bösen vorzudringen, nicht bedeutet, dabei das Bewusstsein dafür einzubüßen, und erst recht nicht, es in den Farben des Guten zu malen. Dagegen hebt Dershowitz die stets prekäre Grenze zwischen Gut und Böse ganz auf. Die böse Tat stellt sich, insofern die Moral sie als einzige Lösung fordert und gutheißt, plötzlich als gute Tat heraus. Es überrascht daher nicht, dass das Gesetz, wenn es die Berechnung erfordert, übertreten werden darf. Im Ausnahmezustand kann die Folter als der angemessene und nützliche Ausweg in einer übrigens unvollkommenen Welt erscheinen, wo das Böse nicht zu vermeiden ist.

In dieser Ökonomie des Handelns, in der die persönliche Verantwortung keinen Platz hat, ist der politische Spielraum der Entscheidung eingeschränkt. Wenn sich berechnen lässt, was besser oder jedenfalls weniger schlecht ist, wozu dann die Auseinandersetzung mit sich selbst und mit den anderen? Was für einen Sinn hat es, nachzudenken und daraufhin, nicht ohne quälendes Zögern, abzuwägen? Die Gewissheit der Berechnung beseitigt jedes Zaudern und jeden Irrtum. Die von Dershowitz zur Diskussion gestellte Figur des Richters, des Mandatsgebers wird unter diesem Gesichtspunkt als jene unparteiische Instanz gesehen, die imstande ist, genau zu berechnen, ob, wann, wo und in welchem Umfang zur Tat zu schreiten ist, wobei sie Exzesse vermeidet, aber zugleich auch allen anderen diese Last abnimmt. Dem edlen Folterknecht zieht Dershowitz den Sachverständigen vor, der von Mal zu Mal das Mandat erteilt und die Folter genehmigt, sich gleichzeitig aber auch bemüht, Licht in die Sache zu bringen, indem er Transparenz garantiert und jene *accountability* ermöglicht, ohne die die Demokratie nicht denkbar wäre.

Wenn die Dinge so stehen, wenn das Foltermandat der *accountability* entspricht, dieser Idee einer öffentlichen Rechenschaftspflicht, die das Herzstück des politischen Liberalismus darstellt, würde das bedeuten, dass die liberale Demokratie mit der Folter vereinbar ist. Was wirklich zählt, ist das Prinzip der öffentlichen Kontrolle, die Verpflichtung, Rechenschaft über die Handlungen abzulegen, denn hierin liegt für die Vertreter des angelsächsischen Liberalismus die Grundlage der Demokratie. Dann würde das Mandat zur Folter keinen Skandal mehr darstellen, sofern diese vorschriftsmäßig durchgeführt und gegen diejenigen eingesetzt wird, die die Ordnung gefährden, die den Vertrag brechen. Kurzum, die Folter wäre mit dem Liberalismus kompatibel.

11. Das kleinere Übel bleibt doch ein Übel

Ob explizit oder nicht, bei dieser Theorie, die Ausnahmen einfordert und die Anwendung der Folter legitimiert, handelt es sich um eine Moral des „kleineren Übels". Die zugrundeliegende Vorstellung ist jene, dass die Wahl nicht etwa zwischen Gut und Böse erfolgt, sondern zwischen dem Schlechten und dem Schlechteren – und das umso mehr in einem vom weltweiten Terror geprägten Szenario. Deshalb müsse die Anti-Terror-Politik vor allem die Falle des sogenannten moralischen Perfektionismus vermeiden, den Anspruch, die Menschenrechte immer und überall zu schützen.

Eine in vielerlei Hinsicht paradigmatische Version der Theorie des kleineren Übels bietet Michael Ignatieff, ein Historiker, Essayist und prominenter liberaler Politiker, dessen Stern jedoch in den letzten Jahren im Sinken begriffen war. Dabei wurden gerade seine Ansichten über die Folter offen infrage gestellt. In der Folter sieht Ignatieff „den komplexesten Fall" der Ethik des kleineren Übels, und zwar deshalb, weil die Folter „alle Dilemmata an den Tag bringt, mit denen eine liberale Gesellschaft im Krieg gegen den Terrorismus konfrontiert ist".[44] Während er sich von den Thesen derjenigen distanziert, die wie Dershowitz das Gesetz in die Verhörkammern bringen möchten, sucht Ignatieff einen „Mittelweg" zwischen dem uneingeschränkten Schutz der Rechte und einem Pragmatismus, der zur Anwendung gewaltsamer Maßnahmen bereit ist, solange diese Erfolg versprechen. Diese dritte Position, das Ergebnis eines prekären Gleichgewichts und der bewussten Wahl des kleineren Übels, würde „intensive und lang andauernde – jedoch nicht gewaltsame – Verhöre" erlauben, „um entscheidende Informationen zu erhalten".[45] Das wäre die „Ethik des Ausnahmezustands", wie sie Ignatieff formuliert. Wo aber liegt die Grenze zwischen intensivem Verhör und Folter? Und wer kann garantieren, dass die formell zurückgewiesene Folter nicht in neuen, versteckteren Erscheinungsformen wieder zugelassen wird? Obwohl er das Problem anerkennt, revidiert Ignatieff seine Position nicht, sodass sie nicht mehr allzu weit von jener der Anhänger der Folter entfernt scheint, und um sie zu argumentieren, greift er auf das Thema des kleineren Übels zurück. Um die liberale Demokratie zu verteidigen, seien „Akte gerechtfertigter Gewalt", also „kleinere Übel" notwendig. Dieses Argument setzt zwei Knotenpunkte voraus: dass das Böse messbar sei, mit einem Mehr und einem Weniger; und dass es keinen Ausweg aus dem Bösen gebe. Es reicht dann aus, das kleinere Übel nur in einer Notlage und als letztes Mittel zu wählen und sich dabei dessen bewusst zu bleiben. Für Ignatieff gibt es keine paradieshaften Alternativen: „Entweder wir akzeptieren es, das Böse mit einem anderen Bösen zu bekämpfen, oder es wird unser Schicksal sein, unterzugehen".[46]

Man könnte sich also fragen, ob der Liberalismus in dieser sehr realistischen Beschreibung sich nicht am Ende als das Universum erweist, wo man auf das Böse mit dem Bösen antwortet und wo vor allem das Gute kein Bürgerrecht genießt. Ist der Liberalismus durch ein tragisches Band mit dem Bösen verbunden?

Um seine Haltung zu untermauern, beruft Ignatieff sich auf Arendt, für die das Vermeiden des Bösen gleichbedeutend damit ist, selbständig zu denken. Dies verweist auf die Reflexionen der Philosophin zum zivilen Ungehorsam. Gerade mit Arendt allerdings lässt sich die Theorie vom geringeren Übel widerlegen, indem man ihr jeglichen moralischen Anspruch abspricht:

Bei ihrer moralischen Rechtfertigung hat das Argument des kleineren Übels eine nicht unwesentliche Rolle gespielt. Wenn man mit zwei Übeln konfrontiert werde, so lautet das Argument, dann sei man verpflichtet, das kleinere von beiden zu wählen, wohingegen es unverantwortlich sei, rundweg jede Wahl abzulehnen. Wer den moralischen Trugschluss dieses Arguments anprangert, wird gewöhnlich eines keimfreien Moralismus bezichtigt, der im politischen Geschäft nichts zu suchen habe; jeder müsse bereit sein, sich auch mal die Hände schmutzig zu machen. Und es stimmt, dass (mit Ausnahme von Kant, dem aus ebendiesem Grunde moralischer Rigorismus vorgeworfen wurde) gerade nicht politische oder moralphilosophische Überlegungen, sondern religiöse Ansätze jeden Kompromiss mit dem „kleineren Übel" auf unzweideutige Weise zurückwiesen. So steht, wie mir neulich bei einer Diskussion dieser Fragen gesagt wurde, etwa im Talmud: „Wenn man von Euch verlangte, für die Sicherheit der Gemeinschaft einen Mann zu opfern, so liefert ihn nicht aus. Wenn man von Euch verlangte, eine Frau auszuliefern, die zur Rettung aller anderer Frauen geschändet werden soll, dann lasst nicht zu, dass sie geschändet wird". [...] Politisch betrachtet bestand die Schwäche des hier zur Diskussion stehenden Arguments schon immer darin, dass diejenigen, die das kleinere Übel wählen, rasch vergessen, dass sie sich für ein Übel entscheiden.[47]

Hinzu kommt außerdem, dass das kleinere Übel stets etwas mit sich bringt, was Ignatieff selbst als „moralisches Risiko" [*moral hazard*] definiert. Gerade die Folter zeigt das sehr deutlich, insofern sie diejenigen, die sie praktizieren, einem äußerst schwerwiegenden moralischen Risiko aussetzt – angefangen bei den Agenten und Beamten der demokratischen Staaten. Der Folterer bleibt von der Gewalt, die er anderen zufügt, nicht unberührt.

12. 24. Der Gentleman-Folterer

Viel stärker als die Argumente der Philosophen oder die Artikel der Journalisten hat die vom Sender Fox produzierte Fernsehserie *24* die öffentliche Meinung in Amerika beeinflusst. Deren Protagonist ist Jack Bauer, ein Agent der CTU, der *Counter Terrorism Unit* von Los Angeles, epischer Held eines Pop-Dramas, das Millionen von Zuschauern fesseln konnte, Ersatzfigur für jenen nicht vorhandenen politischen Führer, den sich in der Welt nach dem 11. September viele gewünscht hätten.

Die Ausstrahlung der Serie begann am 6. November 2001, etwa zwei Monate nach dem 11. September. Die erste Folge – die von einem Terroristen erzählt, der versucht, ein Flugzeug zu sprengen, um den demokratischen Kandidaten für das Weiße Haus, den Afroamerikaner David Palmer, zu ermorden – war jedoch schon vorher gedreht worden, und auch die restliche Handlung zeugt in weiten Teilen von einer geradezu unheimlichen Voraussicht. Jack Bauer bewegt sich in einer Welt voller extremer Bedrohungen. Alles dreht sich um das Bevorstehen eines biologischen oder nuklearen Terroranschlags, der sich als kosmische Katastrophe, als der ultimative Weltenbrand herausstellen könnte.

Die Erzähltechnik ist jene der Echtzeit [*real time*]. Jede Staffel umfasst 24 Episoden, die den 24 Stunden von Jack Bauers Tag entsprechen. Auf dem Bildschirm reihen die Sekunden und Minuten sich mit unerbittlicher Geschwindigkeit aneinander. Der Ausnahmezustand ist das dominierende Thema in diesem Polit-Thriller, der den Atem verschlägt und mit mächtigen Adrenalinschüben fesselt, bei aller Dramatik der Ereignisse jedoch auch zuversichtlich macht, indem er in Agent Jack Bauer die gottgesandte und entschlossene Figur des furchtlosen Scharfrichters zeigt, der sich selbst opfert, um die Menschheit zu retten.

Wie soll man auf den Terror reagieren? Die moralischen und politischen Dilemmata des neuen Zeitalters werden greifbar dargestellt und erhalten durch die starke Personalisierung eine ungewöhnliche Wucht, die vermutlich keine philosophische Argumentation je hätte erreichen können. Umso perverser und schädlicher sind die Auswirkungen. Die realistischen Töne dieser Fiktion

59

hindern den Betrachter daran, aus dieser *real-time action* herauszu-
treten, sie verbieten es ihm, die gebührende Distanz einzunehmen.
Wie könnte man denn nicht auf der Seite von Jack stehen, der
das Gute gegen das Böse verteidigt – um jeden Preis? Um jeden
Preis, da Bauer im Gegensatz zu seinen Vorgängern, wie beispielsweise dem Briten James Bond, politisch inkorrekt ist, sich nicht
um Regeln kümmert, die Normen verletzt und mit dem vorge-
schriebenen Prozedere bricht. Wie sonst könnte er dem Bösen in
dieser Notfallsituation beikommen? Starre Bürokraten, korrupte
Politiker und obskure Verschwörer stellen Hindernisse dar, die es
zu überwinden gilt, um die diffuse Bedrohung durch den Terror
bekämpfen zu können. Der Held von *24* setzt sich notwendiger-
weise über das Gesetz hinweg, überschreitet moralische Konventionen, um seine patriotische Pflicht zu erfüllen und die Freiheit
zu verteidigen. Er ist bereit, sich die Hände schmutzig zu machen.
Wer sein Vorgehen kritisiert oder seine Methoden missbilligt, der
ist naiv oder will ganz einfach nichts tun, um die Feinde des Vater-
lands aufzuhalten. „Lasst Jack nur machen!" – würde man sagen,
während man sich die Serie anschaut. Denn er ist loyal, hat eine
scharfsinnige Intuition, weiß immer die richtige Entscheidung zu
treffen, auch und vor allem im äußersten Fall, dem der Zeitbombe.

„Amerika will, dass der Krieg gegen den Terror von Jack Bauer
geführt wird. Er ist ein Patriot" – erklärte Joel Surnow, Co-Autor
der Serie.[48] Bauer ist der Vertreter einer langen Tradition, die vom
Actionfilm bis hin zum Western reicht und den Mythos des hero-
ischen Einzelgängers zelebriert, der außerhalb des Systems gegen
das Böse kämpft, in der endlosen Prärie, die sich jenseits der *frontier*
auftut. Es überrascht nicht weiter, dass der Anti-Terror-Agent sich
sogar in der akademischen Welt großer Beliebtheit erfreut, dass
seine Heldentaten von amerikanischen Soldaten nachgeahmt werden, dass die Serie regelrecht als eine Art Lehrbuch verstanden
wird, und dass selbst in Konferenzen und Meetings, die sich mit
der terroristischen Bedrohung beschäftigen, das Mantra zu hören
ist: *What would Jack Bauer do?*

13. Eine politische Theologie der Folter

Hinter der verführerischen und furchtbaren Faszination, die diese Figur ausübt, verbirgt sich ein Geheimnis, das nicht schwer zu lüften ist. Jack Bauer erinnert an den Souverän Carl Schmitts. Es ist der *decider*, der das Gesetz außer Kraft setzt, wenn er mit einer Krise konfrontiert ist. „Souverän ist, wer über den Ausnahmezustand entscheidet" – schreibt Schmitt in seiner *Politischen Theologie* von 1922.[49] Gelangt er an die Grenze des Gesetzes, so überschreitet Jack Bauer sie, setzt sich über sie hinweg. Das Paradoxe ist jedoch, dass der Agent aus *24* die *Ausnahme* beschließt – das Thema der Show –, um den Liberalismus zu verteidigen, der für Schmitt hingegen die Zielscheibe darstellt.

Zu diesem Zweck foltert Jack Bauer. Er tut dies in jeder Episode, um dem Verdächtigen lebenswichtige Informationen zu entlocken: mithilfe von Reizentzug, der Verabreichung von Drogen, von Stromschlägen, Scheinhinrichtungen und so weiter. Selbstverständlich, um die liberale Gesellschaft zu schützen – nur dass auch die Folter ihrerseits als eine realistische Selbstverständlichkeit dargestellt wird.

Man kann also sagen, dass *24* das filmische Äquivalent zu jener liberalen Sicht der Folter darstellt, zu deren Verbreitung einige amerikanische Philosophen beigetragen haben. Auf diesen Versuch, die Folter zu trivialisieren und sie zu normalisieren, so als handle es sich dabei in der Ausnahmesituation des Terrors um eine unvermeidliche Wahl, weist Slavoj Žižek mahnend mit dem Zeigefinger. Die Serie darf nicht unterschätzt, nicht als reines Unterhaltungsprogramm verstanden werden. Ihr performatives Potenzial ist nicht anzuzweifeln: Die Dilemmata werden nicht bloß dargestellt, sondern auch gelöst. Man suspendiert die ethischen Normen nicht nur, sondern reißt die Ethik geradezu in Stücke. Wie sonst wäre es möglich, diese extreme Gewalt als eine gewöhnliche Handlung darzustellen, die von normalen Menschen begangen wird? Aus diesem Grund spricht Žižek in Hinblick auf Jack Bauer von einem „Himmler in Hollywood".[50] Der Verweis auf das von Arendt behandelte Thema der Banalität des Bösen ist eindeutig. Konkret ist das Problem, das mit der Figur Bauers erneut aufgeworfen wird, kein anders als „Himmlers Dilemma": Wie bringt man einen Menschen dazu, die Drecksarbeit zu erledigen, ohne ihn in ein Monster zu verwandeln? Denn es ist leicht, für das Vaterland eine edle Tat zu vollbringen; viel schwerer ist es, ein Verbrechen zu begehen. Und wie Himmler, ein begeisterter Leser der *Bhagavad-Gita*, lehrte, reicht es aus, beim Handeln eine gewisse Distanz zu wahren, um nicht vollständig darin verstrickt zu werden. Die ethische Katastrophe der Nazi-Henker lag gerade in dieser ihrer Fähigkeit, normal zu bleiben, während sie die abscheulichsten Verbrechen begingen.

Eine solche perverse Normalität kommt für Žižek nicht nur in *24*, sondern in der gesamten amerikanischen Folterdebatte zum Vorschein. Dershowitz' Argument wird umgekehrt: Es geht nicht etwa darum, endlich weniger heuchlerisch zu sein. Vielmehr stellt sich die Frage: Zu welchem Zweck spricht man es aus, zu welchem Zweck redet man darüber? Eine Offenlegung ist niemals neutral. Mehr als am Inhalt liegt das Problem von *24* für Žižek darin, dass die Folter öffentlich gemacht und letztlich legitimiert wird.

Statt an die liberale Ehrlichkeit Dershowitz' sollten wir uns daher paradoxerweise an die offenbare „Heuchelei" halten: OK, es ist gut möglich, dass wir in einer bestimmten Situation, konfrontiert mit dem „wissenden Gefangenen", dessen Worte Tausenden das Leben retten, auf die Folter zurückgreifen würden – selbst (oder gerade) in solch einem Fall ist es allerdings absolut notwendig, diese verzweifelte Entscheidung nicht zu einem allgemeinen Prinzip zu erheben; der unvermeidlichen brutalen Dringlichkeit des Moments folgend, sollten wir es einfach tun. Nur auf diese Weise, mit dem Unvermögen und Verbot, das, was wir tun mussten, zum allgemeinen Prinzip zu erheben, bewahren wir uns einen Sinn für die Schuld, für das Bewusstsein der Unzulässigkeit dessen, was wir getan haben. [51]

Hier rechtfertigt Žižek keineswegs – wie manche geglaubt haben – die Anwendung der Folter. Vielmehr argumentiert er, dass man, selbst wenn man das Eintreten einer „verzweifelten Entscheidung" nicht ausschließen kann, den Einzelfall nicht zur Regel machen dürfe. Im Gegensatz zu dem, was bei Jack Bauer geschieht, ist es unabdingbar, die Abscheu vor der Folter aufrechtzuerhalten und zu bewahren.

Die tragische Größe und die edle Opferbereitschaft, die die Figur des Jack Bauer auszeichnen, werfen ein neues Licht auf die Folter. Plötzlich erscheint sie nicht mehr bloß notwendig, sondern heilsbringend. So wird eine politische Theologie der Folter skizziert, beinah schon eine Soteriologie in Zeiten des Terrors. Der Folterknecht ist es, der vom Bösen erlöst, der, völlig verklärt, nicht mehr als bösartiger Peiniger, als grausamer und rücksichtsloser Büttel auftritt, sondern als charismatischer Agent, ehrlich und loyal, seinem Schicksal ergeben und dennoch imstande, stets unbeugsam zu bleiben. Dem blinden Fanatismus setzt Bauer pragmatische Kälte und das Bewusstsein entgegen, trotz allem immer im Recht zu sein. „Es ist ein Unterschied, ob man für nichts stirbt oder für eine Sache. Verstehst du das? Das ist der Grund, warum ich noch lebe … Aber auch heute kann ich noch für eine Sache sterben. *My way, my choice*". Nichts kann ihn aufhalten, weder Rivalität noch Täuschung, weder Verdruss noch Trauer. Isoliert, verraten, zunehmend entfremdet von einer Welt, in der es niemanden mehr gibt, dem er vertrauen kann, bewahrt Bauer sein unerschütterliches Pflichtbewusstsein. Solange er nur Terrorkomplotte vereiteln kann, ist er bereit, sich aufzuopfern, sich zu quälen, sich foltern zu lassen. Er nimmt Drogen, um ein Drogenhandelsnetzwerk zu infiltrieren, täuscht seinen eigenen Tod vor, lässt sich von seiner Regierung an eine ferne Diktatur ausliefern, um dort im Gefängnis zu schmachten. Er ist der leidende Diener des amerikanischen Volkes. Ein erlösender Tod allerdings ist ihm nicht vergönnt. Jedes Mal richtet er sich wieder auf, um erneut in die Arena des Bösen hinabzusteigen.

Der Folterer wird gefoltert – der Souverän unterliegt der Souveränität der Folter. Offensichtlich selbst ein Heilsopfer, ist Jack Bauer nicht weniger *homo sacer* als seine Opfer. Er hat sich nämlich in den dunklen Raum jenseits des Gesetzes begeben, wo er schlechthin tun kann, was richtig und notwendig ist, um den Terror zu besiegen. Das bedeutet, Terroristen zu foltern, aber auch Verdächtige, Personen mit Verbindungen, Agenten, die in die Sache verwickelt sind oder auch nicht; in diesem Raum ist auch er selbst exponiert, ist auch er selbst der Folter ausgesetzt. Er kann also gefoltert, sogar getötet werden, ohne dass jemand dafür zur Verantwortung gezogen oder bestraft wird, denn in den Augen des Gesetzes, also jener reinen Form, die er selbst hinter sich gelassen hat, hat Jack Bauers Leben keinen Wert mehr. Daher kann er namenlos verschwinden, in diesem Gültigkeitsvakuum im Herrschaftsbereich des Rechts, wo es sein wird, als hätte er nie existiert.

Die Erlösung läge also in der Folter selbst. Das ist der schreckliche Glaubenssatz des Agenten. Die rettende und läuternde Folter erscheint als die ultimative Instanz im Krieg gegen den Terror, die ein extremes, dabei jedoch nicht anerkanntes Opfer verlangt. In dem apokalyptischen Szenario, das den Hintergrund von *24* bildet, bleibt wohl nichts weiter übrig als eine Soteriologie der Folter.

Wie dies mit der Demokratie vereinbar sein soll, oder wenigstens mit ihrer Verteidigung, ist schwer zu verstehen. Gewiss zeigt Jack Bauer in aller Deutlichkeit die enge Verbindung zwischen Folter und Terror. Abgesehen davon lösen sich in *24* die Dilemmata rasch mithilfe eindeutiger Antworten und einfacher Lösungen auf. Das utilitaristische Kalkül lässt keinen Raum für Zweifel. Trotz ihres gefeierten Realismus vermittelt die Fox-Serie, indem sie unsere Ängste ausnutzt und unseren Hoffnungen schmeichelt, ein falsches Sicherheitsgefühl, verspricht illusorische Straffreiheit und verbreitet eine zutiefst amoralische Moral, bei der die heilbringende Opferung des eigenen und des fremden Lebens im Mittelpunkt steht.

14. Warum den Terroristen nicht foltern? Die Zeitbombe

Ein Terrorist wurde gefasst, der verdächtigt wird, in einer der Schulen der Stadt, wo sich gerade zahlreiche Kinder aufhalten, eine Zeitbombe gelegt zu haben. Es ist unmöglich, die Schule schnell genug zu evakuieren. Als der Mann unmittelbar einem Verhör mit legalen Mitteln unterzogen wird, verweigert er jede Antwort. Die Zeit wird knapp. Die Bombe könnte jeden Moment explodieren. Dutzende, Hunderte von Menschenleben sind in Gefahr. Wäre es nicht angemessen, ihm die wertvollen Informationen abzunötigen, indem man gewisse Druckmittel anwendet, eher psychologischer als physischer Natur? Ist es *in diesem Fall* nicht etwa erforderlich, eine Form der nichttödlichen Folter einzusetzen?

Die spontane Antwort lautet „Doch!". Wer könnte auch etwas anderes antworten? So sieht die Reaktion der meisten Menschen aus, wenn sie aufgefordert werden, zum Szenario der Zeitbombe, der *ticking bomb* Stellung zu beziehen. Dabei kann die Version abgeändert werden, es können Elemente hinzugefügt oder entfernt werden, man kann hyperbolisch dramatisieren, indem man die Möglichkeit ventiliert, dass die mutmaßlichen Terroristen einen biologischen Angriff zu entfesseln planen oder gar im Besitz von Atomwaffen sind.

Es wird jedenfalls unmöglich, mit einem klaren „Nein" zu antworten, und somit kann die Folter als legitime Waffe im Zeitalter des globalen Terrors angesehen werden. Die Forderung, die Folter zu legalisieren, während man ihre Unmoralität durchaus zugibt, wird genau mit diesem Fall begründet, mit dem Szenario der tickenden Bombe. Von Bagdad bis Madrid, von London bis Scharm El-Scheich, von Beirut bis Istanbul: Unglücklicherweise sind schon zahllose Bomben an öffentlichen Orten zur Explosion gebracht worden, wobei jedes Mal ein Blutbad an wehrlosen Opfern angerichtet wurde.

Dass das Szenario der Zeitbombe von amerikanischen Philosophen sehr ernst genommen wird, nicht nur von den *neo-cons*, sondern auch von den Liberalen, sollte daher nicht überraschen. Wie Bob Brecher in seinem diesem Thema gewidmeten Buch festgestellt hat, „ist Dershowitz in dem, was man den ‚neuen Realismus' in Bezug auf die Folter nennt, nicht isoliert".[52] In diesem Zusammenhang braucht man nur Martha Nussbaums Erklärung zu zitieren: „Ich denke nicht, dass eine moralisch sensible Position in Abrede stellen würde, dass Situationen vorstellbar sind, in denen die Folter [an einer einzelnen Person] gerechtfertigt ist".[53]

Mit einer „moralisch sensiblen Position" ist die Ablehnung der Folter a priori gemeint. Dieses Prinzip scheint aber unter den Schlägen der unduldsamen Realität zu Bruch zu gehen. Ist das im Übrigen nicht das Schicksal aller Grundsätze und Apriatis? Angesichts des blinden Fanatismus des Terrors, der unschuldige

Leben bedroht, scheinen Moral und Recht nicht haltbar zu sein und müssen revidiert werden. Der ethische Purismus der Schöngeister ist gegenüber den Tatsachen zur Kapitulation gezwungen. Es sei denn, man will mit den Terroristen konkurrieren, was den Fanatismus betrifft. Die universelle Ablehnung der Folter, die der westlichen Kultur nach dem Zweiten Weltkrieg eingeschrieben und durch internationale Verträge ratifiziert wurde, wäre in der Praxis nicht mehr vertretbar oder akzeptabel. Wer könnte die Notwendigkeit der Anwendung eines Zwangsverhörs infrage stellen, wenn es um so viele Menschenleben geht? Man wird also anerkennen müssen, dass in einem Zustand höchster Bedrängnis, wie ihn das Zeitbombenszenario vor Augen führt, für das sogar das Strafrecht vieler demokratischer Länder eine Suspendierung des Gesetzes erlauben würde, die Folter unvermeidlich wäre. Es würde allenfalls darum gehen, sie zu kontrollieren und zu regulieren.

Der Notfall des Terrors drängt sich mit Gewalt auf, und die Ausnahme wird richtungsweisend. Das Dilemma der Zeitbombe droht, das Gebäude der Menschenrechte zum Einsturz zu bringen, die im Laufe von Jahrhunderten mühsam errungenen Grundsätze, die Ideen, die gestern noch unentbehrlich schienen, zu untergraben. Angefangen beispielsweise mit dem Grundsatz der körperlichen Unantastbarkeit eines Gefangenen. Die Geschichte von der tickenden Bombe macht in einer vom demokratischen Liberalismus geprägten Gesellschaft die Vorstellung annehmbar, dass der Staat foltert, sogar, dass staatliche Folter unter bestimmten, außergewöhnlichen Umständen legal wird.

Man muss zugeben, dass das Dilemma der Zeitbombe eine gewisse Sprengkraft besitzt; es sollte aufgrund seiner offenkundigen ethischen und politischen Resonanzen nicht unterschätzt werden. Bei näherer Betrachtung ist kein Widerspruch möglich. Die Friedenstauben schweigen, die hoch integren „Idealisten", die die Menschenwürde immer und überall verteidigen möchten, sehen sich gezwungen, ihre tiefsten Überzeugungen zu widerrufen, womit das Wort den Falken überlassen wird, den pragmatischen „Realisten", die entschlossen das Wohl der Mehrheit im Blick behalten, die es verstehen, Kosten und Nutzen zu kalkulieren,

Folgen abzuschätzen und Katastrophen zu verhindern, wobei sie einen sicheren Erfolg erzielen.

Dieses so beängstigende Szenario ruft die unzähligen Bilder von Terroranschlägen wach, die regelmäßig auf Bildschirmen und Leinwänden zu sehen sind. Es bezieht sich allerdings weder auf die Erfahrung eines bestimmten Anschlags noch scheint es auf eine tatsächlich eingetretene Situation zu verweisen. Der hypothetische Charakter des ganzen Dilemmas erinnert eher an die Serie *24*, deren ganze Handlung auf der Grundlage der Zeitbombe konstruiert ist. Handelt es sich nicht um denselben vermeintlichen „Realismus", nämlich gerade den der Fiktion selbst?

Wenn es sich so verhielte, würde die Debatte, die sich in Amerika rund um die tickende Bombe entfaltet hat, an der Philosophen und Intellektuelle beteiligt waren, die die Medien und die öffentliche Meinung erfasst und die politische Welt geprägt hat, wodurch sie den im *War on Terror* getroffenen Entscheidungen praktisch ihr Siegel aufdrückte, sich um ein Märchen drehen. Noch dazu um ein Märchen, das als die wirklichste aller Wirklichkeiten dargestellt wird. Darf man auf Grundlage einer Fiktion, einer imaginären Darstellung in der Politik Entscheidungen treffen, die auch in ihrer ethischen Bedeutung so schwerwiegend sind? Darf man denn in der Philosophie auf unwirkliche Geschichten zurückgreifen, mit dem Anspruch, auf dieser fiktiven Grundlage eine neue und realistischere Ethik zu errichten, die der Bedrohung durch den Terror angemessen ist? Wobei dieses Märchen womöglich ein ideologischer Vorwand ist.

Das Szenario der tickenden Bombe in seinen unzähligen unterschiedlichen Versionen scheint ein Produkt der Fantasie zu sein. Die dargelegten „Fakten" sind bei sorgfältiger Betrachtung nicht einmal plausibel, und die gesamte Situation wird auf der Basis von unwahrscheinlichen und absurden Annahmen konstruiert.

Um nur einige davon zu nennen: Es wird angenommen, dass die Behörden von einem bevorstehenden Angriff wissen; dass sie ausgerechnet einen der Terroristen ergriffen haben, die die Zeitbombe gelegt haben; dass dieser wirklich über die nötigen Informationen verfügt; dass es kein anderes wirksames Mittel gibt, um ihn zum Sprechen zu bringen, als Folter; dass es keine anderen Möglichkeiten gibt, die Menschenleben zu retten; dass die Folter wirksam ist, also dass der Terrorist nicht womöglich einen Reserveplan hat und dass er die Wahrheit sagt.

Man könnte den logischen und rhetorischen Bauplan der *story* weiter dekonstruieren. Warum sollte es in dieser Situation einer drohenden Katastrophe, die Militärstrategen, Vertreter der Politik und die Apologeten der Folter von einer „Notwendigkeit" sprechen lässt, wünschenswert sein, den Terrorverdächtigen der langwierigen und ungewissen Praxis eines Zwangsverhörs, also der nichttödlichen Folter zu unterziehen? Wäre es da nicht vielleicht eher angebracht, auf die altbewährten Methoden der traditionellen Folter zurückzugreifen? Es ist außerdem davon auszugehen, dass ein Terrorist, der einen Anschlag geplant hat – vorausgesetzt, dass er überhaupt der richtige ist –, bereit ist zu sterben; es würde ihm dann nicht schwerfallen, der Folter standzuhalten, oder noch besser, falsche Informationen zu liefern. Vom *US Army Field Manual*, dem Handbuch der amerikanischen Armee (34–52), bis hin zu den Überlegungen des Augustinus über die Unschuldsvermutung in seinem Werk *Vom Gottesstaat* (XIX, 6): Alle sind sich über die Unzuverlässigkeit eines unter Folter erzwungenen Geständnisses einig.

Die Beispiele, die gewöhnlich zur Untermauerung des Zeitbombendilemmas angeführt werden, sind jedes Mal dementiert worden. Das berühmteste ist jenes, das zunächst von Dershowitz angeführt und später vielfach aufgegriffen wurde: der Fall von Abdul Hakim Murad. Im Jahr 1995 entdeckte die philippinische Staatspolizei in Manila während einer umfangreichen Sicherheitsoperation den Plan Murads, eines Mitglieds von Al-Qaida, der eine Serie von Angriffen auf sieben Flugzeuge auf der Pazifikroute vorbereitete. Gemäß der Version, die nach dem 11. September verbreitet wurde, als in Amerika der Konsens über die Folter im Wachsen begriffen war, setzte die philippinische Polizei Murad siebenundsechzig Tage lang Prügel, *waterboarding*, psychischer Gewalt, dem Ablöschen von Zigaretten an seinen Geschlechtsteilen und der Androhung sexueller Gewalt aus. Murad brach zusammen und gestand seinen Komplott, der viertausend Passagieren das Leben gekostet hätte. Diese Episode sollte die Rationalität und

Wirksamkeit der Folter demonstrieren. „Was wäre passiert, wenn Murad in Amerika festgenommen worden wäre?", polterte der Historiker Jay Winik aus den Kolumnen des *Wall Street Journal*. Viele stimmten ihm zu. Der berühmte Leitartikler Jonathan Alter kommentierte: „Eine gewisses Maß an Folter funktioniert offensichtlich".[54] Doch die tatsächlichen Ereignisse hatten sich ganz anders abgespielt: „Die Polizei von Manila hatte alle relevanten Informationen von Murad bereits in den ersten Minuten nach der Beschlagnahme seines Mobiltelefons erhalten".[55] Später, während seiner viele Tage währenden Folterung, fügte Murad, um seinen Schmerzen ein Ende zu setzen, lediglich Details hinzu, die nichts weiter als eine matte und überflüssige Bestätigung der Vermutungen darstellten, die die Polizei ihm nahelegte.

Analog, wenn auch weniger aufsehenerregend, sind andere Fälle von Attentaten, die wie jene Pläne, die Scotland Yard und die britischen Sicherheitsdienste am 10. August 2006 aufdeckten – mit klassischen Ermittlungsmethoden vereitelt wurden. Im Übrigen wussten die Sicherheitsdienste bis zur Festnahme der Verdächtigen nichts von einer direkt bevorstehenden Attacke. Hier wird das unmittelbare Bevorstehen mit der reinen Möglichkeit vermengt. Ein Attentat ist, außer für diejenigen, die es planen, ein unerwartetes und unwägbares Ereignis – was nicht bedeutet, dass man ihm nicht vorbeugen sollte. Doch das Szenario von der Zeitbombe will uns glauben machen, dass Attentat und Attentäter unter Kontrolle gehalten werden können und dass die Folter für diesen Zweck das unverzichtbare Instrument darstellt.

Nur durch die Folterung des Terroristen könne die Bombe entschärft und der Countdown angehalten werden. Es ist also nicht von Belang, dass die Folterung eines Einzelnen, und zwar als drängende Notwendigkeit, gegenüber der sehr ungewissen Möglichkeit des Todes vieler gefordert wird. Im „ökonomischen Modell" der Folter geben die Zahlen den Ausschlag.[56] Tatsächlich soll gerade dieses utilitaristische Prinzip der Folter ethische Legitimität verleihen. Was kann man übrigens über den zu Folternden sagen? Ein Terrorist ist ein Terrorist – er ist kein Staatsbürger, kein Soldat, respektiert weder das Gesetz noch die Regeln des Krieges. Er stellt sich selbst außerhalb jeden politischen Vertrages, damit aber auch

außerhalb jeder menschlichen Bindung. Für ihn kann keine Rezi-
prozität gelten. Da der Terrorist stets nur mit den von ihm aus-
geführten Taten identifiziert wird, da ihm nur ein anonymes und
kaltes Gefühl der Feindschaft zuteilwird, ist *a fortiori* ihm gegenüber keine Empathie, also kein menschliches Mitgefühl möglich.
Warum also sollte man den Terroristen nicht foltern?

Man müsste das Argument der tickenden Bombe umkehren,
wie Luban vorschlägt, der es auf folgende Weise neu formuliert:

> Und wenn die einzige Möglichkeit, den Terroristen zur Preisgabe des Ortes zu
> bringen, an dem er die Bombe deponiert hat, darin bestünde, *dich* viele Tage lang
> ohne Ende zu foltern – ja, gerade *dich* und keinen anderen – meinst du, dass die
> Regierung es tun sollte? Man entführt dich, zieht dir eine Kapuze über, nimmt dir
> deine Kleidung ab; du wirst gezwungen, Windeln anzuziehen und einen orange-
> farbenen Overall zu tragen; dir werden die Augen verbunden, Beruhigungs-
> mittel gespritzt, du wirst nach Kuba geflogen; du wirst von Angehörigen des
> anderen Geschlechts geschlagen, ausgezogen und verspottet, du wirst an einer
> Hundeleine gehalten, stundenlang hämmern ohrenbetäubende Rap-Musik und
> Stroboskoplichter auf dich ein; du wirst mit einem Schlauch nassgespritzt, über
> Nacht in einen Kühlraum geworfen, dann wirst du im Korridor an einen Ha-
> ken gekettet und gezwungen stehenzubleiben, bis deine Knöchel zur doppelten
> Größe angeschwollen sind und deine Nieren allmählich versagen. Dann wirst du
> mit nach hinten gezogenen Armen an die Decke gefesselt, und schließlich sticht
> man dir sterilisierte Nadeln unter die Fingernägel. Aus irgendeinem Grund ist
> das der einzige Weg, wie wir den Terroristen zum Reden bringen können. Sollten
> wir es tun?[57]

Die Folter ist eine emotionale Form der Terrorismusbekämpfung,
die auf Terror mit Terror antwortet. Im Dilemma der Zeitbombe
wird sie jedoch nicht als ein Akt brutaler Gewalt stigmatisiert;
stattdessen wird sie als pflichtschuldige Handlung dargestellt, die
vom Kalkül des geringeren Übels aufgenötigt, von der Notwendigkeit diktiert wird. Ob sie nun vom edlen Folterknecht, vom
Utilitaristen oder von Jack Bauer durchgeführt wird, die Folter erscheint als die einzige Möglichkeit, die bevorstehende Katastrophe
zu vermeiden. *Erscheint* – doch sie ist es nicht, und ist es auch
niemals gewesen.

In dieser Frage meldete sich Ruchama Marton, Gründerin von
Israel's Physicians for Human Rights (Israelische Ärzte für Men-

schenrechte), mit der Feststellung zu Wort, dass die Folter, selbst die grausamste, noch niemals dazu beigetragen habe, eine Zeitbombe zu deaktivieren. „Und überhaupt" – fügte sie hinzu – „wie lange wird die Bombe noch weiterticken? Zehn Minuten, zwei Stunden oder drei Wochen? In Wirklichkeit gibt es keinen eindeutigen Fall einer Zeitbombe."[58]

Die Ideologie der legalisierten Folter gründet sich auf ein Märchen. Gemäß der historischen Erfahrung ist das Szenario der tickenden Bombe noch nie eingetreten, was darauf hindeutet, dass es völlig unwahrscheinlich ist. Daher sollten nicht nur die Schlussfolgerungen, zu denen das Argument gelangen möchte, verworfen werden, sondern die Hypothese selbst. Denn hierin liegt die Falle: einen Sonderfall als empirische Evidenz vorzustellen, durch die sich die gesamte Fragestellung verändern würde, obwohl dieser Fall in Wirklichkeit jedoch niemals aufgetreten ist. Der Realismus stellt sich bei näherer Betrachtung als Pseudorealismus heraus. Und die Ausnahme, die die Folter rechtfertigen sollte, entpuppt sich als fiktive Hypothese, die nicht aus den Tatsachen abgeleitet, sondern von der Fantasie erschaffen wurde. Diese um eine Fiktion kreisende empirische Argumentation wird bis hin zur Erwägung konkreter Umstände weitergesponnen und allmählich mit Details angereichert. Auf diese Weise gerät man in einen Taumel akribischer Analysen und unlösbarer Dilemmata, in dem man das Thema selbst aus den Augen verliert und, überwältigt vom Rausch dieses Pseudorealismus, am Ende die Notwendigkeit der Folter für diese Ausnahmesituation praktisch anerkennt.

Während das Argument der tickenden Bombe einerseits auf viszerale Impulse und Emotionen setzt, indem es uns mit einer furchtbaren Bedrohung konfrontiert, führt es uns andererseits in eine künstliche, transparente Welt, wo nur Gewissheiten herrschen, wo das Böse berechenbar ist, wo sich alles mit logischer Folgerichtigkeit ereignet und wo sich in jedem Augenblick, trotz ihrer unerbittlichen Dringlichkeit, die richtigen Entscheidungen aufdrängen.

Das Dilemma ist gar kein Dilemma. Die scheinbare Komplexität der mehr oder weniger trügerischen Argumentation löst sich in ein intellektuelles Spiel auf, eine Art Ablenkungsmanöver, das vom eigentlichen Thema wegführt und das Risiko mit sich bringt, dass unter dem Alibi der Dringlichkeit die institutionalisierte Folter als Selbstverständlichkeit dargestellt wird. Aus diesem Grund ist das Szenario der Zeitbombe nichts weiter als Blendwerk, ein Täuschungsmanöver, allerdings auch ein wirkungsvolles Propagandainstrument.

15. Schädliche pseudophilosophische Geschichten

Das Märchen vom Terroristen, der irgendwo eine Zeitbombe deponiert hat und deshalb von der Polizei gefoltert werden dürfe, ist eines jener Dilemmata, an denen die Moralphilosophie analytischer Prägung in den vergangenen Jahrzehnten ihre Freude gefunden hat. Am bekanntesten ist das *trolley problem*, das in einem 1967 veröffentlichten Artikel der britischen Philosophin Philippa Foot erstmals formuliert wurde. Es lässt sich folgendermaßen zusammenfassen:

Ein außer Kontrolle geratener Eisenbahntrolley fährt mit voller Geschwindigkeit auf fünf an die Gleise gefesselte Männer zu. Du befindest dich auf einer Überführung, von der aus du die bevorstehende Tragödie beobachtest. Neben dir steht ein Fremder, ein dicker Mann. Wenn du ihn stößt, sodass er auf die Gleise fällt, bringt sein Körper den Wagen zum Stehen. Fünf Leben werden gerettet, er hingegen stirbt. Würdest du den dicken Mann töten?

Es ist kaum zu glauben, dass sich seitdem eine echte „Trolleylogie" entwickeln konnte, teils akademische Fingerübung, teils Gesellschaftsspiel.[59] Warum ausgerechnet ich? – möchte man antworten. Wieso sollte ich mich auf dieser Überführung befinden? Wieso sollte mir diese Entscheidung zwischen zwei Übeln zufallen? Und das ist im Grunde eine angemessene Antwort, denn hinter dem *you*, dem „du", das den Angesprochenen von Anfang an in das Problem hineinziehen soll, verbirgt sich ein hinterhältiges Spiel: Zum einen nämlich werde ich mich niemals in dieser Situation befinden, und zum anderen legt das Dilemma zwischen den zwei Übeln bei näherer Betrachtung eine ethische Grenzüberschreitung nahe. Ob ich nun den dicken Mann hinunterstoße oder ob ich zulasse, dass die fünf auf den Gleisen überfahren werden, in beiden Fällen wäre ich der Mörder. Analog dazu verhält sich das Beispiel der Zeitbombe, wo man vor die Wahl gestellt wird, ob man ein Blutbad an hunderten Menschen zulässt oder den Terroristen foltert.

Ganz abgesehen von dem Weltbild, das diese Geschichten offenbaren, eine Welt wie aus einem animierten *cartoon*, wo man sich unweigerlich zwischen einem Übel und einem anderen entscheidet, mit einem Mehr und einem Weniger, die sich durch die utilitaristische Berechnung von Kosten und Nutzen beziffern lassen – eher als um eine Ethik des Kapitalismus handelt es sich wohl um einen Kapitalismus der Ethik –, ist die moralische Leere hierin beeindruckend. Scheinbar realistisch, tatsächlich aber völlig fiktiv und abstrakt, wollen diese kleinen Geschichten uns glauben machen, dass die Existenz ein Labor sei, in dem jeder ohne allzu großes Risiko mit Kniffeleien und Argumentationsspielen die absurdesten Hypothesen erproben kann. Wen interessiert es, dass es dabei um Leben und Tod geht? Alles wird trivialisiert in einer solchen spielerischen Version der Ethik, die – das wird jeder einsehen – sehr wenig von echter Ethik hat.

Moralische Dilemmata dieser Art sind vergleichbar mit den Beispielen der logischen Aussageanalyse. Als schulische Übungen sind sie akzeptabel; hingegen erscheinen sie als unzulässig, wenn sie den Anspruch erheben, die Wirklichkeit zu beeinflussen. Die Geschichte vom Trolley ist ein sophistisches Dilemma, das uns in den beengten und tragischen Raum zwischen zwei Verbrechen versetzen möchte – nicht nur die Lösungen sind abzulehnen, sondern schon die Frage selbst. Nach Art dieser Neuroökonomie in Kontroversen und Debatten über den Trolley zu schwelgen, ist ein legitimer, allerdings müßiger und nicht ganz ungefährlicher Zeitvertreib. Dieser darf sich jedoch nicht zum Wegweiser des Moralbewusstseins erheben, insofern er in autoritärer Weise ein Entweder-Oder aufzwingt – töten oder überfahren lassen, ein Blutbad zulassen oder foltern –, das in der Erfahrung derer, die die Wahl treffen sollen, nicht gegeben ist. Die Folgen können sehr schwerwiegend sein.

Gerade der Fall der Folter zeigt die Gefahr, die diesen pseudo-philosophischen Geschichten innewohnt, die ein sehr wirksames Mittel der politischen Manipulation werden können.

16. Illegitimität. Der Staat, der foltert

In den ersten Jahrzehnten des 21. Jahrhunderts hat sich ein neues Phänomen gezeigt: Ein demokratischer kann Staat ein solcher bleiben, obwohl er Folter in seinem Inneren duldet und vielmehr sogar versucht, diese zu legalisieren. Was nur in diktatorischen Regimen denkbar war, ereignet sich in Demokratien, die nunmehr totalitäre Verhaltensweisen an den Tag legen können, scheinbar ohne deshalb ihre Grundordnung zu verändern. Man kommt daher nicht umhin, sich über die Folgen dieses bisher unbekannten Phänomens Gedanken zu machen. Was bedeutet es für einen demokratischen Staat, die institutionalisierte Folter zuzulassen?

Um etwas Licht auf diese letzte Grenze zu werfen, ist es notwendig, auf den Kontrast zwischen zwei Sichtweisen von „Demokratie" einzugehen: einerseits einer pragmatischen Vision, die darauf abzielt, die Herrschaft der Mehrheit durchzusetzen und die formalen Mittel der öffentlichen Beschlussfassung zu schützen, andererseits einer ethischen Vision, die eher darum besorgt ist, die Menschenrechte und jene Würde des Einzelnen zu schützen, die sich in der Möglichkeit konkretisiert, sein Leben selbst zu gestalten. Diese beiden Visionen können koexistieren, ohne sich gegenseitig auszuschließen, wenn auch der Kontrast mit dem Auftauchen des Terrors schärfer werden und die Beziehung zerbrechen kann.

Die pragmatische Vision angelsächsischer Prägung sieht im Prinzip der öffentlichen Kontrolle den Eckpfeiler des Rechtsstaats. Daher das Ideal der *accountability*, die Verpflichtung, seine Beweggründe gewissermaßen in einem endlosen Prozess der Selbstrechtfertigung darzulegen, daher das beständige Bedürfnis nach Regulierung und Legalisierung, daher der Mythos der Transparenz und die Informationsbesessenheit. Zweifellos hat eine solche öffentliche Kontrolle, wie sie in einem autoritären Regime undenkbar ist, den Vorzug, der Dissidenz Nahrung zu geben und so das

Ferment der Demokratie am Leben zu erhalten. In einem solchen Zusammenhang erscheint „demokratisch" allerdings als gleichbedeutend mit „öffentlich". Für die Vertreter des amerikanischen Liberalismus ist die Demokratie nicht unmittelbar mit den unveräußerlichen Menschenrechten verknüpft, sondern mit der Idee des Vertrags verbunden, den alle freiwillig einhalten sollen, und mit dem Konsens, der jedes Mal aufs Neue aus der Diskussion der relevanten Regeln hervorgeht. Man braucht zum Beispiel nur an die Überlegungen von John Rawls zu erinnern.[60] In einer ausgewogenen Gesellschaft, die nach öffentlicher Gerechtigkeit strebt, zählt die Wechselseitigkeit, die gegenseitige Verpflichtung. Unmöglich, die verfassungsgemäßen Rechtsgarantien demjenigen gegenüber anzuerkennen, der sich selbst aus dieser Verpflichtung herausreklamiert, den Vertrag bricht und damit bereits in einen Raum eingetreten ist, der zugleich außerhalb der Vernunft und außerhalb der Demokratie liegt; unmöglich, die Rechte, dem ethischen Imperativ entsprechend, bedingungslos auszuweiten.

Damit wird verständlich, warum die Folter, die ihre Vereinbarkeit mit dem Liberalismus bewiesen hat, eine Bewährungsprobe für eine Demokratievorstellung darstellt, die ihr Hauptaugenmerk auf die öffentliche Kontrolle legt, nicht aber für diejenige, die vor allem auf die Menschenrechte ausgerichtet ist.

Das Problem der Institutionalisierung der Folter stellt sich in einem solchen Kontext. Wer könnte je bestreiten, dass man der Aufrichtigkeit gegenüber der Heuchelei den Vorzug geben sollte? Nicht nur in der Politik, auch in der Philosophie wäre es trotzdem naiv zu glauben, dass es ein Lager der Wahrheit gebe, dem jenes der Lüge gegenübersteht, und dass sich die Entscheidung ohne den Schatten eines Zweifels aufdrängt. In dieser rationalistischen und szientistischen Interpretation des öffentlichen Raumes wäre die Transparenz ein stets anzustrebender Wert, wohingegen die Geheimhaltung einen verborgenen, finsteren, nicht zu duldenden Winkel darstellt, den man nach und nach ausleuchtet. Auch zu dieser Auffassung des Geheimen gäbe es viel zu sagen. Was zählt, ist jedoch, dass man in einer vereinfachenden und zuweilen manichäischen Sicht auf die Demokratie, wenn sich über eine Sache, die, wie die Folter, ethisch unrecht und inakzeptabel ist, ein Kon-

sens herstellt, sogar deren Legalisierung anstreben kann. Vorausge-
setzt, sie steht – wie bei Dershowitz, aber auch bei dem berühmten
Bundesrichter Richard A. Posner,[61] einem führenden Vertreter der
„Rechtsökonomie" – unter staatlicher Aufsicht.

Zu legalisieren, was unrecht ist, hat Konsequenzen, nicht nur
für die Ethik, sondern auch für den Rechtsstaat. Was heißt es,
die Folter öffentlich zu exponieren, sie offenzulegen und aus den
Kerkern und Kellergewölben des Staates hervorzuholen, wo sie
normalerweise im Zeichen einer Verleugnung praktiziert wird, die
keine Spuren hinterlässt? Was bedeutet es, nachdem das Zeitalter
der grausamen und spektakulären Marterungen schon seit Jahrhunderten überwunden wurde, nachdem mühsam und schlep-
pend die Abschaffung der Folter erreicht wurde, ihre Anwendung
in einer Demokratie, wenn auch nur in Ausnahmefällen, offen zu
rehabilitieren? Welche Risiken bringt das mit sich?

Die Institutionalisierung der Folter untergräbt die Idee der
Justiz. Sie macht den Staat zum legalen Folterknecht. Nicht so
sehr, weil die Folter den Staat in einen Bereich drängen würde, wo
das Gesetz nicht mehr gilt – insofern der Staat, auch der demokratische, ihre Praxis legalisieren kann –, sondern vielmehr, weil
sie ihn dazu führt, die Mittel, die ihm von den Bürgern an die
Hand gegeben wurden, um ihre eigene Sicherheit zu garantieren,
in unrechtmäßiger Weise zu verwenden. Damit handelt der Staat
wider den primären Zweck seiner Zwangsmacht, missbraucht
sein Monopol auf legale Gewalt, das ihm nur deshalb übertragen
wurde, um den Ausbruch individueller Gewalt zu verhindern. Das
ist die Lehre von Thomas Hobbes. Die Ermächtigung ist befris-
tet und setzt Respekt gegenüber den Bürgern voraus, die in ihrer
menschlichen Unversehrtheit, ihrer körperlichen und seelischen
Unantastbarkeit geschützt werden wollen, einen Respekt, der mit-
hin auch gegenüber Gästen wie Ausländern, Nicht-Staatsbürgern
und vorübergehend Ansässigen eingefordert wird.

Wenn der Staat foltert, missbraucht er nicht nur seine Macht,
sondern untergräbt auch das Vertrauen seiner eigenen Bürger, die,
anstatt geschützt zu werden, in unerwarteter Weise gekränkt, in
ihrer wehrlosen Verletzlichkeit getroffen werden. Ein Staat, der an
den Körper eines Bürgers rührt, ist bereits illegitim – auch wenn

es sich um einen Gefangenen handelt. Wenn ein staatlicher Agent oder Beamter Gewalt anwendet, dann kann und muss der Staat eingreifen, um den Schuldigen zu sanktionieren und die zivile Ordnung wiederherzustellen. Wer aber sollte sanktionieren, wo der Staat zum legalen Folterknecht wird?

Es ist verständlich, warum der Agent oder Beamte, der unrechtmäßig Gewalt anwendet, oft dazu neigt, sich zu verbergen, im Geheimen zu operieren, so zu tun, als handle er im eigenen Namen und nicht im Namen der Zwangsmacht, die ihm von der staatlichen Autorität übertragen wird. Das erlaubt es dem Staat, jederzeit als dritte, vermittelnde Instanz in die körperliche Konfrontation einzugreifen, die sich zwischen seinem Agenten und dem geschändeten Subjekt abspielt und in der der Raum des Politischen selbst Gefahr läuft, verwischt zu werden. Gerade insofern sie Gewalt ist, die am anderen ausgeübt wird, an seiner Unantastbarkeit, die jeder Demokratie zugrunde liegen sollte, hat die Folter den herben und abstoßenden Beigeschmack der Regression zum Naturzustand und zum Recht des Stärkeren.

Die Institutionalisierung der Folter widerspricht dem Zweck des demokratischen Staates. Mit einem Mal gibt es keine regulierende Instanz mehr; der Rechtsstaat verschwindet. Mehr noch: Der Staat verleugnet sich in letzter Konsequenz selbst.

Wenn es auch die „Feinde" sind und nicht die Staatsbürger, die legal gefoltert werden, weitet die legale Folter ihre destruktive Wirkung aus, wobei sie, über den Folterer und das Opfer hinausgehend, alle Mitglieder der Gemeinschaft einbezieht. Weil alle wissen müssen, dass diese Gewalt, legal und illegitim zugleich, in ihrem Namen ausgeübt wird. Sie können sich einreden, dass die „chirurgische" Folter im Kontext eines Ausnahmezustands nicht flächendeckend verbreitet ist. Allerdings werden sie sich rasch eines Besseren besinnen müssen, denn sobald sie einmal zur rechtlich anerkannten Institution geworden ist, wird die Folter zu einer Massenpolitik degenerieren, die den gesamten Gesellschaftskörper verunreinigt. Die Demokratien, die sich einbildeten, hierin sich von den totalitären Regimen zu unterscheiden, werden feststellen, dass auch sie nicht immun sind.

17. Schiffbruch der Menschenrechte?

Absolutes Verbot oder Möglichkeit von Ausnahmen? Gegenüber denen, die im Namen der Staatsräson Folter vorbehaltlos rechtfertigen, wie es in diktatorischen Regimen der Fall ist, bleibt als einzige Alternativposition nur die abolitionistische. Diese Position vertreten internationale Einrichtungen und humanitäre Organisationen: die UNO, das Rote Kreuz, Amnesty International, Human Rights Watch. Jene Positionen, die in unterschiedlichen Ausprägungen einen Mittelweg anstreben, indem sie eine gesetzlich erlaubte Anwendung in Ausnahmefällen fordern, wobei diese allerdings leicht sehr zahlreich werden könnten, finden sich am Ende auf der Seite der Folterbefürworter wieder.

Der Kontrast ist umso schärfer und dringlicher, als die liberale Demokratie nicht immun gegen die Folter ist, sondern diese sogar legalisieren kann, ohne dabei ihre demokratische Ordnung formell einzubüßen. Um mit einem Mythos aufzuräumen: Die Demokratie ist per se weder human noch respektvoll noch anständig. Unter „Anstand" könnte man – mit Avishai Margalit[62] – eine Gesellschaft verstehen, die nicht erniedrigt. Doch gerade die Beziehung des Einzelnen zur menschlichen Gemeinschaft, die das Herzstück des demokratischen Projekts bildet und sorgfältig beschützt werden sollte, kann zerrissen oder gebrochen werden. Das gerade geschieht im Fall der Folter, die eine Form der extremen Gewalt darstellt, die schwerstwiegende Verletzung des Prinzips der Achtung vor dem Menschsein. Der Einsatz von Folter in Ausnahmefällen kann demokratisch, vom Parlament oder per Referendum, beschlossen werden, wie es das Zeitalter des globalen Terrors nahezulegen scheint, doch dann muss man sich fragen, ob man, über die formalen Voraussetzungen hinausgehend, noch von Demokratie sprechen kann.

Was sich in den Vereinigten Staaten nach dem 11. September ereignete, ist kein einzelnes und isoliertes Phänomen. Es betrifft alle westlichen Demokratien. Paradox ist der Fall Italiens, das, insofern es den Straftatbestand der Folter nicht einmal anerkannt hat, Raum für eine heimliche Praxis hinter den Kulissen lässt, die das Vertrauen in die Demokratie zutiefst korrodiert.

Die Folter nährt sich durch den Exzess, wird von der Maßlosigkeit begünstigt. Daher muss man ihr eine Grenze setzen. Beispielgebend ist das Urteil des Obersten Gerichtshofs von Israel vom 6. September 1999. Verglichen mit den *Kronjuristen* der amerikanischen Administration, die sich der Exekutivmacht beugten und die Folter rechtfertigten, taten die Verfassungsrichter in Israel, indem sie die Rechtsstaatlichkeit verteidigten, das Gegenteil. Der Oberste Gerichtshof wurde ersucht, die Rechtmäßigkeit von vier Verhörtechniken zu prüfen, die vom *Shin-Beth*, dem israelischen Sicherheitsdienst, angewandt werden, darunter insbesondere Schlafentzug und das Abspielen ohrenbetäubender Musik (die sogenannte *Shabach*-Methode). Der Oberste Gerichtshof erkannte zwar die Bedrohung durch den Terrorismus an, verbot aber dennoch alle vier Verhörtechniken und ganz allgemein jede Form von Zwang oder Erniedrigung. Er verlangte, dass das Gesicht niemals bedeckt werden dürfe. Vor allem erklärte er, dass jederlei Zwangsverhör „die Freiheit und die Würde" derer verletze, die ihm ausgesetzt werden, wie auch derer, die es durchführen, wodurch „grundlegende Fragen des Rechts, der Ethik und der Politik aufgeworfen werden".[63] Das bedeutet nicht, dass das Problem gelöst wäre. Das Public Comittee Against Torture in Israel vermeldet weiterhin Missbrauch und Misshandlungen, nicht nur von palästinensischen Häftlingen.[64] Wichtig ist jedoch der Widerspruch der Verfassungsrichter, die der Staatsmacht durch das Ziehen einer Grenzlinie Einhalt geboten haben, jenseits derer sie ihre Legitimität verlieren würde.

Im Übrigen verlangt das Völkerrecht explizit ein absolutes Verbot. Artikel 2.2 der UN-Antifolterkonvention besagt, dass „außergewöhnliche Umstände […] nicht als Rechtfertigung für Folter geltend gemacht werden" dürfen.

Die Folter demütigt, beleidigt, erniedrigt – sie verletzt die Menschenwürde. Die Frage der Folter ist eng mit dem komplexen Thema der Menschenrechte verbunden. Nur auf der Grundlage von Prinzipien, die man oft als „nicht verhandelbar" definiert, ist es möglich, die Folter effektiv abzuwehren.

Der argentinisch-französische Psychoanalytiker Miguel Benasayag, der während der Militärdiktatur von Videla verhaftet und gefoltert wurde, hat von seiner traumatischen Erfahrung berichtet,

aber auch den Zusammenhang zwischen Folter und Menschenrechten kritisch reflektiert.[65] Was soll man jenen entgegenhalten,
die ihre Anwendung als kleineres Übel legitimieren wollen? Eine
„humanistisch-philanthropische" Antwort, allzu banal und wenig
überzeugend, reicht nicht aus; noch kann man sich dabei allein
auf die scheinheilige „Ideologie der Menschenrechte" berufen, die
immer in der Gefahr schwebt, zu einer inkonsistenten Verteidigungslinie, zu einem Provisorium für ein unfruchtbares Rückzugs-
gefecht zu werden.[66]

Benasayag stellt sich die Frage, wieso einem wie ihm, der eines
Herbstabends verhaftet wurde, während er die berühmte Avenida
Corrientes im Zentrum von Buenos Aires entlangspazierte, von
Soldaten oder Polizisten, die sich als Zivilisten oder parastaatliche
Agenten ausgaben, sofort die Augen verbunden wurden. Warum
vermieden es seine Schinder auch später, als Staatsbeamte identifiziert zu werden, obwohl sie ihn in bekannten Armeekasernen
folterten? Und warum haben nun, da alles vorbei ist, viele humanitäre Organisationen gerade die Absicht verfolgt, die brutale
Unterdrückung und die grausame Praxis der Folter als eine Handlung des argentinischen Staates anzuprangern? Benasayags Antwort lautet, dass kein Regime, nicht einmal ein diktatorisches,
je die Anwendung von Folter zugeben wird, weil dies bedeuten
würde, die eigene Illegitimität einzugestehen. Die Folter ist nicht
eine beliebige von vielen Menschenrechtsverletzungen, sondern
bildet die letzte Grenze, die Übertretung des fundamentalen Ver-
bots, welches durch die symbolische Grenzlinie des menschlichen
Körpers repräsentiert wird. In dieser Hinsicht ist sie „ein archai-
scher Bund, der einen psychotischen Anschlag auf die Grundlagen
der menschlichen Zivilisation darstellt".[67]

Während er eine tiefergehende Reflexion einfordert, wie sie die
Philosophen gewöhnlich vermieden haben, vielleicht gerade des-
halb, weil die Folter jenen Raum der Gewalt darstellt, der für die
Sprache unzugänglich bleibt, stellt Benasayag den nichtssagenden
Appell an die Menschlichkeit infrage, der vage genug bleibt, um
emphatisch von jedermann geteilt zu werden.

Noch nie zuvor war so viel von den Menschenrechten die Rede –
nicht nur in Bezug auf die Folter. Dennoch besteht die Gefahr, dass

ein jeder sie, trotz ihrer behaupteten Allgemeingültigkeit, auf seine Weise interpretiert. Auch hieraus entstehen oftmals Konflikte. Es hat den Anschein, als wäre der Kodex der Menschenrechte eine Art Kunstsprache, das Produkt einer Ethik ohne historische Tiefe, die lediglich nach einer oberflächlichen Ausbreitung strebt und bloß abstrakte Verbindlichkeiten verspricht.

Nach dem Holocaust wurde außerdem in all seiner dramatischen Evidenz der Bankrott jener Auffassung von Menschenrechten offenbar, die sie auf die Grenzen des Nationalstaats beschränkt, bei der es sich also eher um Bürgerrechte handelt. Was soll dann mit einem Geflüchteten geschehen? Was mit einem Menschen, der keine Staatsbürgerschaft besitzt und der gerade aufgrund seines wehrlosen Menschseins verteidigt und geschützt werden müsste? Agamben hat dieses von Arendt skizzierte Paradoxon aufgegriffen, um zu zeigen, wie die als heilig und unantastbar geltenden Menschenrechte sich als obsolet herausstellen und das „nackte Leben" der Macht ausgesetzt wird. Daher rührt die „Trennung zwischen dem Humanitären und dem Politischen", aus der die Schwierigkeit zu erklären ist, mit der supranationale Einrichtungen – von der UNO bis zum Flüchtlingshochkommissariat – und humanitäre Organisationen zu kämpfen haben, die gezwungen sind, ihre Aktionen entweder auf die Grenzen einzelner Staaten zu beschränken oder, schlimmer noch, unfreiwillig das biopolitische Paradigma zu reproduzieren, indem sie sich des menschlichen Lebens in seiner Nacktheit annehmen.[68]

18. Menschenwürde und Folter

Wenn wir noch hinter die Menschenrechte zurückgehen, ist es der Begriff der „Menschenwürde", der den Knotenpunkt des Problems bildet. Was bedeutet dieser Begriff, der von einer sakralen Aura umgeben ist und enorme internationale Autorität genießt? Es gibt keinen Konflikt, in dem sich die Parteien nicht auf die Menschenwürde berufen würden. Von Problemen der Bioethik oder Biotechnologie bis hin zu Reformen des Sozialstaates, von Fragen des Völkerrechts bis hin zur Debatte über die Folter wird die

Menschenwürde als Norm angenommen, als Kriterium ins Treffen geführt, als Postulat behauptet. Seit dem Ende des Zweiten Weltkriegs ist sie zur unbestrittenen Grundlage der Menschenrechte geworden. Nicht umsonst ist sie die Säule des „Grundgesetzes", der deutschen Verfassung.

Aus einem religiösen und metaphysischen Kontext hervorgegangen, wird sie erst später, in der Neuzeit, auf Rechtsprechung und Ethik übertragen, um dann im letzten Jahrhundert eine führende Rolle auf der internationalen Bühne einzunehmen. Im römischen Recht bezeichnet *dignitas* den Rang, der einer öffentlichen Autorität zukommt. Doch erst in der mittelalterlichen politischen Theologie wird – wie Kantorowicz gezeigt hat[69] – die Würde vollständig von der Person getrennt und auf das politische oder religiöse Amt übertragen. Daher das Motto *dignitas numquam perit*, „die Würde stirbt niemals". Das bedeutet, dass die Würde des Amtes erhalten bleibt, auch wenn dessen Träger wechselt oder dem Amt nicht gewachsen ist. Person und Amt werden voneinander gelöst. Als die Würde dann in die Sphäre der Moral übertritt, gilt schließlich auch das Umgekehrte: Würdevoll ist, wer sich auch ohne Amt so verhält, als hätte er eines. Unabhängig von seinem sozialen Rang, seiner Klassenzugehörigkeit, seinen Stärken und Schwächen besitzt das einzelne menschliche Wesen seinen eigenen Wert und muss daher respektiert werden. Die Menschenwürde scheint zugleich ein deskriptiver und ein normativer Begriff zu sein: Sie ist ein Vorrecht, das jedem Menschen als solchem zusteht, aber auch die Verpflichtung, diesem Privileg gerecht zu werden, wobei diese Pflicht der Gemeinschaft ebenso sehr obliegt wie dem Einzelnen. Die Anerkennung des anderen und die Wertschätzung seiner selbst sollen dazu beitragen, die Menschenwürde zu schützen. Für den Einzelnen bedeutet Würde, sich nicht so zu verhalten, als wäre er niemand oder als wäre er gar eine Sache. Mit Karl Kraus kann man sagen: „‚Würde' ist die konditionale Form von dem, was einer ist".[70]

Man sieht jedoch, wie schwer greifbar das Konzept bleibt. Vielleicht hat Ernst Tugendhat nicht ganz unrecht, wenn er beklagt: „Das bleiben leere Worte, deren Sinn nicht ausweisbar ist".[71] Allerdings gibt sich die Menschenwürde gerade dort in aller Klarheit zu erkennen, wo sie verletzt wird; es stellt sich heraus, dass sie in den extremen Fällen der Demütigung, Kränkung, Erniedrigung und Beleidigung eine Bedeutung hat. Allein deswegen muss sie als ethische und politische Instanz aufrechterhalten werden.

Folter ist jene Grenzsituation, in der die Menschenwürde radikal verletzt wird. Wenn der Folterer sein Opfer berührt, löscht er dessen Andersheit aus. Jeder Abstand zwischen den beiden verschwindet. Der Folterknecht vergewaltigt den Körper, bemächtigt sich des Selbst, er nimmt die Welt des Opfers in Besitz und stürzt es in die Dunkelheit der Niedertracht hinab. Während die Würde im unwiederbringlichen Fall begriffen ist, öffnet sich der schwindelerregende Abgrund des Unmenschlichen.

Als einer der wenigen Philosophen, die über die Folter nachgedacht haben, skizzierte Sartre eine Phänomenologie, in der die perverse Beziehung zwischen Folterer und Gefoltertem ans Licht kommt. Von seiner Reflexion über den Sadomasochismus im Werk *Das Sein und das Nichts* bis hin zu dem kurzen Aufsatz, der Henri Allegs Pamphlet *La question* – eine couragierte Anklage gegen die von den Franzosen in Algerien praktizierte Folter – einleitet, erkennt Sartre in der einzigartigen Verbindung zwischen Folterknecht und Opfer eine Variante der dialektischen Beziehung zwischen Herr und Knecht, wie sie Hegel illustriert hat.

1943, Rue Lauriston, Paris – 1958, El Biar, Algier: Es hat sich wenig geändert – nur dass es diesmal die Franzosen sind, die erniedrigen und sich auch selbst erniedrigen, indem sie Menschen Gewalt antun, die sie als Untermenschen betrachten. Diese Überzeugung bringt Sartre auch in seinem Vorwort zu Frantz Fanons Werk *Die Verdammten der Erde* zum Ausdruck. In einem solchen Kontext, nämlich dem von Kolonialismus, Ausbeutung und Sklaverei, wird es zur Selbstverständlichkeit, die Untermenschen zu foltern, sie zu demütigen, ihnen den Stolz zu nehmen, zu beweisen, dass sie Tiere sind. Diese schreckliche Erfahrung hat Alleg gemacht; „Es geschah in unserem Namen, dass er gemartert wurde", kommentiert Sartre.[72]

In jenem schmutzigen Bienenkorb, wie ihn Alleg beschreibt, herrscht radikaler Hass, „unstet und anonym", der vom Marterer auf das Opfer übergeht. „Die Folter ist dieser Hass, erhoben zum

System".[73] Das Ziel liegt darin – Sartre hatte das bereits Jahre zuvor betont –, „die Menschlichkeit seines Nächsten auszulöschen". Dazu dient das Verhör: dafür zu sorgen, dass das Opfer mit seinen Schreien sich selbst und den anderen bestätigt und beweist, dass es ein Tier ist.

Dass man sich gegenseitig umbringt, ist die Regel; man schlägt sich immer für die Interessen des Kollektivs oder des Einzelnen. Aber bei der Folter, diesem seltsamen Wettstreit, scheint der Einsatz radikal: der Folterer misst sich mit dem Gefolterten, und alles geschieht so, als ob sie nicht zusammen der gleichen Gattung Mensch angehören könnten.[74]

Die Folter geht weit über die *Befragung* hinaus; sie wird nicht praktiziert, um zu verhören, um ein Geständnis zu erpressen. Die Folterer, diese sadistischen Chirurgen, diese zornigen Erzengel, wollen sich ihre volle Souveränität beweisen. Doch so niederträchtig und schmutzig das Verbrechen der Folter auch sein mag, darf man dem Schwindelgefühl des Unmenschlichen und seinem Bann nicht nachgeben. Dieser zugleich abscheulichen und grotesken Sarabande kann das Opfer sein Schweigen entgegenhalten. Es kann sich widersetzen. Damit entwindet es sich dem perversen Griff des Marterers, es entzieht sich dieser ambivalenten Passivität. Die Rollen kehren sich um. Das ist die höchste Ironie, die dem Folterer begegnet. Denn indem es die Leiden erduldet und schweigt, entscheidet am Ende das Opfer über den Ausgang dieses schändlichen Duells. Der Widerstand des Opfers ängstigt den Erzengel des Zorns, der sich von seiner Souveränität verabschieden muss. So hat Alleg in seiner Nacktheit gesiegt und „die Menschlichkeit des Opfers und der Kolonisierten triumphieren" lassen.[75] In dieser militanten Sichtweise kommt der Gefolterte frei, er erlöst sich selbst und letztlich auch den Folterer. Alleg ist das Bild des siegreichen kommunistischen Kämpfers. In der Folter liegt also die Möglichkeit einer Erlösung. So wie in der Dialektik Knecht-Herr werden auch hier die Rollen zugunsten des Opfers umgekehrt. In Sartres Philosophie kommt der Folter ein besonderer Stellenwert zu, sie wird zum Prototyp der menschlichen Beziehung in ihrer gewalttätigsten Form, aus der es möglich, ja notwendig ist, sich zu befreien. Es ist die Wahl zwischen der Freiheit und dem Nichts.

Man möchte gern an diese optimistische Vision glauben, deren Reiz man sich jedoch entziehen sollte. Vor allem, weil die Folter niemals als Duell angesehen werden kann, und weniger noch als Willensprobe. Das Opfer kann sich nicht verteidigen – es ist ein wehrloser Körper, an dem sich grenzenlose Wut, die absolute Willkür des Marterers entlädt, der in dieser Hinsicht immer schon gesiegt hat. Der Sonderfall des schweigenden Märtyrers, der heroisch seinen Widerstand entgegensetzt, reicht nicht aus, um einen rettenden Lichtschein auf die Folter zu werfen.

Doch das ist noch nicht alles. Um seine Souveränität zu beweisen, muss der Peiniger zeigen, dass der Gefolterte nicht einmal dem „Menschengeschlecht" im Sinne Antelmes[76] angehört, das bedeutet, er muss ihm alle Würde nehmen, indem er ihn in jenem Raum zwischen Leben und Tod hält, den uns schon Kafka gezeigt hat. Er tötet ihn nicht. Er hält ihn am Leben und lässt ihn sterben, gemäß der berühmten Formel, mit der Foucault die moderne Biopolitik zusammenfasste.[77] Dort, in diesem düsteren und schändlichen Zwischenreich der Folter, das den Gefolterten unter Anwendung aller Mittel ins Nicht-Menschliche drängt, zerbricht seine Verbindung zu allem, was ihn noch mit der Menschheit verknüpft. Dies ist die entscheidende Schwelle, nach deren Überschreitung der Weg zurück und der Weg zur Erlösung nicht mehr zusammenfallen. Es ist möglich, aus den schwindelnden Tiefen des Unmenschlichen wieder emporzukommen, für den Gefolterten nicht weniger als für den Folterknecht, der sich beim Abstieg in den Abgrund auch selbst erniedrigt hat – allerdings nicht, ohne dass Verletzungen zurückbleiben. Die Effekte der Folter lassen sich nicht auslöschen, und es scheint, dass die Würde sich nicht wiederfinden lässt.

Phänomenologie der Folter

[...] So dass das Phänomen des Leidens in seiner Sinn-
losigkeit im Grunde das Leiden des Anderen ist. Für jede
ethische Sensibilität – die sich inmitten der Unmenschlichkeit unserer Zeit gegen diese Unmenschlichkeit behauptet – ist die Rechtfertigung des Schmerzes des Anderen mit
Bestimmtheit der Ursprung aller Unmoral.

Emmanuel Lévinas, *Zwischen uns*[1]

1. Die Folter definieren? Etymologische Anmerkungen

Was ist Folter? Um dies zu beantworten, sollten wir uns zunächst
der Etymologie zuwenden. Das italienische Wort *tortura* leitet
sich vom lateinischen Verb *torqueo* ab, das den Vorgang des „Ver-
drehens" bezeichnet – und von dem auch das italienische *torcere*
und das französische *tordre* kommen. Zugrunde liegt die Wurzel
*terk oder **trek*, die auf eine Bewegung des „Ziehens" hindeutet.
Torsionieren, also ziehen und verdrehen, kann man Zwirn ebenso
wie Zweige, Weinreben, Olivenbäume. Aber auch menschliche
Gliedmaßen. Das Torsionieren (Einrenken) der Knochen ist das
Mittel der Wahl gegen Verstauchungen. Diese Etymologie lässt
durchscheinen, dass die Folter von Anbeginn an mit dem Strecken
des Körpers zu tun hat. Die zu therapeutischen Zwecken durchgeführte Torsion geht jedoch bald aus dem medizinischen Vokabular
in das juristische über, wo sie nun jenes Drehen und Ziehen der
Gliedmaßen bezeichnet, das vielmehr bezwecken soll, ein Unrecht
oder eine Verfehlung, einen Verstoß oder eine Schuld wiedergut-
zumachen – einen „Tort", wie es im Italienischen mit dem Supi-
num des Verbs *torqueo* heißt: *torto*.

Der Übergang von der medizinischen Torsion zur gerichtlichen
Tortur ist dabei gar nicht so metaphorisch: die Gliedmaßen werden verdreht, um etwas an den rechten Ort zurückzubringen,
um zu korrigieren und zu verbessern. Die Folter wäre somit die
Therapeutik der Gemeinschaft. So wie krummes Holz geradege-

bogen wird, so wird der Körper des mutmaßlichen Übeltäters verdreht, um ihn wieder gerade zu richten. Das soll auch der Weg sein, das Gleichgewicht in der Gemeinschaft wiederherzustellen. Die Gerechtigkeit wird dem Körper eingeschrieben. Das tut nicht der Arzt, sondern der Folterer, dessen düsterstes Alter Ego. Der Folterer verdreht und verrenkt, um ein Geständnis zu erreichen; doch indem er diese Gewalt ausübt, bestraft er den Täter auch schon. Er zertrümmert, zermürbt dessen Körper, zerkleinert ihn wie ein Stück Holz zu „Spänen" [*trucioli*]. Dazu bedient er sich des *tormentum*, des „Folterinstruments". Die Vorstellungskraft kennt keine Schranken, und das Arsenal, auf das der Folterknecht zugreifen kann, wenn er mit seinen Strafen droht, wenn er Qualen und Marterungen zufügt, ist unbegrenzt. Das Wort *tormentum*, das sich ebenso wie *tortura* von *torqueo* ableitet, ist etymologisch nicht weniger klar, wie Lafaye erklärt:

[Mit dem Namen *tormenta*] wurden ursprünglich vermutlich vor allem jene Instrumente bezeichnet, die mit Hilfe von Seilen, deren Spannung zunehmend gesteigert wurde, das Verdrehen der Muskeln und das Herausspringen der Gelenke bewirkten: also insbesondere das „Pferdchen" (*equuleus*), die Apparatur namens *fidiculae* und das Rad (*rota*). Im Laufe der Zeit erhielt *tormentum* jedoch eine allgemeinere Bedeutung.[2]

Von der Ursache zur Wirkung: Das Wort *tormento* (Qual) bedeutet im Italienischen nicht nur das, was Schmerz verursacht, sondern viel öfter den Schmerz selbst. Ohne dass das Wort seine konkrete Bedeutung, seinen fleischlichen Hintergrund einbüßen würde, erweitert es sich und wird zum Synonym für Kummer und Mühsal. Ebenso verhält es sich mit der Tortur, die ihr semantisches Feld ausdehnt und einen Akt der Grausamkeit bezeichnen kann; sie kann außerdem metaphorisch auch ein physisches oder psychisches Leiden bedeuten oder sich, als Übertreibung, auf ein Ärgernis und eine Sorge beziehen.

Soweit – möchte man sagen – nichts Neues. Metaphern eröffnen bekanntlich mit der Übertragung vom Konkreten zum Abstrakteren neue Bereiche der Erkenntnis. Nur dass die Folter, gewissermaßen um ihren ersten, finsteren Sinn zu verwaschen und abzumildern, abgesehen von der Erweiterung ihres Bedeutungsumfangs auch versucht, sich verborgen zu halten. Bei der *quaestio* handelt es sich, dem Wortgebrauch im alten Rom zufolge, um den ersten einer langen Reihe von Euphemismen. Die Folter lässt sich im Szenarium des Rechts nieder und findet ihren Platz dort, wo der Angeklagte einer Befragung unterzogen wir; sie strebt nach Legalität mittels eines uralten, doch niemals gebrochenen Bundes mit dem Verhör. „Befragung" [*questione*], das heißt Folter – eine andere Art, „Verhör" zu sagen. Doch die Verstellung gelingt nicht vollends. Denn weder deckt sich das Theater des Gesetzes mit der Folterkammer noch die Praxis der Befragung mit der Inquisition. Das Verhör muss, um legal zu bleiben, die Folter von der Bühne des Rechts verweisen.

Wie also soll man die Folter definieren? Die Frage stellt sich umso mehr, da die Definition das Spielfeld für die Entscheidung bildet, ob man die Folter kriminalisieren oder unter einem anderen Namen liberalisieren, ob man sie zum Verbrechen erklären oder legalisieren soll. Die Grenzen der lexikalischen De-finition werden zu jenen des Gesetzes. Das berüchtigte *Torture Memo* ist kein Einzelfall. Auch anderswo wird versucht, diese Grenzziehungen zu manipulieren: Der Geltungsbereich wird eingeengt, sodass *waterboarding* oder Schlafentzug nicht länger als Folter gelten, oder es können spezifische Merkmale hinzugefügt werden. Diese mehr oder weniger ungeschickten Versuche, mit denen man etwa behauptete, dass ein „Zwangsverhör" keine Folter sei, werden sich vermutlich wiederholen. Ihre Glaubhaftigkeit und Wirksamkeit hängen von den Widerständen ab, die ihnen die öffentliche Meinung entgegensetzt. Mit einer Begriffsdefinition werden sie jedenfalls nicht aufzuhalten sein. Entgegen dem, was man vielleicht vermuten würde, kann gerade die Definition zum Vorwand für juristische Spitzfindigkeiten und gefährliche Sophismen werden. So ist auch die Ausdrucksweise der UNO in ihrer *Antifolterkonvention* problematisch.[3] Jeder einzelne Begriff kann missverstanden und, mehr oder weniger absichtlich, verfälscht werden. Darüber hinaus folgen die bisher vorgebrachten Definitionen der Linie der Kausalität, während es, wie Rejali nahegelegt hat,[4] eher angemessen wäre, die Auswirkungen zu betrachten.

Die Definition eines Begriffs ist auch ein philosophisches Problem. Dem, was unterschiedlich ist, wird eine Identität aufgezwungen, um ihm daraufhin eine völlig phantasmatische Essenz zu entnehmen, die aber wirklicher sein soll als die Realität. Nietzsche verwendet das Beispiel des Blattes. Er stellt fest: „Jeder Begriff entsteht durch Gleichsetzen des Nicht-Gleichen. So gewiss nie ein Blatt einem anderen ganz gleich ist, so gewiss ist der Begriff Blatt durch beliebiges Fallenlassen dieser individuellen Verschiedenheiten, durch ein Vergessen des Unterscheidenden gebildet".[5] Definieren ist eine nutzlose metaphysische Abstraktion. Wittgenstein stellt das klar: „Wir glauben nicht, dass nur der ein Spiel wirklich versteht, der eine Definition des Begriffs ‚Spiel' geben kann".[6] Somit scheint es geboten, auf einen Begriff der Folter zu verzichten, da ein solcher zwangsläufig irgendeine Methode außer Acht lassen würde, da er diese Praxis, die einem historischen Wandel unterliegt, nicht in ihrer Komplexität erfassen könnte. Allerdings sind die verschiedenen Modalitäten der Folter durch Familienähnlichkeiten verbunden, die es erlauben, sich von Mal zu Mal auf die Verwendung des Wortes zu einigen und eine Grammatik der Folter zu umreißen.

Es ist also eher dienlich, das Phänomen zu beschreiben, als es zu definieren. Die Philosophen, von Aristoteles bis Seneca, von Augustinus bis Thomas, haben sich, oftmals unter Vernachlässigung des ethischen Aspekts, mit der Frage der Wirksamkeit der Folter, der Wahrheit des erpressten Geständnisses beschäftigt.[7] Dagegen fehlt noch eine Phänomenologie der Folter, denn eine solche ist bisher nur in einzelnen Zügen skizziert worden.

2. „Wer der Folter erlag, kann nicht mehr heimisch werden in der Welt". Améry

Auf der Suche nach seinen Wurzeln hatte sich Jacques Austerlitz, der Protagonist des großen Romans von Winfried Georg Sebald, nach Belgien begeben, wo er unter anderem die zwischen Antwerpen und Brüssel gelegene Festung Breendonk besucht hatte; diese, von den Deutschen während der Nazi-Besatzung als Auffanglager genutzt, wurde später, ab 1947, zum Museum des belgischen Widerstands. Austerlitz beschreibt sie sehr detailliert, zeichnet einen Plan des Gebäudes, erzählt von dem Moment, als er die Folterkammer betrat, jene unterirdische Kasematte, in der die SS Folterungen durchführte. Dann fügt er hinzu:

> [...] denn erst ein paar Jahre später las ich bei Jean Améry von der furchtbaren Körpernähe zwischen den Peinigern und den Gepeinigten, von der von ihm in Breendonk ausgestandenen Folter, in welcher man ihn, an seinen auf den Rücken gefesselten Händen, in die Höhe gezogen hatte, so dass ihm mit einem, wie er sagt, bis zu dieser Stunde des Aufschreibens nicht vergessenen Krachen und Splittern die Kugeln aus den Pfannen der Schultergelenke sprangen und er mit ausgerenkten, von hinten in die Höhe gerissenen und über den Kopf verdreht geschlossenen Armen in der Leere hing.[8]

Amérys Essay, enthalten in der Sammlung *Jenseits von Schuld und Sühne*, eine Beschreibung seiner, wie der Autor vorab warnt, „Opfer-Existenz", ist zu einem Referenztext zum Thema Folter geworden und gehört sicherlich zu den meistzitierten.[9] Das introspektive Vermögen, die Tiefe der Reflexion, die Rohheit der Sprache, die tief in die Verwerfungen des Schmerzes eindringt, machen ihn zu einem außergewöhnlichen Zeugnis und zugleich zu einem Meilenstein in der Phänomenologie der Folter.

Améry wurde beim Verteilen von Flugblättern festgenommen. Er gehörte zu einer kleinen Gruppe des belgischen Widerstands. In der Gestapo-Zentrale verhörte man ihn. „Komplizen?" – forderte man ihn auf. Améry redete nicht. Weil er nur die Tarnnamen kannte. Das war eine weit verbreitete Vorgehensweise, wie eine Gruppe dem Nachgeben eines Einzelnen vorbeugen konnte. Daraufhin wurde er nach Breendonk gebracht und der SS überlassen. Das Datum, das die Zäsur in seinem Leben markierte, war der 23. Juli 1943, als man begann, ihn zu foltern.

Der erste Schlag – und das Vertrauen in die Welt ist für immer erschüttert. „[D]ie Gewissheit, dass der andere auf Grund von geschriebenen oder ungeschriebenen Sozialkontrakten mich schont, genauer gesagt, dass er meinen physischen und damit auch metaphysischen Bestand respektiert", bricht zusammen.[10] Die Folter verletzt die Grenzen des Körpers, die die Grenzen des Ich sind.

Der andere zwingt uns seine Körperlichkeit auf. Es ist „wie eine Vergewaltigung" – schreibt Améry. Um diesen am Fleisch vollzogenen Missbrauch zu beschreiben, verwendet er den ungewöhnlichen Begriff *Verfleischlichung**: die vollständige Reduzierung des Menschen auf das Fleisch. Und während es nichts mehr andres gibt als Fleisch, „realisiert sich" das Fleisch durch den Schmerz „total in der Selbstnegation".[11] Die *Verfleischlichung** ist nicht nur die Vertreibung des Geistes, sondern auch eine Modalität des Todes.[12] Der Körper, der dem Schmerz gehört, ist ein Körper, der bereits stirbt. Die Folter „lässt uns den eigenen Tod erleben".[13]

Wer gefoltert wird, wird in den Nahebereich des Todes gebracht, von wo aus er, falls nötig, über die Grenze, ins Nichts gestoßen werden kann. Folter ist *Vernichtung**. Weder für die Autonomie noch für den Widerstand ist dabei Platz.[14] Améry dementiert das antifaschistische Tabu des Widerstandskämpfers, der seine Kameraden nicht verrät. „Ich sprach. Ich bezichtigte mich erfundener phantastischer Staatsverbrechen".[15] Er distanziert sich implizit von Sartre, der dennoch sein Bezugspunkt bleibt – wie es sein Aufsatz *Unmeisterliche Wanderjahre* aus dem Jahr 1971 zeigt – und zieht die Philosophie der Résistance in Zweifel. Er stellt sich als Antiheld, als Spiegelbild und Gegenstück zu Henri Alleg dar, der seinerseits erklärt hatte: „Ich fühlte mich erhoben durch den Kampf, den ich ohne zu fehlen geliefert hatte, und das Gefühl, dass ich sterben würde, wie ich immer gewünscht hatte zu sterben: treu meinen Idealen und meinen Kampfgefährten".[16] Für Améry kann es im Martyrium der Folter weder Befreiung noch Erlösung geben. Ohne Schutz, ohne Beistand bleibt der Gefolterte sich selbst überlassen. Die Gemeinschaft, der er angehörte, auch die politische, hat sich praktisch aufgelöst. Denn die Folter ist „das fürchterlichste Ereignis, das ein Mensch in sich bewahren kann".[17]

Ist es also möglich, sie zu beschreiben? Einerseits scheint Améry mit der traditionellen These übereinzustimmen, wonach der Schmerz nicht kommunizierbar ist, und umso weniger jener durch Folter zugefügte Schmerz, der so extrem ist, dass er sich dem Wort entzieht; andererseits schreibt er, um trotzdem zu sprechen, nicht das *Wie*, sondern das *Was* nieder. Da er sich der unüberwindbaren Kluft zwischen der Sprache und seinen körperlichen

Empfindungen bewusst ist, strebt er eine *sachliche Beschreibung**
an, eine Beschreibung, die genau wiedergibt, wie die Dinge sich
ereignet haben. Es ist die Folterszene, das dramatische Epizentrum
des Essays.

Im Bunker hing von der Gewölbedecke eine oben in einer Rolle laufende Kette,
die am unteren Ende einen starken, geschwungenen Eisenhaken trug. Man führte
mich an das Gerät. Der Haken griff in die Fessel, die hinter meinem Rücken
meine Hände zusammenhielt. Dann zog man die Kette mit mir auf, bis ich etwa
einen Meter hoch über dem Boden hing. Man kann sich in solcher Stellung oder
solcher Hängung an den hinterm Rücken gefesselten Händen eine sehr kurze
Weile mit Muskelkraft in der Halbschräge halten. Man wird, während dieser
wenigen Minuten, wenn man bereits die äußerste Kraft verausgabt, wenn schon
der Schweiß auf Stirn und Lippen steht und der Atem keucht, keine Fragen beantworten. Komplizen? Adressen? Treffpunkte? Das vernimmt man kaum. Dass
in einem einzigen, engbegrenzten Körperbereich, nämlich in den Schultergelen-
ken gesammelte Leben, reagiert nicht, denn es erschöpft sich ganz und gar im
Kraftaufwand. Nur kann dieser auch bei physisch kräftig konstituierten Leuten
nicht lange währen. Was mich betrifft, so musste ich ziemlich schnell aufgeben.
Und nun gab es ein von meinem Körper bis zu dieser Stunde nicht vergessenes
Krachen und Splittern in den Schultern. Die Kugeln sprangen aus den Pfannen.
Das eigene Körpergewicht bewirkte Luxation, ich fiel ins Leere und hing nun an
den ausgerenkten, von hinten hochgerissenen und über dem Kopf nunmehr verdreht geschlossenen Armen. Tortur, vom lateinischen torquere, verrenken: Welch
ein etymologischer Anschauungsunterricht![18]

In dieser erzählerischen Dramaturgie klingen weder Empfindungen noch Gefühle durch. Aus dem Text bricht unkontrolliert „der
Schmerzens- und Todesschrei" des Gefolterten hervor.[19] Doch
dem ästhetischen Pathos werden keine Zugeständnisse gemacht.
Deshalb lobt Améry an anderer Stelle, in seiner Filmkritik, den
Film *Das Geständnis* von Costa-Gavras, in dem „die Folterszenen
in ihrer nackten Faktizität aufgenommen [sind]".[20]
  Die Folter hat „unauslöschlichen Charakter" [*character indele-
bilis*]. Auch wenn alle Spuren verschwunden sind, bleibt der Gefolterte ein solcher. Die Folter ist ein unauslöschlich eingebranntes
Mal. Von dieser äußersten Grenze gibt es keine Rückkehr. Und
zwar wegen dieser *Fremdheit**, die keine Worte je heilen können.
Mit Staunen muss das Opfer durch die Erfahrung am eigenen Leib
feststellen, dass sich der andere zum „absoluten Souverän" erheben

93

kann. Die Souveränität des *Folterknechts**, buchstäblich also eines „Knechts", ist nichts anderes als der „schrankenlose Triumph" des Überlebenden. Mit einer der berühmtesten Passagen des Essays, in der er seine Überlegungen zusammenfasst, schließt Améry:

> Wer der Folter erlag, kann nicht mehr heimisch werden in der Welt. Die Schmach der Vernichtung lässt sich nicht austilgen. Das zum Teil schon mit dem ersten Schlag, in vollem Umfang aber schließlich in der Tortur eingestürzte Weltvertrauen wird nicht wiedergewonnen. Dass der Mitmensch als Gegenmensch erfahren wurde, bleibt als gestauter Schrecken im Gefolterten liegen: Darüber blickt keiner hinaus in eine Welt, in der das Prinzip Hoffnung herrscht.[21]

3. Folter, Genozid, Shoah

Obwohl die bedingungslose Ablehnung der Folter historisch eine unmittelbare Folge der Reaktion auf das Grauen von Auschwitz ist, kann Folter keineswegs als wesentliches Merkmal der Shoah angesehen werden. Obwohl die Folter in ihren äußersten Formen der Biopolitik zuzurechnen ist, stellt sie bei genauer Betrachtung weder einen integralen Bestandteil des Völkermordes noch der Vernichtungspolitik dar. Die Übertragung der Terminologie des „Lagers" auf das Phänomen der Folter – wenn man beispielsweise glaubt, in der Figur des *Muselmanns** jene des Gefolterten zu erkennen – ist ungerechtfertigt und irreführend. Damit läuft man Gefahr, die Unterschiede zu vernachlässigen und vor allem die komplexe Besonderheit der Folter zu übersehen. Diese leider sehr häufigen Verknappungen bergen das Risiko, eher verwirrend als klarstellend zu wirken.

Améry selbst hat zu dieser Verwirrung beigetragen, insofern er in seinem Aufsatz mehrmals bekräftigt: „Ich [bin] überzeugt, dass für dieses Dritte Reich die Tortur kein Akzidens war, sondern seine Essenz"; „[ich nannte] die Folter eine Essenz des Nationalsozialismus". Und auch: „Die Folter war keine Erfindung des deutschen Nationalsozialismus. Aber sie war seine Apotheose".[22] Ohne ihn direkt zu nennen, zitiert Améry die Worte des Schriftstellers Rudolf G. Binding, der sich den Nationalsozialisten angeschlossen hatte: „*Gott sei Dank, Deutsche Seele, deutsches Blut ist in der Lage, das Leiden anderer heldenhaft zu ertragen*". Amérys polemische Referenz bezieht sich auf ein als Selbsterziehung zur Grausamkeit missverstandenes Heldentum, ein Thema, das er bereits 1945 in seinem Aufsatz „Zur Psychologie des deutschen Volkes" behandelt hatte.

Da Améry später nach Auschwitz deportiert wurde, scheint die Erfahrung der Folter in diejenige des Lagers einzumünden. Die Grenzen sind verschwommen. Daher verwundert es nicht, dass einige Interpreten im Genozid eine Potenzierung der Folter oder vielmehr eine Ausübung von Folter in großem Maßstab sehen.[23] Um ihre Interpretation zu bestätigen, brauchen sie nur auf Améry zu verweisen, der nicht bloß Autor ist, sondern außerdem auch die Autorität eines Zeugen und Überlebenden besitzt. Dies sollte unter anderem Anlass sein, über den Wert der Zeugenschaft nachzudenken, die in ihrer kostbaren Unersetzlichkeit dennoch nicht als unanfechtbares historisches Urteil hingenommen werden kann.

In der Festung Breendonk wird der Partisan gefoltert, das Mitglied des politischen Widerstands, das bei seiner Festnahme gefälschte Ausweisdokumente bei sich trägt. So schrecklich es ist, hätte sich das Szenario dieser Folterung auch anderswo abspielen können, beispielsweise in einem Gefängnis der Guardia Civil in Spanien. Die Folter hat hier zwei Merkmale; sie ist der gewalttätige Ausdruck eines faschistischen Regimes, das Terror ausübt; sie trifft den Einzelnen, der gedemütigt und gepeinigt wird, *weil* er Teil des Widerstands ist. Sobald er aber identifiziert ist, erhält Améry – wie er selbst erzählt[24] – das „Todesurteil", das in seinem Bestimmungsort zusammengefasst ist: Auschwitz. In diesem Zusammenhang erfährt Améry die Unentrinnbarkeit des Jüdischseins. Nach Auschwitz wird er nicht deshalb deportiert, weil er eine Wahl getroffen hat, nicht aufgrund seiner Taten, sondern wegen seines schieren Daseins, weil er Jude *ist* – was umso bitterer und unverständlicher für ihn gewesen sein muss, da er ein distanziertes und negatives Verhältnis zu seinem Judentum hatte. Es ist ihm allerdings klar, dass er *als Jude* dem Tod ausgesetzt ist. Doch sogar, wenn er von seiner Internierung erzählt, beschreibt er

Auschwitz als Konzentrationslager, nicht als Vernichtungslager. Im Übrigen war Auschwitz beides. Aber Améry schweigt zu den Gaskammern, die doch den definierenden Ort der Shoa darstellen. Bei der Massenvernichtung zählt der Einzelne nicht. Er betritt, so wie die anderen, gemeinsam mit den anderen, die Räume, die als Duschen getarnt sind und wo man in vielleicht zehn Minuten an den Blausäuredämpfen stirbt – und zwar zu Hunderten oder zu Tausenden einen anonymen Tod stirbt. Alles läuft wie an einem Fließband ab, rasch und effektiv. Eine persönliche Begegnung zwischen Täter und Opfer ist nicht vorgesehen. Bei der Vernichtung gibt es keine Zeit für eine Beziehung, wie sie sich bei der Folter herstellt. Es ist keine Zeit für die Folter. Das Opfer wird nicht zu einem gequälten Stück Fleisch gemacht, sondern zu einem Haufen Asche.

Auch in Hinsicht auf den Genozid lässt sich sagen, dass die Anwendung der Folter geradezu überflüssig wird, wenn es darum geht, ganze Völkerschaften mit allen Mitteln zu deportieren oder zu töten, wenn die Eliminierung von Millionen das Ziel darstellt. Zwischen den verschiedenen Formen der Gewalt besteht eine festgelegte Kontiguität, ein proportioniertes Einverständnis.

Das soll nicht heißen, dass in Nazi-Deutschland keine Folter praktiziert wurde. Die Methoden der Gestapo, angefangen beim berüchtigten „dritten Grad", haben Geschichte geschrieben.[25] Im Urteil des Nürnberger Gerichts wird hierauf ausdrücklich Bezug genommen, wenn auch nur in wenigen Zeilen. Die Zusammenarbeit von Ärzten mit dem Nationalsozialismus, wie sie von Robert Jay Lifton detailliert rekonstruiert wurde, der allerdings nur zweimal den Begriff „Folter" verwendet,[26] stellt ein eigenes Kapitel dar. Denn in einer Medizin, die die Idee der Heilung fallengelassen hat, um sich dem biopolitischen Projekt der Eugenik anzuschließen, können auch die in den Konzentrationslagern durchgeführten Experimente, die oftmals unter der Leitung von Universitäten und wissenschaftlichen Instituten standen, nicht *einfach nur* als Folter betrachtet werden.

4. Töten und Foltern

Schon seit der Antike ist die Praxis der Folter bezeugt, die sich im Laufe der Zeit wandelt und verfeinert, während die menschliche Spezies sich nach und nach etabliert. Wenn man jedoch über die grausame Bestialität des Folterers nachdenkt, überrascht es, dass Tiere nicht foltern. Nur im Verhalten von Primaten kommen gewisse Elemente dieser Praxis vor. Weder Rehe noch Hunde, weder Wildtiere noch Haustiere foltern, wenn sie auch töten, angeleitet von ihrem Impetus. Nur der Mensch hat die unmenschliche Fähigkeit entwickelt, zu foltern, das Bewusstsein vom Bewusstsein des anderen auf die Spitze zu treiben; nur er vermag sich vorzustellen, was der andere sich vorstellt, zu fürchten, was der andere fürchtet, zu empfinden, was der andere empfindet, um, dank dieser verkehrten und paroxysmalen Empathie, dem Leben in der Haut des anderen auf möglichst einschneidende Weise Leid zuzufügen.

Worin liegt der Unterschied zwischen Töten und Foltern? Diese philosophische Frage ist in vielerlei Hinsicht entscheidend, nicht zuletzt aufgrund der politischen und rechtlichen Auswirkungen. Tatsächlich wird die Folter oft mit der Hinrichtung verwechselt und damit der Todesstrafe gleichgesetzt, oder schlimmer, die durch Folter verursachte Zerstörung wird als Annihilierung gelesen, was dazu führt, dass die Folter übergangslos auf den Kontext des Genozids oder sogar der Vernichtung zurückgeführt wird.

In Amerika konnte sich eine öffentliche Debatte über die Folter entwickeln, deren Zielrichtung für viele die Legalisierung dieser Praktik war und ist, da es in vielen Bundesstaaten bekanntlich auch die Todesstrafe gibt. Wenn ein Schuldiger also durch eine tödliche Injektion hingerichtet werden kann, dann ist nicht einzusehen, warum er nicht gefoltert werden sollte. Schließlich stellt die Folter im Vergleich zum Tod eine geringfügigere Strafe dar, die auch wieder behoben werden kann. Die schärfste Argumentation liefert dabei der im angelsächsischen Raum tätige deutsche Politologe Uwe Steinhoff, einer der glühendsten Verfechter der Folter. In seinem recht rezenten Werk *On the Ethics of Torture* ordnet Steinhoff die Folter der Selbstverteidigung zu und rechtfertigt ihre Anwendung, indem er sie der Tötung gegenüberstellt.[27]

Doch bereits in einem früheren Artikel schreibt Steinhoff, als er die Möglichkeit des Folterns in Fällen diskutiert, in denen nur das Leben eines einzigen Menschen auf dem Spiel steht (so wie Dirty Harry es tut, der von Clint Eastwood gespielte Polizist, Hauptfigur eines erfolgreichen Films):

> Was ist so schlecht an der Folter? Manch einer tötet sogar. Soldaten töten, Polizisten töten, Ärzte töten, Henker töten, und auch normale Menschen töten. Einige dieser Tötungsakte sind gerechtfertigt. Warum sollte es also nicht in manchen Fällen gerechtfertigt sein, zu foltern? Schließlich scheint es viel schlimmer, getötet zu werden, als gefoltert zu werden. So sehen es auch die meisten derer, die gefoltert werden; andernfalls würden sie Selbstmord begehen, um weiterer Folter zu entgehen (ja, manche tun das, aber das sind nur wenige). Wenn also das Töten manchmal gerechtfertigt ist, muss manchmal auch die Folter gerechtfertigt sein.[28]

Das wären die Resultate, zu denen die Gleichung zwischen Tötung und Folter führen würde. Wodurch sich im Übrigen bestätigt, dass die Ausnahme – nämlich die der Zeitbombe – nicht nur sehr leicht zur Regel wird, sondern etwas eröffnet, das man im philosophischen Jargon *slippery slope* nennt, einen „schlüpfrigen Abhang", auf dem die Folter in jedem Fall zulässig wird, sogar als vorbeugende Maßnahme. Den Abhang, auf dem Steinhoffs „Moral" ins Rutschen kommt, bildet das Thema der *self defence*. Wenn es legal ist, zum Zweck der legitimen Verteidigung zu töten, wie es vor allem im Krieg, aber auch in vielen anderen Situationen geschieht, dann müsste es auch legal sein zu foltern, zumal der Schaden geringer ist und derjenige, der Folter erleidet, immerhin am Leben bleibt.

Doch die Folter, in welchem Zusammenhang man sie auch betrachtet, ist stets ein offensives Verhalten und lässt sich niemals als Verteidigung durchschmuggeln, geschweige denn als legitime Verteidigung. Man muss sich nur das paradigmatische Szenario, nämlich jenes des Krieges, vor Augen führen: Ein Soldat, der zum Kampf an die Front berufen wird, wird vielleicht am Ende einen feindlichen Soldaten töten. Schmerz und Tod hängen jedoch drohend über beiden, aufgrund der substanziellen Symmetrie ihres Verhältnisses. Trotzdem ist das Töten, auch im Krieg, keineswegs natürlich oder selbstverständlich. Davon zeugt die große Erzählliteratur – von Tolstois *Krieg und Frieden* bis hin zu Erich Maria Remarques *Im Westen nichts Neues*. Was empfindet ein Soldat, wenn er einen anderen Soldaten tötet? Wenn die Distanz gering ist, in der intimen Brutalität der Blankwaffe? Es ist kein Zufall, dass die Waffen sich im Laufe der Jahrhunderte gewandelt haben, insbesondere in den gerade vergangenen Jahrzehnten des technologischen Zeitalters, wobei auf große Reichweite und die möglichst aseptische und anonyme Eliminierung des „Feindes" abgezielt wird, eine Kategorie, die am Ende häufig auch unbewaffnete Zivilisten umfasst. Die großartigen Errungenschaften der Todesmathematik haben das Töten nur dem Anschein nach leichter gemacht. Im Handbuch *On Killing. The Psychological Cost of Learning to Kill in War and Society*, das zur Pflichtlektüre für das FBI, die Marines und verschiedene US-Armee-Korps geworden ist, untersucht der Autor Dave Grossmann – noch bevor er eine Einschätzung all der Auswirkungen gibt, die nach dem Krieg auf dem Leben eines Soldaten lasten – die Schwierigkeiten, die den Akt des Tötens behindern, und stellt die Frage: „Warum tötet der Soldat nicht?".[29]

Das direkte Aufeinandertreffen von Angesicht zu Angesicht stellt das größte Hindernis dar – in den Augen des anderen erblickt man die eigenen, in seinen Zügen, seinem Gesichtsausdruck, so feindselig er auch sein mag, lässt sich die menschliche Verbindung ablesen, die, wenn sie auch schwach ist, immer noch verbrüdert. Dieses Hindernis muss allerdings noch umso schwerer wiegen, wo man nicht schießt, um sich selbst zu verteidigen, sondern auf einen Soldaten, der sich ergeben hat. Jemanden anzugreifen, zu verletzen oder zu schlagen, der nicht reagieren kann, erscheint, ganz gleich in welchem Zusammenhang, nicht bloß ungerecht, sondern auch moralisch verwerflich.

Gerade eine solche Asymmetrie ist eine herausragende Eigenschaft der Folter, bei der sich das Opfer wehrlos und völlig ungeschützt in den Händen seines Peinigers befindet.[30] Doch damit nicht genug: Die Folter ist nicht das Ergebnis einer unvermittelten, mehr oder weniger instinktiven Handlung. Darin unterscheidet sie sich von Formen spontaner Gewalt, zum Beispiel von den – durchaus oft grausamen – Handlungen einer Person, die im

Zorn oder aus anderen Emotionen heraus impulsgetrieben agiert. Folter ist systematische, organisierte, methodische Gewalt – umso gewaltsamer, weil sie nicht der Kontrolle entzogen ist, sondern kontrolliert bleibt und mit unerbittlichem Willen, mit lustvoller Hartnäckigkeit wieder und wieder über das Opfer hereinbricht.

Den anderen auf die nackte Ohnmacht zu reduzieren, vermittelt ein Gefühl unbegrenzter Macht. Das geschieht bei der Folter in noch viel größerem Maße als beim Töten. Denn der andere wird, sobald er einmal tot ist, zu einem Etwas, das in seiner Trägheit keine Spannung mehr erzeugt, und an dem sich die rauschhafte Wonne des Peinigers nicht mehr entzünden kann. Eine Frau zu töten ist nicht dasselbe, wie sie vor ihrem Ehemann zu vergewaltigen oder sie von Brüdern und Söhnen schänden zu lassen. Durch die Übertretung der menschlichen Gesetze fühlen sich die Folterer als allmächtige Halbgötter, sie vermittelt ihnen das schwindelerregende Gefühl absoluter Souveränität.

5. Zwischen Bio-Macht und souveräner Macht

Als Umkehrung der Schöpfung ist die Folter nicht Annihilierung, sondern bei lebendigem Leibe erfahrene Zerstörung. Der Folterknecht vermeidet sorgfältig, dass seine Quälereien die äußerste Grenze überschreiten, er achtet darauf, den Tod des Opfers abzuwenden. Sonst würde das Werkzeug seiner Macht verschwinden. Die Vernichtung des Opfers ist der Triumph des Folterers, ein Triumph, der nur im Interregnum zwischen Leben und Tod gefeiert werden kann.

Deshalb kann die letzte Geste des Gefolterten auch darin bestehen, den Tod zu wählen, um sich dem Peiniger zu entziehen. Die Beispiele dafür sind zahlreich. In Guantanamo kam es mehrfach zu Hungerstreiks. Es scheint, dass zwischen Januar und Juni 2005 130 bis 200 der damals etwa 500 Gefangenen das Essen verweigerten. Gemäß der Rekonstruktion der *New York Times* sollen mindestens zwölf Menschen zwangsernährt worden sein.[31] Anderen Quellen zufolge sollen es noch viel mehr gewesen sein. Es ist davon auszugehen, dass es wiederholt zu solchen Streiks gekommen ist. Im Juni 2009 kam es zum Tod „durch Suizid" eines jemenitischen Gefangenen, Mohammad Ahmed Abdullah Saleh al Hanashi, der sieben Jahre im Lager verbracht hatte und *force-feeding*, also nasogastrischer Ernährung, unterzogen worden war.[32]

Auf der einen Seite wird ein Gefangener gefoltert, *waterboarding*, Schlafentzug oder extremen Temperaturen ausgesetzt, erleidet Elektroschocks, Einschüchterungen durch Hunde, Demütigungen und sexuellen Missbrauch, auf der anderen Seite wird er durch Zwangsernährung am Sterben gehindert. Ist das ein Widerspruch? Vielmehr handelt es sich um die gleichzeitige Ausübung zweier unterschiedlicher Machtlogiken, die hierbei eine enge Verbindung eingehen: Souveräne Macht und Bio-Macht. In den Körper des Gefangenen schreibt sich die Macht ein, die darin besteht, „sterben zu machen oder leben zu lassen".[33] Diese Macht jedoch würde ihre Begrenzung im Tod des Gefangenen finden, den man daher weder töten noch sterben lassen kann. Zu diesem Zweck greift man auf die Mitarbeit professioneller Mediziner zurück, die die Aufgabe haben, den Gesundheitszustand des Opfers zu überwachen und Anweisungen zu geben, um seinen Tod zu verhindern. Hierin konzentriert sich die Ausübung einer perversen Bio-Macht, die das Leben indessen kontrolliert.

Die Folter offenbart sich in Guantanamo als eine Praxis der souveränen Macht, die mithilfe biopolitischer Techniken umgesetzt wird. Das unterscheidet sie von der vormodernen Folter, die nicht so weit gelangt ist, klinisch den Punkt zu berechnen, an dem abgebrochen werden muss, um den Tod zu vermeiden, und die vor allem nicht den Paroxysmus der Zwangsernährung erreicht hat. Aber es unterscheidet sie auch von der souveränen Macht, die darüber entscheidet, wer leben und wer sterben soll, eine entscheidende Komponente in den thanatopolitischen Regimes, die darauf abzielen, den Körper der Nation zu bewahren. In der zeitgenössischen Form von Folter, die über Jahre hinweg in Guantanamo praktiziert worden ist – die aber vermutlich nicht mit der Schließung von Guantanamo enden wird –, hat die Bio-Macht keineswegs das Ziel, den Tod dieser „Unerwünschten" herbeizuführen, deren Körper gefoltert, jedoch nicht getötet oder sterben gelassen werden dürfen. Vielmehr erlegt sie, vermittels eines nie dagewesenen Bundes, der souveränen Gewalt eine Grenze auf, die einzuhalten ist, wenn diese Gewalt weiterhin ausgeübt werden soll.

6. Anatomie des Folterknechts

Die Figur des Folterknechts und Menschenschinders ist im Italienischen im Wort *carnefice* auch etymologisch mit dem Fleisch verbunden. Diese Vokabel geht auf das Lateinische *carnifex* zurück und setzt sich aus *caro, carnis*, Fleisch, und *facere*, machen, zusammen. Das Material, an dem seine Technik ausgeübt wird, ist das Fleisch des anderen.

Auf das Thema des *Fleisches** und der *Verfleischlichung** des Gefolterten legt Améry in seinem Zeugenbericht großes Gewicht. Die Macht des Folterknechts besteht gerade darin, einen Menschen, noch während er lebt, ganz und gar auf sein Fleisch zu reduzieren. Was aber bedeutet „Fleisch"?

Es handelt sich um einen Grenzbegriff, der in den Grenzgebieten der Philosophie geblieben ist, die es meist vorgezogen hat, ihn schweigend zu übergehen. Maurice Merleau-Ponty bearbeitete das Thema des Fleisches, wobei er allerdings festhielt: „Was wir Fleisch nennen, diese von innen her bearbeitete Masse, hat in keiner Philosophie einen Namen".[34] Auch später wurde das Thema in der philosophischen Debatte ignoriert oder mit einer gewissen Zurückhaltung behandelt.[35] Daran erinnert Roberto Esposito, der in seinem Werk *Bíos* schreibt:

> Keine Philosophie hat es vermocht, bis auf diese undifferenzierte Schicht zurückzugehen, die gerade deshalb der Differenz ausgesetzt ist, in der der Begriff des Körpers selbst, alles andere als in sich geschlossen, in einer nicht reduzierbaren Heterogenität nach außen gewendet wird.[36]

Das Fleisch ist mit dem Körper nicht deckungsgleich; es ist jener Teil, jene Membran, die über seine Grenzen hinausgeht. Das gilt für den Körper des Einzelnen wie für den politischen Körper. Nicht zufällig stellt Esposito fest: „Diese Vorstellung von materiellem, unorganischem, ‚wildem‘ Fleisch, wie Merleau-Ponty es gesagt hätte, hatte niemals eine politische Konfiguration". Und er stellt sich die Frage: „Welche politische Form kann dieses Fleisch annehmen, das seit jeher der Modalität des Unpolitischen angehört hat?"[37]

Um das Motiv vom Fleisch außerhalb des Körpers zu veranschaulichen, verweist er auf die Malerei Francis Bacons, in der die biopolitische Praxis des Nationalsozialismus ihre Entsprechung findet. In den Bildern des Schlachthofs, vom gemetzgerten, entstellten, gemarterten Fleisch ist die menschliche Silhouette nur noch mit Widerwillen zu erkennen.

Dieses Fleisch allerdings, eine beinah anorganische Materie, die aus dem Körper heraustritt, ein blutiger, zerfetzter Klumpen, ist dasselbe, an dem der Menschenschinder arbeitet. Es ist das Fleisch der Folter. Vielleicht ist gerade deshalb die Folter in den Randbereichen des philosophischen Diskurses verblieben. Und das Fleisch ist es, das man, während der Körper des Gefolterten ganz zu Fleisch gemacht wird, aus dem politischen Körper ausstößt. Dies ist sicherlich eine weitere – und entscheidende – Bedeutung des von Améry geprägten Begriffs der *Verfleischlichung**.

Die Aufgabe des Folterknechts erscheint damit klarer, aber auch komplexer. Und es wird verständlich, warum – wie es die beiden uruguayischen Psychoanalytiker Viñar und Viñar betont haben – „der Gefolterte als fleischgewordener Zeuge einer Seuche auftritt, die die gesamte Menschheit betrifft".[38]

Die Arbeit des Folterers geht über die physische Zerstörung hinaus. Das Opfer verwandelt sich in seinen Händen in ein sterbendes Wesen, in gequältes Fleisch, die *disiecta membra* eines Körpers, der kein Körper mehr ist, beinah anorganische Materie, die dennoch lebt. Daher handelt es sich um eine endlose Agonie, eine unentwegt ausgesetzte und neuerlich begonnene Hinrichtung. Der Gefolterte erlebt sich selbst, während er noch am Leben ist, als ein Stück Fleisch, schon außerhalb seines Körpers, der ihm unheilbar fremd geworden ist und den er vielmehr sogar als feindlich empfindet. Der eigene Körper – eine Waffe, die gegen das Opfer gewendet wird.

Der Henker operiert gemäß dem kalten Mechanismus von Ursache und Wirkung. Er berechnet und bemisst, wobei er mit fundiertem Sachverstand, distanzierter Unbeirrtheit und beflissener Hingabe vorgeht. Und während er diesen nackten, gefesselten und unbeweglichen Körper bearbeitet, kostet er zufrieden seine Macht aus, diese Erweiterung seiner selbst, die proportional ist zur Kontraktion des Körpers seines Opfers. Die Apotheose ist erreicht, wenn nur noch Fleisch übrigbleibt.

7. Sade, die Negation des anderen und die Sprache der Gewalt

Dass die Arbeitsweise des Folterknechts etwas mit dem Sadismus zu tun haben könnte, schließen viele aus, weil sie den Sadismus als eine Sexualpathologie verstehen, die überdies leicht ein Alibi liefern könnte. Gleichwohl scheint es legitim, ja sogar angebracht, über den Sadismus in einem philosophischen Sinn zu sprechen. Zumal Sade vielleicht der erste biopolitische Denker der Moderne ist, derjenige, der zuerst die politische Bedeutung der Sexualität geahnt und vorhergesagt hat. Es ist auch nicht schwierig, den Zusammenhang zu erfassen, der den Folterer mit dem Sadisten und dem Souverän verbindet. Es gibt vielerlei Gemeinsamkeiten zwischen dem strengen Regelwerk, das auf dem unzugänglichen Schloss Silling gilt, wie es in dem berühmten Roman *Die hundertzwanzig Tage von Sodom* beschrieben wird, und jenen Regeln, die das Leben in einem Internierungslager ordnen und disziplinieren.

Auch Améry erkennt, wo er polemisch die Notwendigkeit einer „nicht-banalen Auffassung des Bösen" betont, in seinen Peinigern die Prägung des Sadismus, eine Prägung, auf die er ja den Nationalsozialismus in seiner Gesamtheit zurückführt. Der Sadist möchte diese Welt vernichten, indem er seinen Mitmenschen zerstört, ihn zu bloßem Fleisch macht. Auf diese Weise kann er seine totale Souveränität durchsetzen. Der Sadismus als Philosophie und als Politik der Negation.

Aus einer politisch-existenziellen Sicht wurde der Sadismus bereits von Sartre erkundet, der in *Das Sein und das Nichts* seine Genese im Bruch der Gegenseitigkeit sieht, der eintritt, wenn der andere nur noch Fleisch bleibt, das man sich zu eigen machen kann. „Der Sadismus ist Passion, Kälte und Versessenheit".[39] Seine kalte Leidenschaft ist kein Oxymoron: Der Sadist hält verbissen an seinem Vorhaben fest, den anderen zu versklaven, jedoch nur in instrumentaler Weise und insoweit der andere mit Gewalt „inkarniert" wird. In der unmittelbaren Aneignung empfindet der Sadist Lust am eigenen Körper, der als eine besitzergreifende und freie Macht verwendet und als Mittel eingesetzt wird, das Fleisch des anderen zu reizen und ihm Schmerzen zuzufügen. Dieses Verhältnis ist obszön. Wo doch die Freiheit des anderen in seiner partiellen Unzugänglichkeit liegt, im Verhüllen und Enthüllen des Fleisches, da zwingt die vom Sadisten ersehnte Obszönität das Fleisch in die Sichtbarkeit, gewaltsam entblößt und seinen Hantierungen ausgeliefert. Es wäre jedoch ein Fehler zu glauben, dass der Sadist nur will, dass der andere „Fleisch wird". Bei näherer Betrachtung hat er noch eine weitere Absicht: Er will den anderen die im Fleisch gefangene Freiheit regelrecht hinunterwürgen lassen. Und er verlangt nach Beweisen für diese Unterwerfung: deswegen demütigt, bedroht und foltert er ihn. In diesem Aspekt der Folter ist der Geschmack an der Dominanz festzuhalten, der zugleich mit dem Sadismus entsteht und der „Unruhe gegenüber dem anderen"[40] entspringt. Der Höhepunkt des Vergnügens für den Folterer ist der Moment, in dem das Opfer verleugnet [*rinnega*]; weil die Apostasie ihm offensteht. Wenn der Schmerz unerträglich wird, gibt das Opfer nach, erniedrigt sich; auf diese Weise bestätigt es freimütig, dass die eigene Freiheit auf das gemarterte Fleisch reduziert worden ist. Reue und Scham werden ihm keine Ruhe mehr lassen. Wenn er es schafft zu überleben, wird er dieses pulsierende und obszöne Fleisch nie vergessen können, das Bild seiner gebrochenen Freiheit.

Doch auch den Sadisten erwartet eine Niederlage. Nicht nur aufgrund dieses bloß instrumentellen Gebrauchs des eigenen Körpers und weil er nicht wüsste, was er mit dieser Fleischlichkeit noch anfangen soll, die ihm gegenüber zurückbleibt, derer er sich bedient hat, die er aber, eben weil es sich um materielles Fleisch handelt, nicht in Besitz nehmen kann. Die Niederlage liegt im Blick des anderen. Wenn das Opfer ihn ansieht, entdeckt der

105

Sadist, dass ihm die Freiheit des anderen, das, was er sich eigentlich aneignen wollte, unweigerlich entweicht, selbst wenn der andere gänzlich gedemütigt und unterworfen wurde. Der Sadismus erleidet im Blick des anderen Schiffbruch.

Allerdings erleidet er erst Schiffbruch, nachdem er Zerstörung gebracht hat. Klossowski sah in Sades destruktivem Trieb Spuren der manichäischen Gnosis, wie sie vor allem bei Marcion ausgestaltet ist.[41] Am Ursprung steht eine Reinheit, die für immer verloren ist, während die Gegenwart, in der es keine Erlösung geben kann, eine Erwartung ist, die sich im fortschreitenden Verfall verzehrt. Das Gegenteil also der Fortschrittsidee, die in denselben Jahren im aufklärerischen Denken bekundet wurde. Sade wäre folglich ein moderner gnostischer Häresiarch: Wenn die Schöpfung Fall und Fluch ist, dann ist der menschliche Körper nichts weiter als ein Gefängnis.

Von Barthes bis Deleuze, die Sades Werk nicht als pornographisch, sondern eher als pornologisch auffassten, bestreiten viele die Sicht des Sadismus als Pathologie.[42] Insbesondere Georges Bataille hat jedoch eine originelle Interpretation dargelegt, die zum Teil von Améry aufgegriffen wurde.

Sades System dekretiert die Geburt des vollständigen Individuums, das im Zeichen einer ungeheuren Verneinung – einer Verneinung vor allem der anderen – nach absoluter Souveränität strebt. „Der größte Schmerz des anderen zählt stets weniger als mein Vergnügen" – so fasst Maurice Blanchot die Moral Sades zusammen.[43] Es spielt keine Rolle, dass man, um sich einen Genuss zu verschaffen, eine unerhörte Zahl von Verbrechen begehen muss. Dieses Verhalten ergibt sich aus der Feststellung, dass jeder einzelne zur Einsamkeit verdammt ist. Warum sollte man dann nicht immer und überall das bevorzugen, was einen glücklich macht? Bataille setzt hier an, um eine Umkehrung nachzuverfolgen, die in der absoluten Souveränität eintritt. Wenn die Negation der anderen anfangs eine Behauptung des Selbst ist, so zeigen sich doch sehr bald die Grenzen dieser Behauptung. Die Souveränität erweist sich in dem Moment als illusorisch, da der Souverän in seiner uneingeschränkten Macht die Freiheit verliert, von einer Regel abzuweichen. Die Überschreitung ist keine solche mehr, und mit ihr schwindet alle Wollust. Die Negation der anderen kehrt sich um in eine Negation des Selbst. Und daraufhin, mit diesem Rückschlag, bleibt in der grausamen Desillusionierung, die sich selbst schon in Grausamkeit verwandelt, nur mehr das Verbrechen übrig, und die Aberration der Weiterführung des Verbrechens.

Vielleicht ist der Sadismus ein „Auswuchs", den jedermann in sich trägt, ein souveräner und irreduzibler Teil, der sich dem Bewusstsein entzieht? Dies würde bedeuten – wie Bataille nahelegt –, dass im menschlichen Wesen etwas Exzessives vorhanden ist, das es dazu verleitet, zu zerstören.[44] Der Sadismus wäre dann ein weiteres Anzeichen für das destruktive Potenzial, das in jeder Existenz schlummert, den Impuls, die Existenz des Nächsten nicht zu gewähren. Daher der von Améry wahrgenommene totalitäre Zug, die Auslöschung jeder Beziehung zum anderen.

Das, was Sade besonders auszeichnet, ist für Bataille allerdings das Paradoxon seiner Sprache. Die Beschreibungen unerhörter Folterungen, blutiger Leichen und hingemetzelter Frauen entsprechen nicht dem heuchlerischen Sprachgebrauch des Folterers: Die Gewalt darf nicht erwähnt werden, außer um sie zu rechtfertigen – als ein Falschspieler der Gewalt greift der legalisierte Folterknecht auf die Sprache der Macht, auf das Idiom der Staatsbürokratie zurück. Indem sie den souveränen Wert ihrer Verbrechen, der Folterungen und Exzesse behaupten, brechen Sades Figuren das Schweigen, in das die Gewalt sich stets hüllen möchte, die, auch aufgrund der totalen Negation, die sie in sich trägt, stumm ist. Sade steht im Gegensatz zum Folterknecht und denunziert dessen Verbrechen, indem er die Gewalt artikuliert und sie in eine Reflexion über die Gewalt verwandelt.

8. Von Torquemada zu Scilingo. Vier Porträts

Vielleicht ist keine andere Figur so geheimnisvoll und düster, so rätselhaft und pervers wie die des Folterknechts. Ob er in der hochmütigen Erscheinung des Inquisitors auftritt oder sich hinter der grausamen Maske eines Büttels versteckt, im Laufe der Zeit hat er sich mit der fabelhaften Aura des Mythos umgeben und einen Platz ganz im Vordergrund unseres allgemeinen Vorstellungsschatzes eingenommen, den die Literatur ihrerseits weiter genährt hat – man denke nur an Dostojewskis Großinquisitor. Das hat dazu beigetragen, ihn an einen abgelegenen und tröstlich weit entfernten Ort zu verdrängen, so als besäße der Folterer keine menschlichen, sondern monströse und teuflische Züge.

Aber wer ist der Folterknecht wirklich? In welchen Gestalten tritt diese Figur im Lauf der Geschichte auf? Lassen sich Merkmale erkennen, die sich trotz aller Unterschiede beständig wiederholen? Um diese Fragen zu beantworten, wird es sich lohnen, vier Persönlichkeiten in groben Zügen darzustellen: Die erste, historisch entfernteste und dennoch berühmteste, oder eher berüchtigtste, ist Tomás de Torquemada, die anderen, näherliegenden, doch vielleicht weniger bekannten, sind der französische General Paul Aussaresses, Kaing Guek Eavs, bekannt als Duch, ein Vertreter der Roten Khmer, und schließlich der Argentinier Adolfo Scilingo.

Wie bei der Unterscheidung, die wir zwischen Folter und Vernichtung eingeführt haben, gilt es auch im Fall des Folterknechts, irreführende Vermengungen zu vermeiden. Es geht nicht allein um Quantität, also etwa um die gigantische Zahl von Opfern, die auf dem Fließband, das in Hitlers Werkhallen Tag und Nacht in Betrieb war, beseitigt wurden. Der Scheidepunkt ist die Begegnung von Angesicht zu Angesicht. Das wussten die Nazis nur zu gut, und deswegen verschanzten sie sich hinter ihren Schreibtischen. Adolf Eichmann hat bekanntlich nie jemanden gefoltert oder getötet – was seine maßlose, epochale Verantwortung nicht schmälert. Ganz unabhängig von seiner jeweiligen hierarchischen Position, vom einfachen Kerkermeister bis zum Kommandanten eines Internierungslagers, ist der Folterer derjenige, der Gewalt zugefügt hat, ohne sich dem Blick in die Augen des Opfers zu entziehen. Auch da, wo er sich darauf beschränkt hat, Gewalt anzuordnen. Foltern ist nicht töten – die Industrialisierung des Todes hat keine Entsprechung in der Industrialisierung der Folter. Und das liegt daran, dass die Folter überlegte und destillierte Gewalt ist, die eine Begegnung von Angesicht zu Angesicht erfordert, in nicht minderem Grad als der Nahkampf.

Es weiß vielleicht nicht ein jeder, dass sich unter der Kutte des Dominikanermönchs und Beichtvaters von Ferdinand dem Katholischen und Isabella von Kastilien, der später der erste Großinquisitor von Kastilien und Aragón wurde, der Nachkomme einer Familie von *conversos* verbarg, Juden also, die meist gewaltsam, manchmal freiwillig, zum Christentum konvertiert waren. Erst 1482, als er bereits 61 Jahre alt war, betrat Torquemada die Bühne der Geschichte. Damit beauftragt, innerhalb von etwas mehr als einem Jahr den „Rat der Höchsten und Allgemeinen Inquisition" in Sevilla einzurichten, blieb er bis zu seinem Tod im Jahr 1498 Generalinquisitor, und in dieser Funktion war er der einzige öffentliche Beamte, dessen Autorität, weit über die der Katholischen Könige hinausgehend, in ganz Neuspanien anerkannt war, für das er zum Symbol wurde. Sein Name ist mit einer noch heute unbestimmten Zahl von Opfern verbunden, die in Gefangenschaft gehalten, gedemütigt, gefoltert und auf dem Scheiterhaufen verbrannt wurden. Sein Vermächtnis liegt jedoch auch in der Architektur der Inquisition und in ihren geheimen Methoden. Als Herold der modernen Bürokratie erschuf Torquemada ein System auf der Grundlage von Spionage und eines schlagkräftigen Justizapparats, das in flächendeckender Weise funktionierte, auch dank eines Klimas von Misstrauen, Angst und Unsicherheit. Daher lässt sich in der Inquisition bereits eine Gedankenpolizei *in nuce* vorausahnen. Die Akribie und legalistische Besessenheit Torquemadas, der auch Autor der *Compilación de las instrucciones del Oficio de la Santa Inquisición* war, erklären die beeindruckende Masse von Akten der Inquisition, die erhalten geblieben sind und teilweise noch darauf warten, entschlüsselt zu werden. Yirmiyahu Yovel, der in der spanischen Inquisition die Urform der „modernen Diktatur" sieht, hat sie mit jenen verglichen, die von der Bürokratie Stalins oder der Stasi, der Geheimpolizei der DDR, angehäuft wurden.[45]

Noch weniger durchschaubar ist die Persönlichkeit Torquemadas, dessen Handeln gleichwohl vom Glauben an die absolute Wahrheit, dem Einsatz methodischer Grausamkeit und der Anwendung von Terror als theologisch-politischem Kontrollinstrument diktiert war. Er verriet die Unsicherheit eines Marranen, der seine neu erworbene christliche Identität zu bekräftigen versucht, indem er zunächst die *conversos* und die „Judaisierenden" ins Visier nahm, und danach die Juden, die sich weniger als Repräsentanten der Fremdheit schuldig machten, sondern weil sie die *conversos* daran hinderten, diese Fremdheit zu tilgen und ganz der Vergangenheit anheimzugeben. Das bedeutet, dass das Reinheitsideal Torquemadas sich nicht auf das Blut, sondern auf Wasser und Feuer gründete. Ein Marrane konnte sich von seinem Judentum befreien und zu einem Teil von Neuspanien werden. Wenn das Wasser der Taufe für diese Läuterung nicht ausreichte, dann würde jedenfalls das Feuer der Scheiterhaufen genügen.

Das Vorhaben der Läuterung bleibt über die Jahrhunderte hinweg eines der auslösenden Motive der Vernichtung – wie Jaques Semelin deutlich macht.[46] Die Ideologie der Läuterung mag variieren, doch an der Überzeugung ändert sich nichts. Daher die Weigerung zu bereuen, an der prominente Folterknechte oft hartnäckig festhalten. Protagonist einer hitzigen Polemik, die sich in Frankreich entfaltet hat, war Paul Aussaresses, General der französischen Armee, Kommandant der Ehrenlegion und Träger der Médaille de la Résistance. Er war am Ende des Zweiten Weltkriegs in den französischen Spionageabwehrdienst eingetreten und praktizierte Folter zunächst im Indochinakrieg, später im Algerienkrieg. Er galt lange Zeit als Militärheld und genoss einen hervorragenden Ruf – bis er selbst beschloss, das Schweigen zu brechen, indem er sich zur Folter als „Waffe" bekannte, die anderen Waffen gleichgestellt sei. „Für meinen Teil bereue ich nichts" – erklärte er in einem berühmten Interview. „Die Folter hat mir nie Vergnügen bereitet, aber ich habe mich dazu entschlossen, als ich nach Algier kam. Damals war sie bereits allgemein verbreitet."[47] Bis er im Jahr 2013 starb, griff er das Argument mehrmals wieder auf, auch in seinen in Buchform erschienenen Memoiren.[48] Und so wie Torquemada zum Symbol der Inquisition geworden ist, wurde Aussaresses zum Symbol der französischen Folter in Algerien.

Kang Guek Eav, genannt Duch, gehört zu den ganz wenigen wegen Verbrechen gegen die Menschlichkeit Angeklagten, die bereits während des Prozesses, der im konkreten Fall am 17. Februar 2009 vor dem Gericht von Phnom Penh begann, die Tatsachen anerkannten, derentwegen sie angeklagt waren. Sein Leben ist mit einem der dunkelsten Kapitel der jüngeren Geschichte verbunden, dem der Diktatur Pol Pots, die von 1975 bis 1979 andauerte.

Chinesischer Abstammung, allerdings in der kambodschanischen Provinz geboren, verbrachte Kang eine schwierige Kindheit und Jugend, die von Demütigungen und Diskriminierungen geprägt war. Seine Rettung war das Studium, insbesondere das der Mathematik, die Auseinandersetzung mit der französischen Kultur und schließlich mit dem Kommunismus. Entscheidend war seine Begegnung mit der charismatischen Figur Son Sens, seines Lehrers und engen Freundes, der einer der Führer der Roten Khmer werden sollte. 1967 trat Kang der Kommunistischen Partei bei und schloss sich einige Jahre später unter dem Namen „Genosse Duch" der Guerilla der Roten Khmer an. Vom Zentralkomitee wurde er beauftragt, im Dschungel bei Amleang das Lager M-13 zu errichten, wo er unter den Gefangenen den jungen französischen Ethnologen François Bizot kennenlernte, der damals beschuldigt war, ein Spion der CIA zu sein. Sowohl im Lager M-13 als auch im Lager M-99, das Duch im Distrikt Oral errichtet hatte, perfektionierte er seine Verhör- und Foltertechniken. Als die Roten Khmer im April 1975 siegreich in Phnom Penh einmarschierten, wurde Duch mit der Leitung des Gefängnissystems und vor allem des berüchtigten Lagers S-21, auch bekannt als Tuol Sleng, „Hügel der giftigen Bäume", betraut. 21 war die Kodeziffer der Santébal, der von Duch geleiteten Geheimpolizei.

Im Lager wurde der Tod der Gefangenen sorgfältig vermieden, diese wurden stattdessen unsagbaren Folterungen ausgesetzt. Sexuelle Gewalt gegen Frauen, sogar gegen junge Mädchen, war die Norm. Schläge und Geißelungen bis aufs Blut waren üblich; es wurden Elektroschocks und glühend heiße Metallinstrumente eingesetzt. Die Liste ließe sich fortsetzen. All dies und noch mehr ist wohl dokumentiert, auch dank der akribischen Ordentlichkeit Duchs, der dafür sorgte, dass selbst die Fotos aller Opfer des Lagers S-21 erhalten blieben.

Nach dem Ende der Diktatur Pol Pots im Januar 1979 verließ Duch die Hauptstadt, nicht jedoch, ohne zuvor alle noch verbleibenden Gefangenen von eigener Hand getötet zu haben. Er verschwand für lange Zeit und lebte in jenen Jahren, nachdem er seine Identität gewechselt hatte und zum Christentum konvertiert war, unter Flüchtlingen zwischen Kambodscha und China. Im Jahr 1999 erkannte ihn ein irischer Journalist und interviewte ihn. Unmittelbar nach dem Interview stellte sich Duch den Behörden. Die verschiedenen Porträts, die man von ihm gezeichnet hat, liefern ein übereinstimmendes Bild. Für Rithy Panh, der 2003 den Dokumentarfilm *S-21. Die Tötungsmaschine der Roten Khmer* drehte, ist Duch ein „mathematischer Geist", bescheiden und höflich, mit einer Manie für die Archivierung und einer Ordnungsfixierung. In dem Dokumentarfilm fällt wiederholt der Satz „Besser irrtümlich festhalten als irrtümlich freilassen", den Duch formuliert hatte und der sich später erfolgreich verbreitete. Als vorbildlicher Lehrer und tadelloser Revolutionär war er überzeugt, im Besitz der Wahrheit zu sein, und wurde von der Lüge umgetrieben, die er überall zu sehen glaubte. „Ihre Falschheit" – vertraute er Bizot in einem Gespräch an, bezogen auf die Gefangenen – „ist für mich unerträglich. Der einzige Weg ist, sie zu terrorisieren, zu isolieren, sie auszuhungern. Es ist sehr schwer! Ich muss mir selbst Gewalt antun. Du kannst dir nicht vorstellen, wie wütend ihre Lügen mich machen".[49] Er war sich sicher, dass eine große Verschwörung gegen die Roten Khmer vorbereitet wurde und dass sein Foltersystem sie aufdecken könnte. Er war ein fähiger Organisator; er überwachte alles, zeichnete akribisch die Geständnisse auf und kommentierte sie. Dennoch gibt er zu: „Ich habe niemals geglaubt, dass in den Geständnissen die Wahrheit gesagt wird". Seine Worte werden in dem Zeugenbericht Thierry Cruvelliers wiedergegeben, eines französischen Journalisten, der den Prozess mitverfolgte und später das Buch *Le maître des aveux* veröffentlichte.[50]

In ähnlicher Weise wurde Duch auch von psychiatrischen Experten beschrieben, insbesondere von Françoise Sironi, Psychoanalytikerin und Mitglied von Amnesty International.[51] Duchs persönliche Bildungsgeschichte ist eng mit dem kulturellen Kontext jener Zeit verbunden. „Meine einzige Schuld ist, dass ich nicht Gott gedient habe. Ich habe den Menschen gedient, dem Kommunismus gedient" – so seine eigenen Worte. Das Bedürfnis, sich in die Gruppe einzufügen, die schrankenlose Selbstverpflichtung, der Wunsch, vom Lehrer oder Vorgesetzten anerkannt zu werden, der Anspruch zu dienen, die Leidenschaft für den Gehorsam, zusammen mit tödlichem Eifer und einer extremen Kälte, machen Duch zum Prototyp des Folterknechts des 20. Jahrhunderts, der nicht nur seine Opfer entmenschlicht hat, sondern am Ende auch sich selbst. Duch wurde 2010 vom Rote-Khmer-Tribunal unter der Schirmherrschaft der Vereinten Nationen zu lebenslanger Haft wegen Verbrechen gegen die Menschlichkeit verurteilt.

Auch wenn er 2005 in Spanien wegen desselben Tatbestandes – als Begründung werden „Folterungen, Völkermord, Terrorismus" genannt – zu einem Gesamtstrafmaß von 640 Jahren Gefängnis verurteilt wurde, nahm die Geschichte von Adolfo Scilingo, Offizier der argentinischen Marine während der Videla-Diktatur von 1976 bis 1983, einen ganz anderen Verlauf.

„Ich war in der ESMA. Ich will mit Ihnen reden". Mit diesen Worten wandte sich Scilingo an den Journalisten Horacio Verbitsky.[52] Das Ergebnis war ein langes und verstörendes Interview, das unter dem Titel *El vuelo* (*Der Flug*) veröffentlicht wurde. Seine Enthüllungen trafen Argentinien tief ins Mark und erschütterten es wie ein Donnerschlag. Bereits am 2. März 1995, als das Buch erschien, druckte auch die Presse die Worte des Militärs ab, und das Fernsehen sendete Teile des aufgezeichneten Gesprächs. Die Wirkung war explosiv. Es sprachen nicht überlebende Opfer oder die Angehörigen von Opfern, sondern es sprach einer der Henker. Seine Geschichte, umso entsetzlicher, weil sie von der Seite derjenigen kam, die jahrelang jeden Vorwurf bestritten hatten, bestätigte alles, was über die Todesflüge vermutet worden war. Die Erzählung des Scharfrichters deckte sich diesmal mit jener der Opfer. Und sie ließ die jüngste Vergangenheit wieder an die Oberfläche kommen, die Argentinien teilweise zu verdrängen versucht hatte.

Scilingo sprach über seine Arbeit an der ESMA, der Escuela de Mecánica de la Armada, dem bekanntesten Internierungslager der Diktatur im Zentrum von Buenos Aires, wo tausende Menschen gefoltert worden waren. Im sogenannten „schmutzigen Krieg" war die Folter für die Generäle die Waffe der Wahl. Vor allem gab er detailliert darüber Aufklärung, in welcher Weise jene Flüge organisiert waren, die von der ESMA in Richtung Punta Indio starteten und dann auf das offene Meer hinaus weiterflogen. Es ging dabei darum, die Körper der Häftlinge hinunterzustoßen und sie so verschwinden zu lassen. *Desaparecidos.* „Ich bin der Meinung der Begriff Desaparecido ist nicht hinnehmbar, und außerdem lastet er auch auf meinen Schultern. Aber ich habe niemanden verschwinden lassen, und niemand in der Marine hat das getan. Man hat in einem Krieg den Feind eleminiert."[53] Allerdings lief etwas schief, und Scilingos Selbstschutzmechanismus ging zu Bruch. Es geschah 1977 während eines Fluges. Plötzlich wäre er beinah gemeinsam mit einem seiner Opfer ins Meer gestürzt. Darauf sah er sich an ihrer Stelle, identifizierte sich mit ihnen, erkannte im „Feind" ein menschliches Wesen. Der militärische Mechanismus, das Räderwerk, als dessen Zahnrad Scilingo funktioniert hatte, ging zu Bruch. Folgendermaßen erinnerte er sich an diese Episode:

Es gibt vier Dinge, derentwegen es mir schlecht geht. Die zwei Flüge, die ich mitgemacht habe, die Person, die ich während der Folter gesehen habe, und die Erinnerung an das Geräusch der Ketten und Fußfesseln, die sie den Gefangenen anlegten. [...] Ich denke daran, und das macht mich wahnsinnig. Man zog sie aus, als sie bewusstlos waren, und wenn der Kapitän – je nachdem, wo sich das Flugzeug befand – den Befehl dazu gab, dann wurde die Luke geöffnet und einer nach dem anderen nackt hinausgeworfen. Das ist die Geschichte. Eine schauderhafte, aber wahre Geschichte, die niemand leugnen kann. Ich werde das Bild der nackten Körper nicht mehr los, aufeinander gestapelt im Gang des Flugzeugs wie in einem Film über den Nationalsozialismus. Man hat es mit Skyvans der Küstenwache und mit Electras der Marine gemacht. Im Skyvan über die Heckklappe, die man nach unten hinten öffnet. Es ist eine große Heckklappe ohne Zwischenpositionen. Das heißt sie ist entweder auf oder sie ist zu, also blieb sie auf. Der trat auf die Klappe, sie hatte eine Art Kippmechanismus, so dass dann 40 Zentimeter ins Nichts offen waren. Dann haben wir begonnen, die Subversiven dort hinauszuschieben. Ich war ziemlich nervös in der Situation und bin fast selber rausgefallen.[54]

Die Whiskeygläser, die er in einem Zug leerte, die Schlaftabletten, um die Nacht zu überstehen, oder die Psychopharmaka, um sich tagsüber Mut zu machen, nutzten nichts. Es konnten ihn nicht einmal die Worte des Militärkaplans trösten, der, während er ihm das *placet* der kirchlichen Hierarchien zusicherte, diesen Tod als

„christlich und wenig gewaltsam" definiert hatte und dabei sogar das Gleichnis bemühte, das die Trennung des Weizens vom Unkraut vorschreibt. Scilingo fand keine Ruhe: Die Leere des Meeres verschlang ihn. Bei jedem Schritt fürchtete er, den Fuß ins Nichts zu setzen, und die Geister der schlafenden Gesichter und der nackten Körper verfolgten ihn in seinen Träumen.

„Ich bin ein Mörder" – gab er in einem Fernsehinterview zu. Doch die quälenden Schuldgefühle, die sich nicht besänftigen ließen, änderten nichts an seiner Meinung: „Es war etwas Höheres, das man für das Land getan hat. Ein höherer Akt".[55] Deshalb bat er um Nachsicht für all jene, die, wie er, nur Befehle befolgten. Doch selbst Thomas von Aquin, der Schutzpatron der hispanoamerikanischen Rechten, argumentiert in seiner *Summa theologiae*, dass der Gehorsam zwar die größte der moralischen Tugenden darstelle, der Untergebene jedoch nicht verpflichtet sei, dem Vorgesetzten zu gehorchen, wenn dieser etwas befiehlt, das zu befolgen unstatthaft ist (II, 2, 104, 5). Kurzum, es wäre wohl an der Zeit, eine Art *Schuld durch Gehorsam* anzuerkennen.

9. Zum Folterknecht wird man gemacht?

Die Figuren dieser Folterknechte zeigen Gemeinsamkeiten, sind aber auch sehr unterschiedlich. Es wäre daher ein falscher Anspruch, zu verallgemeinern oder einen Archetyp zu zeichnen, eine Art Einheitsexemplar des Folterers. Was uns jedoch nicht davon entbindet, eine philosophische Frage zu stellen, die in diesem Zusammenhang unausweichlich ist – nämlich jene nach der Herstellung der Folterknechte.

Um die Traumata der Opfer zu verstehen, ist es erforderlich, die Werkstatt der Folterer zu betreten, wo sich, wenn man das System der Folter von innen studiert, unschwer feststellen lässt, dass man – wie es Sironi nahelegt – „als Folterknecht nicht geboren wird, sondern zu einem solchen erst *werden* muss: entweder aufgrund einer gewaltsamen Entkulturierungserfahrung oder mittels einer spezifischen Initiation, bei der traumatische Techniken zur Anwendung kommen".[56] Diese These stützt Sironi mit den Ergebnissen ihrer psychoanalytischen Arbeit. Sie beschreibt etwa den Verlauf der Ausbildung bei der griechischen Politpolizei während der Obristendiktatur, bei der die Folterer die verschiedenen Phasen eines veritablen Initiationsweges zu bestehen hatten. Und sie berichtet von dem Fall einer bosnischen Lehrerin, die von Jugendlichen vergewaltigt und gefoltert wurde, die ein paar Häuserblocks von ihr entfernt wohnten und noch wenige Tage zuvor ihre Schüler gewesen waren. Wie ist es möglich, von heute auf morgen zum Peiniger zu werden?

Die These ist zutreffend – allerdings nur teilweise. Zum Folterknecht wird man, aber nicht alle werden zu Folterknechten. Die persönliche Verantwortung ist, auch in einem totalitären Regime, unabdingbar. Ziviler Ungehorsam wird zur Pflicht. Das ist die große Problematik, die Arendt 1963 während des Eichmann-Prozesses aufwarf.

Bereits 1950 waren die von Adorno betriebenen Untersuchungen zur autoritären Persönlichkeit veröffentlicht worden, die aus einer übermäßig strengen Erziehung und einer diskriminierenden Voreingenommenheit resultieren kann und oftmals einen potenziellen Kryptofaschismus verbirgt. Diese sehr kontroversen Untersuchungen trugen entscheidend zum Übergang vom Bild des monströsen Henkers zu jenem des menschlichen Verbrechers bei.[57] Auch Arendt verleiht dem Henker, bei allen gebührenden Vorbehalten hinsichtlich der autoritären Persönlichkeit, menschliche Züge. Die Monstrosität seiner Handlungen liegt nicht in ihm, in seiner vermeintlich monströsen Natur, sondern in der Unfähigkeit, über diese Handlungen und ihre Auswirkungen nachzudenken. Eichmann war weder die Bestie aus den Höllengründen noch ein gefallener Engel; er hatte nichts Dämonisches, nichts Tiefgründiges oder gar Abyssisches. Bei näherer Betrachtung war er ein platter Bürokrat, ein grauer Beamter, der seiner Stellung die Treue hielt. Eichmann war kein Monster – allenfalls ein Hanswurst. Die Banalität lag in der Dummheit, in jener skandalösen *Gedankenlosigkeit**, die ihn davon abgehalten hatte, über seine eigenen Handlungen nachzudenken, in der Leichtfertigkeit, die ihn gehindert hatte, sich in die Lage des anderen zu versetzen. Weder monströs noch dämonisch, nicht einmal sadistisch – der Henker erschien menschlich, allzu menschlich. „Das Beunruhigende an der Person Eichmanns" – schreibt Arendt – „war doch gerade, dass er war wie viele und dass diese vielen weder pervers noch sadistisch waren, sondern schrecklich und erschreckend normal waren und sind."[58]

Auch Primo Levi teilt die Auffassung, dass die beflissenen Vollzieher der unmenschlichen Befehle bis auf wenige Ausnahmen keine geborenen Folterknechte gewesen seien, und er formuliert sie selbst weitgehend deckungsgleich. „Es gibt die Ungeheuer, aber sie sind zu wenige, als dass sie wirklich gefährlich sein könnten; gefährlich sind die normalen Menschen, die Funktionäre, bereit zu glauben und ohne Widerspruch zu gehorchen".[59]

Allerdings wirft diese Humanisierung des Henkers zahlreiche Probleme auf. Zunächst betreffen diese sehr direkt das bereits viel diskutierte und höchst diskussionswürdige Konzept der „Banalität des Bösen" in seiner Anwendung auf das Verbrechen der Judenvernichtung.[60] Abgesehen von der Unterbewertung der Rolle der Ideologie sowie der Tendenz, den gemeinen Henker zu einem Rädchen im Getriebe zu machen und ihn so von seiner Verantwortlichkeit zu entbinden, besteht die vielleicht schwerstwiegende Gefahr darin, dass durch die Betonung der Banalität des Bösen und der Menschlichkeit des Verbrechers das Verbrechen schließlich verharmlost wird. Arendt selbst bemerkte dieses Risiko, als sie, nachdem sie einen 1973 erschienenen Aufsatz Joachim Fests über Hitler gelesen hatte, dem Verfasser mit einem Kommentar Bertold Brechts antwortete: „Die großen politischen Verbrecher müssen durchaus preisgegeben werden, und vorzüglich der Lächerlichkeit. Denn sie sind vor allem keine großen politischen Verbrecher, sondern die Verüber großer politischer Verbrechen, was etwas ganz anderes ist".[61]

Der Abhang kann gefährlich steil sein. Dies zeigt sich – wobei die Unterschiede zwischen einem Henker wie Eichmann und dem Folterknecht entsprechend zu würdigen sind – im Abdriften der humanisierten Darstellung des Folterers, wo dieser nicht nur so sehr überrepräsentiert wird, dass er das Opfer fast völlig in den Schatten stellt, sondern ein so menschliches Antlitz erhalten kann, dass er den Charme eines Gentlemans oder gar eines Helden ausübt. Aber das ist noch nicht alles. Wenn der Folterknecht nichts Außergewöhnliches tut, wenn er ein gewöhnlicher Mensch ist, können sich umgekehrt auch alle gewöhnlichen Unschuldigen als blutrünstige Monstren herausstellen. Und tatsächlich liest man hie und da, dass in jedem von uns ein Folterknecht lauert. Damit gelangt man zu jenem Paradoxon, das in mehr oder weniger expliziter Weise das Denken der letzten Jahrzehnte durchzieht, für das die offensichtliche Frage nicht mehr lautet „Werde ich unter Folter reden oder nicht?", sondern „Werde ich der Versuchung zu foltern widerstehen, wenn man es mir befiehlt?". Auf diese Weise wird unterstellt – wie Lacoste gezeigt hat[62] –, dass das Böse in jedem latent vorhanden ist und sich manifestieren kann, wenn außergewöhnliche Umstände oder Ausnahmesituationen eintreten. Damit macht man nicht nur jeden zum potenziellen Folterknecht, sondern trivialisiert letztendlich die Folter.

Zweifellos gibt es unzählige Motive, die einen dazu verleiten können, zum Funktionär der Niedertracht zu werden. Es ist keinerlei Pathologie als Erklärung notwendig, um in der Hingabe an eine höhere Instanz, der Unterordnung unter eine gebieterische Autorität die Prämissen für die Durchführung selbst schändlicher und grausamer Befehle zu erkennen. Berühmtheit erlangt haben die sozialpsychologischen Experimente – insbesondere jenes von Stanley Milgram, das im Jahr 1961, nur drei Monate nach dem Eichmann-Prozess an der Yale University initiiert wurde, sowie jenes von Philip Zimbardo, das er 1974 an der Stanford University durchführte –, die gezeigt haben, wie einfach es ist, „gute Menschen" zu blindem Gehorsam, auch unter Verletzung der eigenen ethischen Grundsätze, zu drängen. In Milgrams Experiment versetzten am Ende zwei von drei Freiwilligen, das heißt 65 Prozent, denjenigen, die als „Schüler" fungierten, heftige Stromschläge von über 450 Volt; nur wenige brachen das Experiment ab oder weigerten sich.

Aber bevor man noch beobachtet, was im Labor passiert, genügt es, sich die Geschichte anzusehen. Christopher Browning hat den paradigmatischen Fall des Bataillons 101 der deutschen Polizei rekonstruiert, einer Einheit von etwa fünfhundert Reservisten aus Hamburg, in ihrer Mehrzahl Arbeiter, Angestellte,

Kaufleute, „gewöhnliche Männer", Familienväter, zu alt, um zum Heer eingezogen zu werden. Man hätte nicht sagen können, sie wären fanatische Nazis oder überzeugte Antisemiten gewesen. Sie wurden ohne jede besondere Ausbildung nach Polen geschickt, um durchzuführen, was auch für sie selbst eine geheime Mission war: die Vernichtung von Juden, die in abgeschiedenen polnischen Dörfern lebten. Im Morgengrauen des 13. Juli 1942 fielen sie in die Stadt Józefów ein, trieben 1800 Juden zusammen, wählten einige Hundert von ihnen zur Deportation aus und töteten innerhalb eines einzigen Tages die anderen 1500, darunter Frauen, Alte und Kinder. Sie machten hier allerdings nicht Halt. Innerhalb von etwas mehr als einem Jahr beteiligten sie sich an der Deportation von 38 000 Juden und ermordeten 45 000 andere durch Schüsse aus unmittelbarer Nähe. Manche von ihnen hatten keine Bedenken, für Trophäenfotos zu posieren. Nur ein winziger Prozentsatz dieser „gewöhnlichen Männer" weigerte sich zu gehorchen. In seinen Betrachtungen über das Massaker stellt Browning die Frage: „Warum gab es nur so wenige, die von Anfang an bekundeten, nicht töten zu wollen?"[63] Und er führt diese Akte menschlicher Bosheit, begangen von Rekruten, die offiziell ermutigt wurden, ihr ganzes sadistisches Potenzial gegen einen „Feind" zu wenden, auf das äußerst wirksame autoritäre Polizeisystem zurück, das die Nazis eingerichtet hatten und das an die Disziplin appellierte und Treue einforderte.

Die Mechanik der Folter, für die es erforderlich ist, die Dosis des zugefügten Leides zu planen, abzumessen und zu regulieren, ist nur bedingt mit einer Hinrichtung vergleichbar, selbst wenn diese von Angesicht zu Angesicht durchgeführt wird. Der Folterakt verlangt Standhaftigkeit, setzt profundes Zielbewusstsein voraus, eine vollständige und bedingungslose Entschlossenheit. Der Folterer begeht seine Gewalttat nicht instinktiv – wie es vielen Menschen passieren könnte –, vielmehr ist er ein Professioneller der Gewalt. In diesem Zusammenhang unterstreicht Zimbardo, unter Hinweis auf die jüngere Geschichte Brasiliens, den Unterschied zwischen den Todesschwadronen, die, durch die Anonymität und Straflosigkeit ermutigt, den Tod in den Straßen verbreiten, und den fachkundigen Folterknechten.

Für einen Folterer kann das, was er tut, niemals nur Arbeit sein. Folter beinhaltet immer eine persönliche Beziehung: Für den Folterknecht ist es wesentlich, zu verstehen, welche Art von Folter anzuwenden ist, welche Intensität von Folter bei einer gewissen Person unter bestimmten Umständen anzuwenden ist. Die falsche Art, oder zu wenig: kein Geständnis. Zu viel: Das Opfer stirbt, bevor es gestanden hat.[64]

In den Porträts der Folterer, so unterschiedlich diese auch sind, zeigt sich das überzeugte Festhalten an einem ideologischen Projekt, die Mission der Läuterung, die Verpflichtung zur Zerstörung. Die Unmenschlichkeit der Folter verlangt nach einer vollständigen Entmenschlichung des Opfers. Der „Feind" in seinen Händen darf für den Folterer nichts Menschliches mehr haben. Er muss vom Rest der Menschheit, und damit auch vom Folterer, abgetrennt werden. Nur mithilfe dieser Abtrennung gelingt es dem Marterer, sich so weit zu betäuben, dass er die immer noch höher perfektionierten Techniken ungehemmt anwenden kann. Und doch ist nicht gesagt, dass diese Vorgangsweise jedes Mal erfolgreich ist. Auch im Folterer bleibt, wenn auch verborgen, ein Funke von Menschlichkeit erhalten. Das erklärt, warum die ersten Schritte trotz Indoktrinierung und Initiation so schwierig sind, wenn der Folterknecht, der dabei vor allem mit sich selbst kämpft, vom allgemeinen Gefühl der Zugehörigkeit abstrahieren muss. Doch es genügt ein Schmerzensschrei, eine gequälte Geste oder auch, wie im Fall von Scilingo, ein Fehltritt des Folterers, damit dieser Funke wieder angefacht wird und die menschliche Verbindung ans Licht kommen lässt.

10. Pedro und der Hauptmann

Es gibt also auch das Drama des Folterknechts. Die Demütigung des anderen wirkt unvermeidlich auch auf denjenigen zurück, der sie ausführt. Während er das Menschsein seines Opfers verleugnet, verleugnet der Folterer auch die eigene Menschlichkeit. Der Menschenschinder ist sein eigenes erstes Opfer. In einen Abgrund der Zerstörung hinabgezogen, geht der Folterer von einem Opfer zum nächsten und wiederholt, auf der Suche nach dem unendlichen Opfer, sein Verbrechen. Da er nicht imstande ist, Halt zu machen, wird es für ihn unmöglich, einen Ausweg, einen Weg zur Erlösung zu finden.

Die spanische Philosophin María Zambrano hat in ihrem Buch *Persona y democracia* („Person und Demokratie") aus dem Jahr 1958 den Mechanismus des Verbrechens untersucht, der innerhalb totalitärer Regime durch die „Vergöttlichung" des Führers möglich gemacht wird, das heißt durch dessen absolute Überhöhung, die sich für den subalternen Komplizen wiederum in die Faszination übersetzt, ein Halbgott zu sein. Gerade die Figur des Folterers zieht sie heran, um die Rolle des Komplizen zu exemplifizieren. Getrieben von der Daseinsangst, verlockt vom Versprechen, um jeden Preis zu leben, gibt dieser „Niemand" so lange nach, bis er schließlich verschwindet, opfert sich auf, indem er, berauscht von der absurden Verheißung „Ihr werdet wie Götter sein", ins Nicht-Sein hinabsinkt. In diesem Taumel der Zerstörung erkennt Zambrano einen diabolischen Zug. Und sie vertritt eine andere These, die jener Arendts fast entgegengesetzt ist: Die Profanisierung des Henkers hat dessen Verbrechen schließlich zu etwas Gewöhnlichem werden lassen. „Eine der Schwächen des europäischen Menschen des ausgehenden und des beginnenden Jahrhunderts war es, nicht an das Absurde, an das Grauen, an das grundlose Verbrechen, an das Teuflische zu glauben".[65]

Kein anderer Text stellt vermutlich den Schiffbruch des Folterers besser dar als das Theaterstück *Pedro y el Capitán*, das der uruguayische Schriftsteller Mario Benedetti 1979 veröffentlichte. Die vier Teile des Dramas werden von vier Folterungsszenen gebildet, die in einem Crescendo von Gewalt und Gräueltaten aufeinanderfolgen, denen Pedro ausgesetzt wird, wobei er trotz allem standhält, weder Schmeicheleien noch Drohungen nachgibt und dem Hauptmann vielmehr sogar die Stirn bietet. Zwischen den beiden entwickelt sich ein dichter, konfliktreicher, ja intimer Dialog. Als er ihn anfangs zum Geständnis bewegen will, sagt der Hauptmann zu Pedro:

121

Wie könnte ich mich nicht in deine Lage versetzen? Ich wäre ein Unmensch, wenn ich sie nicht verstehen würde. Und ich bin kein Unmensch, das versichere ich dir. [...] Um den Schinder zu geben, muss man zum Schinder geboren sein, und ich bin für andere Dinge geboren. Aber irgendjemand muss es doch machen.[66]

Weder Schläge noch die *picana*, die elektrische Peitsche, können Pedro in die Knie zwingen, der den Hauptmann regelrecht in Bedrängnis bringt: „Es muss schrecklich für Sie sein, Ihre Frau oder Ihre Kinder, wenn sie denn welche haben, zu küssen, nachdem sie einen jemanden verhört haben, der gerade gefoltert wurde".[67] Der Dialog wird beinah zu einer psychoanalytischen Sitzung. Pedro fragt: „Mal sehen, erzähl mir, wie es passiert ist. Kindheitstrauma? Tiefe Überzeugung?" Der Hauptmann antwortet mit einem Achselzucken: „Nun gut, ich bin Antikommunist". Und er fährt fort:

Es ist eine lange Geschichte, es ging schrittweise. [...] Keinerlei tiefgehende Überzeugung. Lediglich kleine Versuchungen, eine nach der anderen. Ökonomische oder ideologische, das spielt keine Rolle. Und das alles nach und nach. Es ist wahr, den letzten Anstoß erhielt ich in Fort Gulick. Dort hat man mich mit leichten Folterungen, kurz und erträglich, die ich am eigenen Leib erfuhr, gelehrt, wo die empfindlichen Punkte des menschlichen Körpers liegen. Doch vorher brachten sie mir bei, Katzen und Hunde zu foltern. [...] Die ersten Folterungen sind furchtbar, ich musste fast jedes Mal erbrechen. Aber der Morgen, an dem man aufhört zu kotzen, das ist der Wendepunkt, damit beginnt die Verdammnis. Denn vier oder fünf Vormittage später fängt man an, Lust zu empfinden. Sie werden es nicht glauben ...[68]

Pedro liegt nun, auf den Fußboden hingestreckt, im Sterben. Er nennt keinen Namen: weder Gabriel, noch Rosario, noch Magdalena, noch Fermín. Dennoch spricht er – nicht über sich selbst, sondern über den Hauptmann, über die Zukunft, die ihn erwartet, darüber, was seine Frau und seine Kinder von ihm sagen werden, wenn sie erfahren, dass er ein Folterknecht ist. Dann wendet er sich mit einem Gedanken seiner Partnerin zu, die er, mit einem erfundenen Namen, Aurora nennt, und seinem Sohn Andrés, damit dieser sich daran erinnere, dass sein Vater sich das Leben hätte retten können, jedoch keinen Verrat begangen hat. Der Hauptmann bleibt allein zurück, ohne Gesprächspartner und ohne Ausweg:

Pedro, Sie sind tot, und ich genauso. Wir sind unterschiedliche Tode gestorben, das ist klar. Mein Tod ist einer Falle geschuldet, einem Hinterhalt. Ich bin in einen Hinterhalt geraten und es gibt kein Zurück. Ich sitze in der Falle. [...] Doch in dieser Unmöglichkeit der Errettung bleibt mir ein Mittelweg als Lösung. Ich weiß wohl, dass Inés und die Kinder mich womöglich eines Tages hassen werden, wenn sie im Detail erfahren, was ich getan habe und tue. Aber wenn ich das alles, so wie es bisher der Fall ist, auch noch tue, ohne damit irgendein Ergebnis zu erzielen, dann habe ich überhaupt keine Rechtfertigung dafür. Wenn Sie sterben, ohne mir auch nur eine einzige Angabe zu machen, ist das für mich die totale Niederlage, die äußerste Schande. Wenn Sie dagegen etwas sagen, wird dieses Etwas meine Rechtfertigung sein. Meine Gewalt wird nicht umsonst gewesen sein, da sie ihr Ziel erreicht hat. Nur darum bitte ich Sie, darum flehe Sie an. Nicht mehr um vier Vor- und Nachnamen, sondern nur um einen. [...] Ich weiß nicht, ob Sie mich verstehen: Ich bitte Sie jetzt nicht um Informationen, um das Regime zu retten, sondern um einen Anhaltspunkt, um mich selbst zu retten, oder besser gesagt, ein kleines Stück von mir.[69]

11. Das Geheimnis des Opfers

Was an der Folter vielleicht am meisten beunruhigt oder verstört – das deutsche Wort *unheimlich** trifft die Sache gut –, ist der Anspruch des Peinigers, seinem Opfer das *Geheimnis** zu entreißen und es sich anzueignen. In diesem Sinne kann man sagen, dass die Folter eine Öffnungstechnik ist, die den Körper auseinanderreißt, ihn zerfleischt, um das darin verborgene Geheimnis ans Licht zu bringen. Man versucht, die Hülle der Haut zu öffnen, um Zugang zu jenem verborgenen Ort zu erhalten, den der Gefolterte behüten möchte. Das Äußere wird gebrochen, um das Innere ergreifen zu können. Das Ziel ist, die Innerlichkeit nach außen zu wenden. Diese Metaphysik der Extraktion schwindet auch mit der Anwendung raffinierterer Mittel nicht. Man injiziert Drogen, um das Opfer so zur Äußerung seines Geheimnisses zu bringen. Der Dualismus Außen-Innen bleibt bestehen und ebenso der Mythos der Innerlichkeit, wo die privatesten Inhalte unzugänglich aufbewahrt werden. Tatsächlich ist in einer Welt der Transparenz eben die Möglichkeit eines solchen Verborgenen unerträglich.

Im Lichte des Geheimnisses und seiner Extraktion ist das Verhör zu sehen, das entgegen der allgemeinen Auffassung weder ein Gespräch noch einen gewöhnlichen Wechsel von Fragen und Antworten darstellt, sondern bereits ein Folterinstrument ist. Das muss gerade in Bezug auf die sogenannte „Zwangsvernehmung" betont werden. Die in stetig steigender Intensität gebrauchte Frage ist eine Art Sezierung, wie Canetti in *Masse und Macht* konstatiert hat:

Alles Fragen ist ein Eindringen. Wo es als Mittel der Macht geübt wird, schneidet es wie ein Messer in den Leib des Gefragten. Es ist bekannt, was man da finden *kann*, man will es aber wirklich finden und berühren. Mit der Sicherheit eines Chirurgen geht man auf die inneren Organe los. Der Chirurg hält sein Opfer am Leben, um Genaueres über es zu erfahren. Es ist eine besondere Art von Chirurg, der bewusst mit lokaler Schmerzerregung arbeitet: Er reizt gewisse Partien des Opfers, um über andere Sicheres zu erfahren.[70]

Das Verhör dauert an, in einer ungebrochenen Kontinuität, die keinen Atem lässt. Schweigen provoziert weitere, drängendere und unerbittlichere Fragen. Eine Antwort macht argwöhnisch, weckt Misstrauen, führt nur dazu, dass jedes Mal von neuem begonnen wird. Die verbale Überwältigung grenzt an körperliche Aggression. Dem Gefolterten, eingezingelt von Fragen, bleibt kein Ausweg. Wenn er schweigt, hat er bereits sein eigenes Urteil unterschrieben. Wenn er redet und damit, mehr noch als die Seinen, sich selbst verrät, diskreditiert er sich fürs ganze Leben als Verräter. Dabei wird seine Wahrheit ohnehin niemals geglaubt. Die Wahrheit ist nicht die Wahrheit, für den Folterer birgt sie immer noch das Geheimnis. Denn es wird immer etwas geben, das womöglich noch nicht enthüllt ist, das Geheimnis hinter dem Geheimnis, das Verborgene hinter dem Verborgenen, das noch bloßzulegen ist. Und so setzt das Verhör unerbittlich wieder ein. Eingehüllt in die Dunkelheit, durch die Heimlichkeit geschützt, ist der Folterknecht zu allem bereit, um das Opfer zu zwingen, endlich sein Geheimnis zu beichten. Doch der Zweck ist nicht das Geständnis. Dies zuzugestehen hieße, die instrumentelle Gewalt des Verhörs zu rechtfertigen. Das Entreißen des Geheimnisses ist nur deshalb das Ziel, weil man an diesem versteckten Ort den Wesensmittelpunkt des anderen erahnt:

In der ungeheuren Einsamkeit des Kampfes, den der Gefolterte mit seinem Peiniger führt, steht nicht nur das Geständnis auf dem Spiel. Denn das Geheimnis preiszugeben, zu gestehen, bedeutet, sich dem allmächtigen Willen des Folterers zu beugen und damit die grausame Transparenz der Entpersönlichung zu erleiden. Das Geheimnis und die Undurchsichtigkeit des Intimen sind die Grundlagen der Identität. Ihr Verlust – die Durchsichtigkeit des Denkens – ist der Absturz in den Wahnsinn.[71]

Selbst wenn es das Geheimnis enthüllen, Namen nennen, Orte angeben, bis zur völligen Entblößung sprechen wollte, so bliebe auch für das Opfer stets der Rest eines Geheimnisses erhalten, bei dessen Verletzung es sich schließlich ganz verlieren würde. Die Dimension des Geheimen ist überlebenswichtig. Denn das Geheimnis ist der Rückzugsbereich der Fremdheit in der innersten Intimität, das, wodurch das Selbst nicht mit sich selbst zusammenfällt, das, was es in Unruhe hält, es antreibt, immer wieder drängt, sich selbst zu transzendieren. Im Geheimnis liegt der Mittelpunkt, oder besser gesagt, der unermessliche Abgrund der Existenz. Über diesen will der Folterer Gewalt erlangen.

12. Die Folter aussprechen

Während die Folter vorgeblich beabsichtigt, das Opfer zum Sprechen zu zwingen, bringt sie es zum Schweigen. Das ist ihr Paradoxon, oder besser gesagt, die Ambiguität, in der sie sich, unter einer Decke des Schweigens, wiederholen kann. Es ist nicht einfach, diese Decke zu lüften, die es über die Jahrhunderte ermöglicht hat, ganze Völkerschaften anonymer Opfer dem Vergessen anheimfallen zu lassen und ihre nie geschriebene Geschichte in den Randnotizen der offiziellen Geschichte zu verstecken.

Die Folter auszusprechen ist eine große Herausforderung. Es geht dabei auch um die politische Rolle des Wortes und die konflikthafte Spannung zwischen Sprache und Macht. Die Aufgabe der Sprache besteht darin, zu artikulieren, was die Macht desartikuliert hat. Das bedeutet, den gefolterten Körper in die Sprache zurückzuführen, ihn für die Gemeinschaft und ihre Geschichte wiederzugewinnen.

Der Täter will den Schmerz sehen, aber das verzweifelte Stöhnen und die grauenerregenden Schreie des Opfers nicht hören. Er möchte auch nicht, dass sie nach draußen dringen und sich verbreiten. Dieser zu gequältem Fleisch gemachte Körper darf keine Stimme haben, nicht einmal die unartikulierte eines Schreis. Die Macht unterwirft und überwältigt die Sprache, die Gewalt bringt sie zum Verstummen. Der Gefolterte ist nicht mehr in der Lage, seine Krämpfe, seine Qualen, seine Agonie, seine Not und Bedrängnis zu artikulieren. Die stets vorhandene Kluft zwischen Körper und Sprache wird unüberbrückbar. Ohne jeden Halt in den Wortbedeutungen, ohne Semantik ist die Sprache des Opfers degradiert, hinabgesunken zu unartikulierten Lauten, die aus dem leidenden Körper hervorbrechen. Gellende Schreie, unzusammenhängendes Gestammel, Röcheln. Und mit dem letzten Atemzug soll alles im Stillschweigen enden.

Die Sprache des Schinders seinerseits wird ausgehöhlt, auf ein Instrument der Gewalt reduziert, dazu gebraucht, zu demütigen und Befehle zu erteilen. Der Täter will mit dem Opfer nicht sprechen, nicht einmal während des Verhörs. Seine Worte sind jeweils nur ein weiterer Schlag, ein weiterer Peitschenhieb. Die Folter zerstört die Sprache – und damit die Menschlichkeit des Menschen.

Die Antwort liegt darin, beim Röcheln noch einmal anzufangen, dieses erstickte Stammeln wieder aufzugreifen, es neu zu artikulieren. Gerade weil in der äußersten Gewalt, die den Mund verschließt, die zum Schweigen bringt und dem Vergessen überantwortet, die ultimative Szene der Folterung sich vollendet hat, kann allein im Wort die Erlösung von ihr liegen.

13. Über Schmerz und Leiden

Tätlichkeiten, Stockschläge, Verstümmelungen, Verbrennungen, Elektroschocks, Entzugsmaßnahmen aller Art, Demütigungen: Die Folter ist systematisches Auferlegen von Schmerz. Folter zu überleben ist nicht wie das Überleben einer Krankheit, eines anonymen Unfalls, einer äußeren Widrigkeit. Das Leiden ist schärfer und schwerer zu ertragen, weil es von anderen Menschen zugefügt wurde. Allerdings nicht zufällig, wie eine Verletzung zufällig und unabsichtlich geschehen kann, sondern völlig bewusst.[72] Eben deswegen ist die Folter ein Trauma, das das Opfer auf intime Weise verletzt, das seine Beziehung zur Welt untergräbt und Narben hinterlässt, die, sichtbar oder unsichtbar, über lange Zeit kaum verheilen.

In seinen unzähligen Gesichtern durchzieht der Schmerz die Existenz jedes Einzelnen. Er setzt sich an einem Punkt des Körpers fest, quält ihn, verletzt seine Integrität. Er stellt ein Aufbrechen des Selbst dar – das Eindringen eines Nicht-Selbst, das Einsickern eines Infiltrators, die beharrliche Präsenz eines Fremden. Indem er uns von uns selbst entfremdet, trennt er, scheidet er. Er bildet die greifbare Erfahrung einer Negation, wird in unmittelbarer Weise als ein „Dagegen" erlebt, das sich im „Drinnen" festsetzt; er ist das Nicht-Ich, das in mich eingedrungen ist. Wo immer er sich manifestiert, ist er invasiv, unterwirft denjenigen, der ihn erleidet, führt ihn an seine Grenzen, auf seine verletzliche Endlichkeit hin. In diesem Zwischenzustand gebietet er uns eine vorübergehende oder dauerhafte Trauer um uns selbst. Er macht uns mit dem Tod bekannt – wie Montaigne in seinen *Essais* (I, 2 und 38) nahelegt. Im Grunde ist er bereits das Vordringen des Todes in den Kern des Daseins.

Deshalb geht der Schmerz weit über den Punkt im Körper hinaus, den er betrifft, und ist für die Existenz in ihrer Gesamtheit von Bedeutung, für die Geschichte jedes Einzelnen. Der metaphysische Dualismus von Körper und Seele hat jahrhundertelang dazu geführt, dass der Schmerz als rein körperlich vorgestellt wurde, als im Fleisch eingeschlossen. Als könnte er sich von dort aus nicht ausweiten, um an die *psyche*, die Seele, zu rühren. Und als könnte jene nur durch einen andersartigen Schmerz, der ätherischer und weniger greifbar ist, und damit auch flüchtiger und vager, verletzt und beschädigt werden. Das geht so weit, dass einige mehr oder weniger tendenziöse Definitionen der Folter den psychischen Schmerz vernachlässigen und bisweilen ganz von ihm absehen wollen. So etwa, wenn die „wirkliche Folter" von der „weißen Folter" unterschieden wird. Abgesehen von jener, die Amnesty vorschlägt,[73] ist jedoch in beinah allen Definitionen, und sogar im

Übereinkommen gegen Folter, weiterhin der Dualismus von Körper und Seele wirksam. Es ist dann von „Leiden" die Rede, wenn jener schwerer greifbare Schmerz gemeint ist, der der Psyche zusetzt.

Doch welcher Zusammenhang besteht zwischen Schmerz und Leiden? Und was lässt sich über Letzteres sagen? Schon der Schmerz lässt Zweifel an jederlei Dualismus von Leib und Seele, von physischer und psychischer Sphäre aufkommen, indem er vielmehr die unlösbare Verbindung zwischen dem hervortreten lässt, was die abendländische Metaphysik zu trennen bestrebt war. Weder bleibt der Schmerz in einem isolierten Teil des Körpers eingeschlossen, noch auf eine Nervenbahn beschränkt. Er ist keine bloße somatische Verletzung. Er lässt sich nicht messen; er ist nicht etwa die mathematische Projektion eines organischen Phänomens, als ließe er sich auf etwas Objektives und Natürliches reduzieren. Im Gegenteil, Schmerz ist empfundener – und interpretierter – Schmerz. Es gibt keinen Schmerz ohne jemanden, der den Schmerz empfindet. Die Empfindung ist auch Wahrnehmung, also jener Akt, der den Schmerz artikuliert, der folglich im interpretativen Kontext des Individuums gelesen wird, das durch die Alchemie seiner Geschichte geprägt ist. Die körperliche Verletzung ist bereits semantische Artikulation. Körper und Sinn vermischen sich. Es ist unmöglich, zwischen einer zugefügten Verletzung und der Kränkung zu unterscheiden, die bei dieser Verletzung mitklingt. Das Leiden ist die Resonanz eines Schmerzes. Ein Zahnschmerz bleibt nicht im Zahn eingeschlossen; er erschüttert und übermannt denjenigen, der unter ihm leidet, verändert dessen Beziehung zur Welt. Leiden ist der Name für diese Ausdehnung des Schmerzes, seine Grabearbeit, die in das Dasein eindringt und es durchdringt. Umso intensiver, stechender, wütender ist das Leiden, je mehr hinter dem Schmerz die Gewalt erkennbar wird, je klarer die Qual auf eine ungerechte Bestrafung verweist. Ein Schlag hat nicht immer und überall die gleiche Bedeutung. Wenn ihn ein anderer, noch dazu absichtlich, ja mit methodischem Ingrimm, innerhalb einer vermeintlichen Logik der Strafe versetzt, die aber unverständlich und exorbitant bleibt, dann übersättigt das Leiden das Opfer und lässt, auch nachdem die Wunde verheilt ist, dauerhafte und unauslöschliche Spuren zurück. Ebendies ist das Leiden der Folter, das daher das intensivste ist. Paul Ricoeur schrieb dazu:

[...] die körperlichen Aspekte der Folter dürfen ihre wahre Natur nicht verbergen, nämlich die geistige Zerstörung, die Verheerung der Persönlichkeit durch den Verlust des Selbst, kurz gesagt, das Anstreben einer Demütigung, die bisweilen schlimmer ist als der Tod.[74]

Später kam er in seinem kurzen Diskussionsbeitrag *La souffrance n'est pas la douleur* noch einmal auf die Folter zu sprechen, auf dieses Leiden, das so radikal ist, dass das Opfer Gefahr läuft, sich die Sicht des Folterknechts zu eigen zu machen.

Welche Absicht verfolgt der Peiniger mit der Folter tatsächlich? Ärzte, die Folteropfer behandeln, berichten uns, dass der Folterknecht beim Zufügen von Leiden, über den Tod des anderen hinaus, darauf abzielt, diesen zu demütigen, vermittels des Urteilsspruchs gegen sich selbst, zu dem das Opfer getrieben wird: Diese Ärzte erzählen uns auch von der Scham, die den Gedemütigten sozusagen an der Seele klebt.[75]

Es fehlt allerdings noch ein weiteres Adjektiv, um das so beschriebene Leiden in seiner ganzen unerträglichen Dramatik erfassen zu können. Und zwar das Adjektiv, das Lévinas hinzufügt: nutzlos. Der Exzess ist nicht nur quantitativer Art; dieses Leiden entzieht sich in seinem Übermaß jeder Synthese, es zersetzt jede Ordnung. Es ist unannehmbar. Das „sinnlose Leiden", Leiden für nichts, ist die Negativität des Bösen. „*Nein* des Unheils, negativ bis zum Unsinn".[76] Das Leiden ist reines Erdulden, doch das Erdulden ist hier nicht die Kehrseite des Handelns. Das Leiden kann hier nicht in die Nähe der Unfreiheit gerückt werden. Es ist keine Erniedrigung, die den Menschen trifft, indem sie sein Handeln einschränkt. Die Passivität des sinnlosen Leidens ist passiver als bloße Empfänglichkeit. Weil sie wehrlose Ausgesetztheit gegenüber einer Verletzung ist, ist sie Verwundbarkeit. Hier hat der Schmerz keinerlei affektive Färbung; es ist der Schmerz in seiner reinen Bösartigkeit, unheilbares Unheil.

In diesem Sinne ist die Folter nicht nur Übermaß – wie es manche behaupten; sie ist keine intensivierte Gewalt. Vielmehr ist sie ein Wüten gegen die Verletzlichkeit des anderen, ein tierisches Herfallen über seine wehrlose Nacktheit.

14. Den eigenen Tod überleben

Das Wort „Überleben", nach dem Spätlateinischen *supravivere* gebildet, bedeutet, über etwas hinaus weiterzuleben, nach einer Katastrophe, einem Unglück am Leben zu bleiben, schwierigen Umständen standzuhalten. Vor allem bedeutet es auch, länger zu leben als andere, am Leben zu bleiben, wenn die eigenen Familienmitglieder und Freunde, all jene, die zum Umkreis der eigenen Existenz gehörten, verschwunden sind. Es ist die bittere Erfahrung, die Bruno Bettelheim, der den Konzentrationslagern der Nazis entkommen war, in seinem Buch *Erziehung zum Überleben. Zur Psychologie der Extremsituation* beschreibt.

Doch die Folter hat eine Besonderheit: Wer ihr ausgesetzt war, überlebt nicht den Tod der anderen, sondern seinen eigenen. Deshalb ist sie die totalste und intimste Form eines Übergriffs. Die direkte Konfrontation mit dem eigenen Tod bewirkt eine „Verheerung der Conditio humana".[77] Der dunkle Schatten dieser wiederholt erlebten Annäherung an die äußerste Grenze, beinah schon im Jenseits, legt sich über das restliche Leben. Weder handelt es sich bloß um eine körperliche Verletzung noch allein um ein psychisches Trauma. Die Gewalt der Folter unterbricht die Kontinuität des Lebens, die Linie bleibt für alle Zeit entzweigeschlagen.

Der Tod des anderen hinterlässt einerseits die Leere seiner singulären und unersetzbaren Welt, die sich verflüchtigt hat, verschwunden ist, und andererseits die Aufgabe, den Anderen und seine Welt weiterzutragen, sich ihrer anzunehmen und sie in die eigene Welt einzufügen, die durch diesen Tod doch eine andere werden muss. Diese Trauerarbeit, die nicht als bloße Verinnerlichung verstanden werden sollte, ist in einem Vers Paul Celans zusammengefasst: *Die Welt ist fort, ich muss Dich tragen.*[78]

Gegenüber dieser schmerzhaften, doch menschlichen Aufgabe der Trauer fordert die Folter die Verarbeitung des Schmerzes über den eigenen Tod ein, der einem in alle Glieder gedrungen ist, und der Verzweiflung über das Ende der eigenen Welt, die durch diese Gewalt verloren ging, verschwunden ist, zerstört wurde. Dies ist der nicht wiedergutzumachende Verlust, der Bruch, den nichts wirklich heilen kann, weil er den tiefsten Grund der Existenz berührt. Nicht nur, dass es ein Davor und ein Danach gibt: Es kann jeden treffen – so wie es geschehen kann, dass man in der Bruchstückhaftigkeit, in die das Leben bisweilen zerfällt, die es erschüttert, den Faden wiederfinden muss. Der Überlebende hat sich jedoch nicht nur verändert, er ist ein Anderer geworden, so sehr, dass er keine Fäden und Verbindungen mehr erkennt, die diesen Riss reparieren und wieder überbrücken könnten. Die Folter hat ihn in eine andere Welt geschleudert, eine unbekannte, unvorstellbare Welt jenseits aller Grenzen, wo diese Grenzen mit Füßen getreten werden, die Gegenwelt der absoluten Gewalt. Er ist aus der gemeinsamen Welt der anderen ausgestoßen worden. Zu diesem Unrecht kommt ein weiteres hinzu: die Schwierigkeit, den Rückweg zu finden. Die Verwirrung ist stärker. Sich wieder in die gemeinsame Welt einzugliedern ist ein beinah unmögliches Unterfangen, denn seine extreme Erfahrung, die die anderen nicht erlebt haben, isoliert ihn, grenzt ihn aus, hält ihn fern. Er bleibt weiterhin ausgestoßen, getrennt; trotz aller Bemühungen gehört er nicht mehr zu den Übrigen. Er ist niemals zurückgekehrt.

Dies ist das verhängnisvollste Ergebnis der Gewalt, die auf diese Weise weiterhin wirksam ist, nachhaltig bleiben kann. Der Überlebende bleibt zwar am Leben, lebt aber nun jenseits seiner eigenen Welt, in einem existenziellen Abgrund, aus dem er kaum je entkommen wird, um wieder in der Welt heimisch zu werden. Das Exil nimmt so die tragischsten Konturen an. Das ist das große Unglück des Überlebenden. Jede seiner Bestrebungen, dies zu überwinden, wird am Ende scheitern, denn es wird mühsam bleiben, Vertrautheit und Zuversicht wiederzugewinnen, und gleichzeitig wird die Fremdheit sein Verhältnis zur Welt und zu anderen prägen. Niemand wird den Gefolterten jenen katastrophalen Einbruch vergessen lassen, der die Grenzen seines Leibes verletzt, der seinen Schutzschild gegen die Welt zerstört hat.

Die Gewalt schwächt sich nicht ab, verblasst nicht. Nachdem sie ganz bis zum Grund vorgedrungen ist, bleibt sie dort fest verankert.[79] Dabei stagniert sie allerdings nicht. Sie steigt wieder an die Oberfläche, legt sich drückend über die Tage und flutet die Nächte. Sie zieht sich erneut die Kleider des Peinigers über; nimmt oftmals dessen Antlitz an. Das ist jener perverse Mechanismus – all denen wohlbekannt, die sich mit der Behandlung der Psyche befassen –, der für Sándor Ferenczi in der Identifikation mit dem Folterer besteht.[80] Tatsächlich wird der Folterknecht in doppelter Weise zum Verfolger: nicht nur, weil er das Opfer in der Vergangenheit beinah zugrunde gerichtet hat, sondern auch, weil er es in der Gegenwart weiter von innen her auffrisst. Schmach, Scham und Erniedrigung vermischen sich in der unablässigen Erinnerung an jene Situation, aus der das Opfer nicht herauskommt, sodass es in der Wirkungssphäre des Folterers verbleibt, seiner Macht ausgeliefert. Das Leiden zuzugeben bedeutet bereits, die Auswirkungen dieser Macht anzuerkennen.

Der Überlebende trägt in seinem Inneren eine Schlacht aus zwischen dem destruktiven Eindringen des Folterers und einem therapeutischen Wiederaufbau, der dessen Einfluss neutralisiert. Doch das Trauma, das der Verlust des Geheimnisses für das Folteropfer darstellt, kann auch für die Behandlung ein Hindernis sein.[81] Eher als eine hypothetische Wiedergutmachung des Traumas muss die Heilung vielleicht der Raum sein, wo der Überlebende die Verbindung zur gemeinsamen Welt wiedererlangt, wo er insbesondere sein so stark beschädigtes Zugehörigkeitsgefühl zur Menschheit wiederentdeckt.[82]

Die Verbalisierung des Leidens ist es, die die Macht des Folterers untergräbt. Obwohl es die Erinnerung noch einmal akut werden lässt, kann nur das Wort aus der verinnerlichten Folterzelle befreien und den Weg hinaus, zur Überwindung eröffnen.

Verwaltung der Folter

Die Folter wird in zahlreichen Ländern zu einer regulären
„administrativen Praxis", zur „Routine", zu einem „Instrument
des Regierens" – was beweist, dass es sich nicht bloß um ein
abscheuliches, doch eigentlich überholtes Phänomen handelt,
das höchstens noch an den äußersten Rädern der Zivilisation als
eine Ausnahme oder Regression vorkommt. [...] Eher nimmt die
Folter mit der technokratischen Zentralisierung zu, als dass sie
eine archaische Luftblase innerhalb dieser bilden würde.

Michel de Certeau, *Corpi torurati, parole catturate*[1]

1. Giulio Regeni. Der Körper des Gefolterten

Am frühen Morgen des 3. Februar 2016 hatte sich Ahmed Khaled
mit seinem Bus voller Passagiere gerade auf seinen üblichen Weg
gemacht, der über die Wüstenstraße Kairo mit Alexandria verbindet. Plötzlich musste er aufgrund eines platten Vorderreifens auf
einem Platz zwischen dem zum Rimaya-Platz führenden Tunnel
und der leichten Steigung, über die man in einer Rechtskurve zu
den Pyramiden kommt, Halt machen. Während er den Reifen
wechseln wollte, stiegen einige Fahrgäste aus dem Bus und erblick-
ten eine Leiche im Straßengraben gleich neben der Autobahn. Es
handelte sich um einen jungen Mann, dessen Gesichtszüge nicht
eindeutig erkennen ließen, ob es sich um einen Ausländer handelte.

Einige Stunden später, um 11 Uhr morgens, verbreitete die
ägyptische Presse die Nachricht von der Entdeckung der Leiche
eines etwa dreißigjährigen Mannes. Erst um 17 Uhr erfuhr der
italienische Botschafter, dass die Leiche Giulio Regenis gefunden worden war, jenes Forschers, dessen Spuren sich bereits am
Abend des 25. Januar, dem Jahrestag des ägyptischen Aufstands
von 2011, verloren hatten. Inzwischen war seine Leiche bereits zur
Autopsie zum Leichenschauhaus von Zeinhom gebracht worden.
Der Generalstaatsanwalt von Kairo bestritt, dass Giulio Regeni
gefoltert worden sei. Das ägyptische Regime versuchte, die Ermittlungen in die falsche Richtung zu lenken und den Todesfall

als mögliches Verkehrsunglück oder als mysteriöses Verbrechen darzustellen. Doch der italienische Botschafter erklärte der BBC gegenüber: „Ich habe Wunden, Blutergüsse, Verbrennungen und gebrochene Rippen festgestellt. Es besteht kein Zweifel, dass der Junge schwer verprügelt und gefoltert worden ist".[2]

So still das Regime schwieg, so beredt war sein Körper. Die Folter hatte mehrere Tage angedauert. Seine Peiniger versuchten lange Zeit, ihn am Leben zu erhalten, um Informationen von ihm zu erpressen. Ein anonymer Informant, dessen Aussage mit einigen Vorbehalten zu betrachten ist, schrieb von einem Yahoo-Konto aus und rekonstruierte, was sich zwischen dem 25. Januar und dem 3. Februar ereignet haben soll. Er beschuldigt den ägyptischen Sicherheitsapparat und die Kriminalpolizei von Gizeh, dem Distrikt, in dem Giulio verschwunden ist. Der Informant verrät zumindest drei Details, die nur seinen Folterern oder jemandem, der bei diesen Folterungen anwesend war, bekannt sein konnten.[3] Dieser Version zufolge soll Giulio in die Kaserne von Gizeh gebracht worden und dort, nachdem er es verweigert hatte, sich zu seinen Kontakten mit ägyptischen Gewerkschaftsführern zu äußern, zum ersten Mal verprügelt worden sein. Daraufhin soll er, zwischen dem 26. und dem 27. Januar, in ein Büro der National Security Agency in Nasr City verlegt und 48 Stunden lang gefoltert worden sein, wobei davon ausgegangen werden muss, dass er bereits teilweise bewusstlos war.

Man habe Giulio „ins Gesicht geschlagen", ihm „Stockschläge auf die Fußsohlen" versetzt, ihn „an einer Tür aufgehängt"; ihm seien „an empfindlichen Körperstellen Elektroschocks erteilt" worden, man habe ihm „Wasser, Nahrung und Schlaf entzogen" und ihn „nackt in einer mit Wasser gefüllten und alle 30 Minuten für einige Sekunden unter Strom gesetzten Zelle zurückgelassen". Da er noch immer nicht nachgab, sei er in ein Büro des Militärgeheimdienstes transferiert worden, der offenbar darauf bedacht war, seine unnachgiebige Erbarmungslosigkeit zu demonstrieren. Man habe ihm dann gedroht, an ihm *waterboarding* durchzuführen und abgerichtete Hunde auf ihn zu hetzen. Die Folterer hätten mit einer Art Bajonett seinen Körper malträtiert und ihm zahlreiche Schnittverletzungen zugefügt.

All das wird durch die in Italien durchgeführte Autopsie be-stätigt. Giulio Regeni war abscheulichen Gewalttätigkeiten aus-gesetzt: gebrochene Zähne, Schwellungen, Verbrennungen, Kno-chenbrüche, völlig zertrümmerte Wadenbeine. Sein Körper wurde als „Schreibtafel des Schreckens" benutzt, auf der die Folterer mit einer Klinge mehrere Buchstaben einritzten, so als wollten sie eine verschlüsselte Botschaft senden. Der Tod trat aufgrund ei-ner unnatürlichen Verdrehung des Halses ein, die den Bruch der Halswirbelsäule verursachte. Jemand, der vor ihm stand, muss in brutaler Weise sein entstelltes Gesicht verdreht haben.

Nach seinem Tod wurde die Leiche „in einem Kühlraum im Militärkrankenhaus von Kobri al Qubba deponiert", während man auf die Entscheidung darüber wartete, was mit dem Leich-nam geschehen solle, der danach an den Straßenrand geworfen wurde. Während der Autopsie in Ägypten wurden die Spitzen sei-ner Ohren abgeschnitten und es wurde versucht, die Spuren der Stromschläge zu verwischen.[4] „Ich habe ihn nur an seiner Nasen-spitze erkannt", erklärte später seine Mutter. „Alles Böse der Welt ist über ihn hereingebrochen. Warum nur?".

Der Fall Giulio Regenis brachte die Repression ans Licht, die der ägyptische Sicherheitsapparat mit brutaler Systematik gegen die Oppositionsbewegungen ausübt; er offenbarte die Autonomie und Straffreiheit, die dieser Apparat genießt.[5] Auch um all dies anzuprangern, hielt Giulio Regeni sich in Ägypten auf, wohin ihn der Einsatz für seine Forschungsarbeit und sein ziviles und politi-sches Engagement geführt hatten.

Seine tragische Geschichte mit ihrem so schmerzlichen Epilog hat die öffentliche Meinung tief erschüttert – nicht nur in Italien und England. Viele haben die Losung aufgegriffen: „Giulio, einer von uns". Das bedeutet, sich in zweifache Richtung zu identifizie-ren – Giulio ist *wie* wir, und wir sind *wie* Giulio –, und bringt da-mit zum Ausdruck, dass man einerseits gegenüber diesem Körper, der Gerechtigkeit einfordert, nicht gleichgültig bleibt und dass man andererseits angesichts eines unbarmherzigen Schicksals, das an seiner Stelle auch einen anderen hätte treffen können, Beun-ruhigung empfindet. Der Übergang vom Staatsbürger zum *homo sacer* ist kürzer, als man denkt.

Der Körper des Gefolterten, der gemeinsam mit den Spuren der Folterung hätte verschwinden sollen und stattdessen gefunden wird, verstört, verunsichert und verschreckt noch aus einem weiteren, verborgenen und uneingestandenen Grund. Der Körper trägt die Folter in sich, lässt sie dort aufs Neue zum Vorschein kommen, wo sie verdrängt worden war, innerhalb der Gemeinschaft, die sich einbildete, sich gegen sie immunisieren zu können, indem sie sie aus ihrem Blickfeld verbannte, sie in die Randgebiete verwies und an jene Administrativmacht delegierte, deren Aufgabe im „Saubermachen" in vergesslichem und komplizenhaftem Stillschweigen besteht. Der Leib des Gefolterten und der Leib der Gemeinschaft: Hier ist ein Verhältnis von äußerster Spannung zu fassen.

Der Gefolterte zahlt für die anderen, zahlt für uns, zahlt den Preis für die schiere Existenz der Gemeinschaft, fast als wäre er die Bedingung ihrer Möglichkeit. Darüber reflektiert De Certeau in einem unveröffentlichten Werk über die Folter mit harschen Worten: „Diese raren Rückkehrer aus den Gefängnissen und Lagern sind Träger einer Botschaft, die für uns, die verschont Gebliebenen, unerträglich zu hören ist, nämlich, dass die soziale Ordnung, die uns zugutekommt, durch ein Verhältnis zum Verbrechen aufrechterhalten wird".[6]

Aus dem Leib des Gefolterten bezieht ein Regime, dem die notwendige Glaubwürdigkeit fehlt, ein Simulakrum von Glauben. Der Folterknecht beschränkt sich nicht darauf, die Foltermaschine zu bedienen und so dem Körper das Gesetz einzuschreiben, das der Verurteilte – wie in Kafkas Erzählung – anhand seiner Wunden entziffern muss. Er will noch mehr: das Geständnis als eine Bestätigung seiner Macht. So wird dem Fleisch eine Ordnung eingeschnitzt, die erbittert auf einer Legitimität beharrt, die sie nicht hat und sich nur zu verschaffen vermag, indem sie dem Schmerz einen Schuldschein abzwingt. Hinter dem Phantasma des Gesellschaftsvertrages kommen die Verletzungen zum Vorschein, werden die Verbrennungen und Wunden der gefolterten Körper sichtbar. Die Macht stellt den Anspruch, auf ihrer Haut den Konsens niederzuschreiben.

Die Folter erweist sich als eine Immunisierungstechnik der Gemeinschaft, als Zensursystem, das diese vermittels einer Art politischer Chirurgie homogenisieren soll, die, berechtigt, die Körper zu zerstückeln, um den Gemeinschaftskörper zurechtzuschneiden und zu bewahren, allen Abfall beseitigt, allen Unrat entfernt, bis schließlich mithilfe polizeilicher Manipulationen eine nachgiebige öffentliche Meinung an dieser Säuberung ihren Gefallen findet.

2. Benjamin, oder von der schmachvollen Institution

Jederlei Macht ist eine Versuchung zum Übermaß, und jederlei Stärke eine Verheißung von Brutalität; jede Strafe enthält die Drohung der Marter, und in jedem Verhör lauert die Gefahr der Folterung. Die Trennlinien werden brüchig, die Übergänge gleitend; die konstitutive Ambivalenz der „Ordnungskräfte" kommt, an der Grenze zwischen Polizeibetrieb und politischem Betrieb, an die Oberfläche.

Die Etymologie des Wortes „Polizei" geht bekanntlich auf die griechische Wortfamilie zurück, zu der *pólis* und *politeía* gehören und aus der auch die „Politik" hervorgegangen ist. Auf diesen Zusammenhang machte Schmitt 1932 in seinem Aufsatz *Der Begriff des Politischen* aufmerksam: „Nur ist zu beachten, daß beide Worte, Politik wie Polizei, von demselben griechischen Wort *Polis* abgeleitet sind."[7] Der moderne Staat war darauf verfallen, Sicherheit und Ordnung in seinem Inneren herzustellen, indem er alle Konflikte nach außen verbannte, worauf nicht länger die Politik, sondern nur noch die Polizei, als Synonym für Ordnung und Sicherheit, zum Einsatz kam. Mit der Zeit verengte sich die Bedeutung des Begriffs, das Wohlergehen wurde hintangestellt, die Sicherheit erhielt als Hauptzweck das Vorrecht. Der Souverän beziehungsweise die hoheitlichen Behörden behielten jedoch unverändert ihre Macht über die Wahrung von Ordnung und Sicherheit, über die sie verfügen, der sie sich allerdings auch entziehen konnten. Die deutsche Parole vom *Polizeistaat**, die während der Revolution von 1848 geprägt wurde, klagte das Abdriften einer hoheitlichen Macht an, die jede formale und juridische Grenzziehung überschritt.

Die Ambivalenz ist geblieben, und sie liegt letztlich darin, dass die „rechtserhaltende Gewalt" – wie Walter Benjamin in seiner

137

Schrift *Zur Kritik der Gewalt* herausstellte – „eine drohende [ist]".[8] Es handelt sich dabei nicht um eine „Abschreckung", wie die „ununterrichteten liberalen Theoretiker" meinen, denn sie ist nicht bestimmt. Vielmehr ist die Drohung des Rechts unbestimmt, wie auch das Schicksal unbestimmt sein kann. Dies wird im „Bereich der Strafen" deutlich. Und Benjamin führt die Todesstrafe ins Treffen: Wer sie infrage stellt, fühlt, vielleicht ohne es recht erklären zu können, dass er „nicht ein Strafmaß, nicht Gesetze, sondern das Recht selbst" angreift. Denn „in der höchsten Gewalt, in der über Leben und Tod", manifestiert sich der Ursprung des Rechts in seiner ganzen furchtbaren Macht.[9]

Was Benjamin über die Todesstrafe sagt, das gilt, mit den gebührenden Unterschieden, ebenso für die Folter. Auch die Folter gehört zu jenem Bereich, wo nicht nur über das *bloße Leben** in seiner Nacktheit entschieden wird – auch wenn es nicht zum Tode verurteilt ist –, sondern wo das Recht an die Gewalt grenzt und die Gewalt ans Recht und wo die Staatshoheit dem Vollstrecker die Maske überzieht. Die Kontiguität zwischen dem Souverän und dem Scharfrichter, die sich in der Ära der Marterungen manifestierte, wird auch in späterer Zeit nicht angekratzt. Der Büttel wendet nicht nur das Gesetz an, sondern auch die Macht. Er ist ein Agent der Gewalt, die schließlich immer eine Gewalt des Rechts ist. Die jüngste Wandlung der Figur des Folterknechts vom gnadenlosen Peiniger zum Gentleman-Folterer, zum heldenhaften Agenten, charismatisch und loyal, ändert nichts an den Rahmenbedingungen des Problems. Wenn überhaupt, verschlimmert sie es in gewisser Hinsicht.

In einer der berühmtesten Passagen seines Aufsatzes, im Anschluss an seine Diskussion der Todesstrafe, verweilt Benjamin bei der „gleichsam gespenstischen Vermischung" von Gewalt und Recht, die in der Polizei gegenwärtig ist. Insofern sie zugleich „Verfügungsrecht" über die gesetzliche Gewalt hat, aber auch befugt ist, das Recht „in weiten Grenzen selbst zu setzen (mit Verordnungsrecht)", stellt die Polizei eine Institution dar, die etwas „Schmachvolles" an sich hat.[10] Benjamin redet von „Schmach", was so viel heißt wie „Schande". Und zwar deshalb, weil die Polizei in jener Sphäre ihren Platz hat, wo die Trennung zwischen der rechtssetzenden und der rechtserhaltenden Gewalt aufgehoben ist. Es ist jene Sphäre außerhalb des Rechts, in der sich auch der Souverän bewegt, wenn er den Ausnahmezustand proklamiert. Die Polizei beschränkt sich nicht, wie allgemein angenommen wird, aufs Verwalten. Im Gegenteil, sie mischt sich ein, wo der Staat nicht mehr in der Lage ist, sich abzusichern, in jenen zahllosen Fällen juristischer Unklarheit, in denen sie, „der Sicherheit wegen", ins Leben der Bürger eingreift. Die Gewalt des Polizeiinstituts ist „gestaltlos wie seine nirgends fassbare, allverbreitete gespenstische Erscheinung im Leben der zivilisierten Staaten".[11] Benjamin fügt noch eine Bemerkung hinzu, die gerade beim Thema Folter nicht länger überraschend ist: Die Polizeigewalt ist weniger verheerend, wo sie, wie in der absoluten Monarchie, direkt den Herrscher repräsentiert, in dessen Gewalt sich „legislative und exekutive Machtvollkommenheit vereinigt", als in Demokratien, wo das Fortbestehen der Polizei, „durch keine derartige Beziehung gehoben, die denkbar größte Entartung der Gewalt bezeugt".[12]

Diese gespenstische Präsenz, die bisweilen ungezügelt wütet, sich aber auch ungreifbar machen und gegebenenfalls verstecken kann, um in den Verliesen und geheimen Schlupfwinkeln des Staates ihre Zuflucht zu finden, wirft ein Licht auf das Phänomen der Folter innerhalb der Demokratie. Tatsächlich verschwindet die Folter nicht nur nicht, sondern sie vollzieht, während sie sich andere, wiewohl nicht weniger grausame und abscheuliche Formen und Modalitäten zu eigen macht, den Übergang zu einem illegalen, bisweilen jedoch legitimierten Geheimdasein, das sich jeder Kontrolle entzieht und in Missbrauch und brutale Unterdrückung abgleiten kann.

Nach dem 11. September legte der Souverän offen die Uniform des Schutzmanns an und kriminalisierte den „Feind", den er als „illegalen Kombattanten" stigmatisierte, wodurch er, unter anderem, legal folterbar wurde. Wie Agamben warnte, ergeben sich viele Risiken aus dem „Abgleiten der Staatshoheit in die dunkelsten Bereiche des Polizeirechts". Mit Sicherheit gibt es jedoch zumindest einen theoretisch-politischen Vorteil, nämlich dass „der Souverän, der sich so bereitwillig als Büttel und Henker präsentiert, nun endlich sein ursprüngliches Naheverhältnis zum Verbrecher demonstriert".[13]

3. Der G8-Gipfel in Genua

Es war im Jahr 2001 – kurz vor dem Anschlag auf die Twin Towers in New York. Das Gipfeltreffen der acht stärksten Industrieländer der Welt – die Gruppe der Acht, abgekürzt G8 – sollte vom 19. bis 21. Juli in Genua stattfinden. Die Stadt war in mehrere Zonen eingeteilt worden: „rot", nämlich das historische Zentrum, wo der Gipfel abgehalten wurde, „gelb", das als Kontrollzone betrachtete Gebiet, und „weiß", unüberwacht. Der Zugang zum Hafen war verboten worden, der Flughafen für den Verkehr gesperrt.

Genua befand sich im Belagerungszustand und der Präfekt war ermächtigt worden, die Streitkräfte einzusetzen. In der „roten" Zone wurde eine Verteidigungslinie eingerichtet, damit jeder Versuch, die Grenzlinie zu überschreiten, rasch zurückgeschlagen werden könnte. Vor allem aber wurde ein Funkkommunikationssystem installiert, über welches sämtliche Ordnungskräfte jeweils nur mit der Einsatzzentrale derjenigen Polizeidirektion Verbindung halten konnten, von der sie direkt ihre Informationen beziehen würden. Aus Sicherheitsgründen sollte vermieden werden, dass Befehle zwischen den Beamten vor Ort weitergegeben werden. Dies stellte sich als ein Fehler heraus, denn viele der Einheiten waren von außerhalb gekommen und kannten die Stadt nicht.

Schon vor Beginn des G8 fehlte es nicht an Anzeichen für Spannungen. Am Vormittag des 20. Juli kam es an verschiedenen Orten der Stadt mehrmals zu Zusammenstößen zwischen Gruppen des Schwarzen Blocks und den Ordnungskräften. Der Demonstrationszug der *Tute Bianche* („*White Overalls*"), an dem sich mehrere globalisierungskritische Organisationen, die Sozialzentren und die politische Linke beteiligten, setzte sich gegen 13:30 Uhr langsam vom Carlini-Stadion aus in Bewegung. So war es mit der Polizeidirektion vereinbart worden, obwohl noch die Frage der „roten Zone", in die die Globalisierungsgegner vordringen wollten, offen war. Doch jedenfalls sollte die Demonstration gegen den Gipfel, gegen dessen Tagesordnung und gegen die Beschlüsse, die sich abzeichneten, unter dem Zeichen des zivilen Ungehorsams stattfinden.

Während der Zug sich vorwärts bewegte, waren in der Ferne Rauchsäulen zu sehen, die aus einer nahegelegenen Straße aufstiegen. Mit dieser Episode kippte die Situation. Eine Kompanie von etwa zweihundert Carabinieri, die sich in der Nähe des Zuges befand, war isoliert worden; der Kommandant hatte keinen Stadtführer zur Hand. Vom Hauptquartier erhielt er den Befehl, sich zur Piazza Giusti zu begeben. Um dorthin zu gelangen, wählte er einen Weg, der die Kompanie der Gefahr aussetzte, den Demonstrationszug zu kreuzen. Wenige Minuten vor 15:00 Uhr griffen die Carabinieri, ausgerüstet mit Schutzschilden, feuerfesten Anzügen, neuartigem CS-Tränengas und einem neuartigen Schlagstock aus Glasfaser und Polycarbonat, den friedlich vorbeiziehenden Zug an und trieben die Demonstranten auseinander. Anschließend brach in den Seitenstraßen eine Schlacht aus, bei der einige Stunden später ein Carabiniere an Bord eines Defender das Feuer eröffnete und den jungen Carlo Giuliani tötete.

Der Angriff der Carabinieri auf den Demonstrationszug acht Sturmläufe innerhalb weniger Minuten – war von niemandem angeordnet worden. Zumindest nicht offiziell. Der Europäische Gerichtshof für Menschenrechte bezeichnete diesen Angriff als *unlawful and arbitrary*, „ungesetzlich und willkürlich". Gewiss ist, dass die Gewalt in diesem heiklen Moment und unmittelbar danach verheerend war: brutale Stockschläge, Tausende von verängstigten, wehrlosen Bürgern, Hunderte von Verhaftungen.

Der Schatten zahlreicher Unklarheiten liegt schwer über jenen Tagen, in denen, während sich die Aufmerksamkeit ganz auf die Unruhen richtete, folgenreiche Entscheidungen über die Wirtschaftskrise und die Staatsverschuldung getroffen wurden, die die nachfolgenden Jahre prägen sollten, jedoch für den Augenblick medial fast unbeachtet blieben. Der investigative Dokumentarfilm *The Summit* von Massimo Lauria und Franco Fracassi wirft viele Fragen auf. Die Regisseure erklärten in einem Interview, dass „es nicht nur um Italien ging, sondern um die ganze Welt"; deswegen waren zumindest siebenhundert amerikanische Agenten in Genua vor Ort. Es ist davon auszugehen, dass auch die Geheimdienste anderer Länder an einer regelrechten „Planung" der Ereignisse beteiligt waren, die wesentlich zur Zerschlagung der Antiglobalisierungsbewegung beigetragen haben.[14] Von „schrecklichen Verdachtsmomenten", „undurchsichtigen Manövern" und „bestia-

141

lischen Projekten" sprach Roberto Settembre, ehemaliger Magis-
trat und Richter des Berufungsgerichts im Bolzaneto-Prozess, der
diese dramatischen Geschehnisse in einem Buch öffentlich anprangerte.[15] Doch auch Vincenzo Canterini, der zu fünf Jahren
Haft verurteilte Kommandant der Ersten Mobilen Brigade von
Rom, verwies auf eine „mysteriöse, mit dem Kürzel GOS (Gruppo
Opperativo Speciale) bezeichnete Sondereinsatzgruppe", deren
Präsenz phantomhaft blieb und für deren Anwesenheit in Genua
nie ein Verantwortlicher oder eine Genehmigung bekannt wurde.[16]

Die nächtliche Rache der Polizei erfolgte in der Form eines An-
griffs auf die Diaz-Schule, in der zu diesem Zeitpunkt etwa neunzig Personen, unter ihnen Demonstranten und Journalisten aus
verschiedenen Ländern, untergebracht waren. Am Samstag, dem
21. Juli, schon spät am Abend, umstellten Hunderte von Polizisten das Schulgebäude und stürmten dann ins Innere, wobei sie
mit bestialischer, unmotivierter Gewalt gegen wehrlose Menschen
wüteten. Schädelverletzungen, Blutungen, Quetschungen, gebrochene Gliedmaßen, Finger und Rippen, Prellungen im Gesicht:
es war von einem „mexikanischen Schlachthaus" die Rede. All
dies ist auch durch Fotos dokumentiert, teilweise durch Fernseh-
aufnahmen in den Außenbereichen; der von Daniele Vicari 2012
gedrehte Film *Diaz. Don't Clean Up this Blood* rekonstruiert die
Ereignisse.

Es gibt dagegen keine Fotos von dem, was später in der Kaserne
„Nino Bixio" in Bolzaneto, einem dicht besiedelten Stadtteil von
Genua, geschah. Die Kaserne war als provisorisches Gefängnis zur
Unterbringung eventueller Festgenommener und Inhaftierter eingerichtet worden. Die ersten trafen am Nachmittag des 20. Juli
ein, die letzten wurden erst im Laufe des Sonntags dorthin gebracht; sie alle blieben bis zum 23. Juli in der Kaserne. Die ge-
naue Zahl der Verhafteten ist nicht bekannt; man schätzt, dass es
mehr als zweihundert gewesen sein müssen. Einige kamen von der
Diaz-Schule, während andere auf den Straßen und Plätzen aufgegriffen worden waren, auf den Bahnhöfen, in den Notaufnahmen
der Krankenhäuser, wo sie ärztliche Behandlung suchten, auf den
Campingplätzen, wo sie übernachteten, oder entlang der Autobahn, als sie bereits die Stadt verließen.

In den Zeugenaussagen der Opfer, die in den Prozessakten festgehalten sind, alternieren Unglaube und Entsetzen. Beim Aus-
steigen aus den Transportwägen des Einsatzkommandos werden
die Festgenommenen mit dem Ruf „Willkommen in Auschwitz!"
begrüßt. Die Ankunft ist durch Demütigungen und Beleidigungen, durch unvermittelt versetzte Schläge gekennzeichnet. Die
Plastikhandschellen lassen keine Gegenwehr zu. Viele werden
gezwungen, mit erhobenen Armen regungslos auf dem Vorplatz
stehenzubleiben. Einige Beamte sprühen Reizspray in die Augen
der Opfer, die sich dagegen nicht schützen können. Faschistische
Lieder und der römische Gruß begleiten den Empfang. *Facetta
nera*[17] ertönt als Klingelton aus den Mobiltelefonen. Die Folterer
stimmen wiederholt einen düsteren Reimgesang an: *„Un due tre,
viva Pinochet; quattro cinque sei, morte agli ebrei; sette otto nove, il
negretto non commuove"* („Eins, zwei, drei, es lebe Pinochet; vier,
fünf, sechs, Tod den Hebräern; sieben, acht, neun, das Negerlein
rührt sich nicht mehr").

Die faschistische Subkultur, die in den Sicherheitskräften tief
verwurzelt ist, manifestiert sich in ihrer perversesten Aggressivität.
Paul, ein 38-jähriger Engländer, erinnert sich an die Worte eines
Beamten:

Er fragte uns: „Wer ist deine Regierung?", und andere Polizisten stellten den Leuten neben mir die gleiche Frage. Sie sagten uns, was wir zu antworten hatten, und
wir wiederholten alle: „Die Polizei ist die Regierung". Darauf sagte der Polizist:
„Richtige Antwort", und ging.

Zu den verbalen Aggressionen und der *stress position*, der erzwungenen Körperhaltung, die erst Schmerzen, dann Muskelversagen
verursacht, kommen Todesdrohungen, Nahrungs- und Schlafentzug, Stockschläge und Verbrennungen mit Flammen unterschiedlicher Art.[18]

Die Frauen werden eingeschüchtert. „Sie sagten, sie würden uns
in der Nacht vergewaltigen", erinnert sich Arianna. Manche werden auf der Krankenstation dazu gezwungen, sich auszuziehen und
vor Ärzten und Beamten Kniebeugen zu machen. Norwik und
Deniz, zwei junge Deutsche, werden genötigt, auf dem Boden auf

143

allen Vieren zu laufen, wobei Handschellen in ihre Handgelenke schneiden. Viele erhalten Markierungen im Gesicht. Obwohl ihr linker Ellbogen gebrochen ist, muss Cosima fast eine halbe Stunde lang die Arme hochhalten. In die Zelle, wo Gaia und Elise festgehalten werden, wirft ein Beamter einen Behälter mit Gas, das sehr rasch Brechreiz verursacht – einige erbrechen sogar Blut.[19]

Für solche Schikanen gibt es einen Namen: Folter. Dieses Wort, das während des Prozesses in der Luft schwebte, wurde von den Verteidigern der 43 Angeklagten systematisch zurückgewiesen. Dabei konnten sie sich bequem auf das italienische Strafgesetzbuch berufen, das den Straftatbestand der Folter nicht vorsieht. Die meisten dieser Verbrechen wären nicht verjährt, hätte man sie bei dem Namen genannt, den sie verdienten. Doch eben das Wort Folter, auch wenn es tabuisiert, untersagt, verleugnet wurde, tauchte beharrlich in jeder Zeugenaussage wieder auf.

Der Kassationsgerichtshof schloss den Bolzaneto-Prozess am 14. Juni 2013 mit 7 Verurteilungen und 14 Freisprüchen, wobei er die Schwere der Tatsachen unterstrich, durch die faktisch der Rechtsstaat selbst suspendiert worden war. Obwohl viele der Straftaten bereits verjährt waren, konnte in den Jahren des Prozesses die Folter dokumentiert werden, die in dieser langen Nacht der Demokratie ausgeübt worden war. Amnesty International bezeichnete den G8-Gipfel in Genua als „die schwerwiegendste Aussetzung der demokratischen Rechte in einem westlichen Land seit dem Zweiten Weltkrieg".

Der Europäische Gerichtshof für Menschenrechte hat Italien am 7. April 2015 wegen „Folter" verurteilt, was dazu führte, dass auch in der Öffentlichkeit die Forderung nach einem nicht verjährungsfähigen Straftatbestand erhoben wurde.

4. Die „weiße" Folter. Über das Gefängnis von Stammheim

Die Technik der Folter wurde in den letzten Jahrzehnten immer mehr verfeinert. So konnte sie dem dringenden Bedürfnis einer Verwaltungsmacht entsprechen, die beabsichtigt, möglichst keine Spuren zu hinterlassen. In ihrer klandestinen Verbreitung hat die

Folter ihre blutrünstigsten Praktiken aufgegeben und neue Methoden ersonnen, die sich besser mit den Idealen, den Tabus und Verboten der Moderne vereinbaren lassen. Sie hat sich von den hergebrachten Bereichen der Gewalt entfernt und versucht, Blut zu vermeiden. Das Blut, diese metaphysische Essenz, die insgeheim einen der intimsten Bereiche des Körpers zu bilden scheint, war zwar jene Flüssigkeit, mit der der Peiniger die Signatur des Schreckens niederschrieb und so das Unsichtbare sichtbar machte; doch in weiterer Folge haben seine allzu heilige Aura, seine ungreifbare Natur und seine Unantastbarkeit dazu geführt, dass gewisse Methoden als zu archaisch und abstoßend erscheinen. Die „blutleere" Folter, die sich mit dieser Flüssigkeit nicht beschmutzt, die außerhalb ihrer Sphäre vollzogen wird und die anscheinend den direkten Körperkontakt überhaupt vermeidet, zeigt sich unschuldig, makellos. Noch auch darf sie ihrerseits Flecken oder Spuren hinterlassen. Das ist die „weiße" Folter.

Jeder Staatsbürger könne sich sicher fühlen, niemand brauche verängstigt oder eingeschüchtert zu sein. Das Spektakel des Blutes ist in die Vergangenheit verdrängt. Diese „saubere" Folter, die eher dazu geeignet ist, von einem Techniker verabfolgt zu werden als von einem Henkersknecht, kann jederzeit institutionalisiert werden, wenn möglich unter einem falschen Namen wie beispielsweise „Zwang" oder „Druck". Die modernisierte Folter ist darum allerdings weder humaner noch weniger gewalttätig. Im Gegenteil, die „weiße" Folter, die im Englischen *no-touch torture* genannt wird, arbeitet mit den Ängsten des Opfers, setzt bei seinen Phobien den Hebel an, macht sich all seine Schwachpunkte zunutze. Ohne dem Körper Wunden zuzufügen, verletzt sie in der Tiefe des Daseins, beeinträchtigt in oftmals irreparabler Weise dessen Gleichgewicht, wirkt verstörend auf das Verhältnis zu den anderen und erschüttert die Beziehung zur Welt. Sie zielt auf Desorientierung ab, untergräbt die Verbindungen zwischen Erfahrungen und Vorstellungen, Gefühlen und Begriffen, Erinnerungen und Erlebtem – bis hin zum Auftreten psychotischer Zustände.

Die „weiße" Folter, die sich rasch von einer Seite des Eisernen Vorhangs zur anderen ausbreitete, setzt sich aus verschiedenen Techniken zusammen: Isolation; Schlafentzug; Verknappung von

Nahrung und Flüssigkeitszufuhr; Manipulation des Raum- und Zeitgefühls; Verwendung einer Augenbinde oder einer Kapuze; lang andauernde Dunkelheit oder grelles Licht; willkürliche Abwechslung zwischen äußerster Hitze und extremer Kälte; Festhalten in einer schalldichten Umgebung oder unter Bedingungen fortdauernden Lärmes; die *stress position*; die Manipulation von Ängsten, zum Beispiel durch das Aufhetzen aggressiver Hunde ohne Maulkorb gegen das Opfer; die bloße Erwartung von Folter; die fingierte Ankündigung einer Hinrichtung. Es war Dostojewski, der in seinem autobiografischen Roman *Aufzeichnungen aus einem Totenhaus* (1860) meisterhaft die quälende Angst darstellte, die das Trugbild einer Hinrichtung auslösen kann. Da es unzählige Möglichkeiten gibt, einen Menschen leiden zu lassen, kann die „weiße" Folter zu einem regelrechten Labor der Grausamkeit und Drangsal werden.

Der tschechoslowakisch-jüdische Kommunist Arthur London, der 1951 verhaftet wurde, weil man ihn beschuldigte, ein Trotzkist zu sein, berichtet in seinem berühmten Buch *Das Geständnis*, das Costa-Gavras später verfilmte, von den Folterungen, denen er bis zu seiner Freilassung 1955 durch das stalinistische Regime ausgesetzt war. Er erinnert sich an das Klima der Verdächtigung, die endlosen Verhöre, aber vor allem an den Schlafentzug.

Ich habe die Konzentrationslager der Nazis gekannt, und zwar die schlimmsten, Neue Bremm, Mauthausen. Doch die Beleidigungen, die Drohungen, die Schläge, der Hunger, der Durst sind ein Kinderspiel im Vergleich zum erzwungenen Schlafmangel, dieser höllischen Qual, die dem Menschen jeden Gedanken nimmt und ihn zu einem Tier herabsetzt, das vom Selbsterhaltungstrieb beherrscht wird.[20]

In von Amnesty International gesammelten Zeugenberichten beschrieben einige iranische politische Gefangene die Auswirkungen der Augenbinde:

Das Schlimmste in Evin ist, wenn man tagelang mit verbundenen Augen darauf wartet, dass einem jemand erklärt, warum man dort ist. Manchen blieben tagelang, wochenlang oder sogar monatelang die Augen verbunden. Ein Mann verbrachte siebenundzwanzig Monate auf diese Weise, ohne dass er oder ein anderer

Gefangener wusste, warum er festgehalten wurde. Am Ende dieser siebenundzwanzig Monate saß er nur noch da, fast immer schweigend, und schüttelte den
Kopf; manchmal schlug er mit der Stirn gegen die Wand. Es ist klar, dass sie
dich mit verbundenen Augen sitzen lassen, um deine Angst zu verstärken. Wenn
sie dir dann plötzlich die Augenbinde abnehmen, um dich zu verhören, bist du
praktisch blind; das Licht tut dir weh, dein Kopf dreht sich. Du kannst dich auf
nichts konzentrieren.[21]

Schon seit den 1970er Jahren wurde die „weiße" Folter in westlichen Ländern gegen Personen eingesetzt, denen terroristische
Handlungen vorgeworfen werden. Der emblematischste Fall ist
jener des Vereinigten Königreichs, das am 18. Januar 1978 vom
Europäischen Gerichtshof für Menschenrechte wegen der gewalt-
samen Methoden verurteilt wurde, die die britischen Sicherheits-
kräfte verwendet hatten, um von Mitgliedern der IRA, der Irisch-
Republikanischen Armee, Informationen zu erpressen.
    In einer beunruhigenden Kontinuität leisteten die deutsche
Medizin und Psychologie, die schon in umfassender Weise in den
Nationalsozialismus verwickelt gewesen waren, ihren Beitrag zur
Entwicklung verfeinerter Zwangstechniken für Verhör und Haft.
Konrad Lorenz, berühmter Verhaltensforscher mit beachtenswer-
ter Nazi-Vergangenheit, wurde 1973 mit dem Nobelpreis ausge-
zeichnet, im selben Jahr, da die Ergebnisse seiner Forschungen
über den sensorischen Entzug an Menschen von dienstfertigen
Psychologen und Neurochirurgen in verschiedenen deutschen
Gefängnissen erprobt wurden. Vor ihrer „Erselbstmordung" wurden Andreas Baader, Ulrike Meinhof und Gudrun Ensslin, Mitglieder der Roten Armee Fraktion, im Hochsicherheitsgefängnis
in Stammheim bei Stuttgart in vollkommener Wahrnehmungs-
isolation – ständiges, gleichmäßiges intensives Licht, weiße
Wände, Zellen, so perfekt schallgedämmt, dass sie nicht einmal
ihre eigenen Geräusche hören konnten – festgehalten. Dies wurde
in Reinhard Hauffs Film *Stammheim. Der Fall Baader-Meinhof*
rekonstruiert.

5. *Verschwundene,* desaparecidos. *Der geleugnete Tod*

Obwohl es nicht immer Eingang in die Liste der Foltertechniken findet, muss das Verschwindenlassen, wie es die jüngste Geschichte zeigt, als ein weiterer, besonderer, jedoch keineswegs marginaler Fall von „weißer" Folter betrachtet werden. Dies wurde im *Internationalen Übereinkommen zum Schutz aller Personen vor dem Verschwindenlassen* anerkannt, das 2006 von der UNO verabschiedet wurde.[22]

Wenn man versucht, das Phänomen in seiner ganzen Tragweite und Tiefe zu verstehen, muss man zunächst nach dem Motiv für die Entscheidung fragen, das Opfer verschwinden zu lassen. Die Alternative wäre eine Inhaftierung, auch ein längerer Gefängnisaufenthalt oder sogar eine Hinrichtung. Es kann passieren, dass sich, insbesondere wenn eine Leiche offensichtliche Folterspuren aufweist, eine unvorhergesehene und anlassbezogene Notwendigkeit ergibt, diesen Leichnam zu beseitigen. Das Problem gewinnt jedoch eine andere Kontur, wenn das gewaltsame Verschwindenlassen zu einer systematischen Praxis wird. Warum lässt man das Opfer also verschwinden? Was ist der Sinn und Zweck des Verschwindenlassens?

Man denkt zuerst vermutlich an die argentinischen *desaparecidos*, an die Todesflüge und die Mütter von der Plaza de Mayo. Diese Flüge waren Teil eines äußerst breit angelegten Projekts, genannt *Operación Cóndor*, das von mehreren Geheimdiensten, allen voran der CIA, organisiert wurde und politische Oppositionelle in Lateinamerika, von Chile bis Bolivien, von Peru bis Uruguay, aus dem Weg räumen sollte. Der massive Einsatz von Militärflugzeugen zur Beseitigung der Leichen war jedoch eine Besonderheit Argentiniens.

Gemäß den Zeugenberichten der Opfer ebenso wie der Henkersknechte wurden die Entführten, nachdem man sie diversen Folterungen unterzogen hatte, sofern sie noch am Leben waren, mit hohen Dosen Pentothal behandelt. Mit einer Kapuze über dem Kopf und an den Füßen mit Ketten gefesselt wurden sie zum Militärflughafen gebracht und in ein Flugzeug verfrachtet. Keiner von ihnen ahnte, was ihnen während des Fluges zustoßen würde.

Sie glaubten an eine Verlegung. Wenn sie einmal an Bord waren, kam ein Arzt vorbei, um sich von der Wirkung des Beruhigungsmittels zu überzeugen, und ein Krankenpfleger injizierte neuerlich Pentothal. Nachdem man ihnen die Ketten abgenommen und sie entkleidet hatte, wurden die Gefangenen aus dem Flugzeug geworfen, sobald das offene Meer erreicht war.

Für die Angehörigen der Opfer, angefangen bei den Müttern, beginnt damit das Drama des endlosen Wartens. Eine Stille senkt sich herab, man wird von Zweifeln beschlichen. Die erschöpfende Suche, die riskanten Nachforschungen führen zu keinem Ergebnis. Es ist, als sei mit dem Augenblick der Verhaftung der soziale Tod dekretiert, ja mehr noch, die Nichtexistenz des Opfers offiziell bestätigt worden. Das Fehlen eines Leichnams und die Unmöglichkeit der Bestattung haben verheerende Auswirkungen. Die Opfer sind dazu verdammt, Gespenster zu sein. Für immer. Das Land selbst, das diese Gespenster in sich trägt und für sie verantwortlich ist, wird seinerseits zu einem Geisterfriedhof. Denn jede Stelle im Land kann der Ort eines namenlosen, obskuren Grabes sein.

Der argentinische Schriftsteller Julio Cortázar veröffentlichte schon 1981 in der „Revista de Occidente" den Beginn einer Erzählung, deren Ende, das die künstlerische Vorstellungskraft übersteigt, später vom Buch der Geschichte geschrieben wurde.

Eine Gruppe von Argentiniern beschließt, in einer günstig erscheinenden Ebene eine Stadt zu gründen, wobei die große Mehrheit von ihnen nicht weiß, dass das Land, auf dem sie ihre Häuser zu errichten beginnen, ein Friedhof ist, von dem allerdings keine sichtbare Spur mehr erhalten ist. Nur die Anführer wissen es, schweigen aber, denn der Ort begünstigt ihre Pläne, da der Tod und das Schweigen die Ebene flach gemacht haben. So entstehen Gebäude und Straßen, das Leben nimmt seine geregelten Bahnen auf und gedeiht, die Stadt erreicht sehr schnell beachtliche Ausmaße und eine beachtliche Höhe; die weithin sichtbaren Lichter sind ein Symbol des Stolzes derer, die die neue Metropole errichtet haben. Plötzlich nun werden die Symptome einer alarmierenden Unruhe spürbar, die Vermutungen und Ängste derer, die merkwürdige Kräfte spüren, die sie verfolgen, sie auf die eine oder andere Weise anklagen und versuchen, sie zu vertreiben. Endlich begreifen die Feinfühligsten, dass sie auf dem Tod leben und dass die Toten auf ihre Weise wissen, wie sie zurückkehren können, wie sie in die Häuser, die Träume, das Glück der Bewohner eindringen können. Was die

Verwirklichung des Ideals unserer Zeit zu sein schien, nämlich der Triumph der Technik und des in die Watte der Fernsehapparate, Kühlschränke, Kinos, der Geldfülle und der patriotischen Selbstzufriedenheit eingebetteten modernen Lebens, erwacht langsam im allerschlimmsten Albtraum, in der kalten, schlüpfrigen Gegenwart unsichtbarer Zurückweisungen, eines Fluchs, der sich nicht in Worten ausdrückt, jedoch mit unsagbarem Grauen alles berührt, was die Menschen über dieser Nekropole errichtet haben.[23]

Das Verschwinden untergräbt die gesamte Gemeinschaft. Es verhindert die Trauerarbeit, es behindert und hemmt die Erinnerung. Die Unmöglichkeit, die Vergangenheit zu verarbeiten, suspendiert die Gegenwart und versperrt die Zukunft. Eines der Ziele des gewaltsamen Verschwindenlassens ist es, der Gemeinschaft die gewohnten und unerlässlichen Rituale des Verlustes vorzuenthalten.

Das Fehlen jeden Beweises, selbst einer Sterbeurkunde, zwingt den, der das Verschwinden eines Angehörigen überlebt hat, zu einer Entscheidung, die selbst nach Jahren noch unmöglich bleibt, nämlich ab einem bestimmten Zeitpunkt zu akzeptieren, dass dieser niemals zurückkehren wird. Fast so, als ließe man es dem Angehörigen zufallen, den Vermissten zu töten. Eben deshalb treibt das Verschwindenlassen die Hinterbliebenen in den Wahnsinn. Die Mütter der Plaza de Mayo werden nicht umsonst die „verrückten Maiweiber" genannt.[24] Über all die Jahre sind sie niemals müde geworden, im Kreis um die Pyramide vor der Casa Rosada zu ziehen, um herauszufinden: wann, wo, wie. Das weiße Taschentuch, *el pañuelo*, ursprünglich aus der ersten Stoffwindel hergestellt, mit der sie ihre neugeborenen Söhne gewickelt hatten, ist nicht nur ein Zeichen der Trauer und ebenso wenig bloß ein Symbol des Protests. Es ist die Geltendmachung einer Geburt und eines Lebens, die das Verschwindenlassen gerne auslöschen würde, als hätten sie nie existiert, so als habe sich bei diesem Flug der Tod selbst in Luft aufgelöst. Hierin liegt womöglich der gewalttätigste Zug an der Beseitigung der *desaparecidos*.

Die Nazis beherrschten diese Technik meisterhaft. Ihre Vernichtungslager sind Aschefelder, denn in der Asche sollte die Vernichtung gipfeln, bis eine jede Spur getilgt wäre. Mehr noch, als die Asche in ein zukünftiges Nichts zu verwandeln, sollte dies es ermöglichen, das Verbrechen zu leugnen. Den Opfern wurde die Bestattung verweigert, der Tod wurde seiner Würde beraubt. Die Asche ist das bloße Grab eines Nichts. Nicht einmal die Überbleibsel sollten bleiben dürfen, so als ob es diese Existenzen niemals gegeben hätte.[25]

In der Leugnung des Verbrechens, die so weit geht, dass das Dasein des Opfers selbst geleugnet wird, bestand das politische Projekt des Nationalsozialismus, an dessen Resultate man auch nach dem Krieg Anschluss suchte und sie zum Vorbild nahm. In diesem Kontext, und gewiss auch in einem Zusammenhang historischer Kontinuität, ist die Beseitigung von mehr als 30 000 *desaparecidos* zu verorten.

In Argentinien wurde die Strategie der Leugnung geradezu institutionalisiert. Im Mai 1977, als schon mehr als die Hälfte der Opfer getötet oder entführt worden waren, zählte Jorge Videla bei einer Begegnung mit der ausländischen Presse fünf mögliche Arten von *desaparecidos* auf: diejenigen, die in den Untergrund gegangen waren; Verräter, die von der Guerilla selbst eliminiert worden waren; diejenigen, die sich versteckten oder Selbstmord begangen hatten, um ihr zu entgehen; diejenigen, deren Leichen nach bewaffneten Auseinandersetzungen nicht mehr identifizierbar waren; und – wie er schließlich zugab – jene, die „Exzessen" der von den Streitkräften durchgeführten Repression zum Opfer gefallen waren.

Als es unter Druck kam, versuchte das Regime, die Konzentrationslager und Haftanstalten zu leeren, indem es eilig die „Subversiven" verschwinden ließ, von denen viele – das sollte betont werden – aus ihren eigenen Häusern und Wohnungen, auf der Straße oder von ihren Arbeitsplätzen abgeholt worden waren. Der so genannte „schmutzige Krieg" war ein Krieg ohne Schlachten.

Bei dieser Gelegenheit gelang es einer humanitären Organisation, die Decke des Schweigens zu durchbrechen. Ab Oktober 1978 konnte die Interamerikanische Kommission für Menschenrechte (IAKMR) auf Ersuchen anderer Länder, die das Verschwinden 304 italienischer, 164 spanischer, 40 deutscher und 36 französischer Staatsbürger meldeten, Gefängnisse besuchen, Politiker befragen, Angehörige der Verschwundenen und die Stimmen von Journalisten anhören. Der 1980 veröffentlichte Abschlussbericht

151

war eine Anklageschrift gegen die Militärjunta, der unter anderem die systematische Anwendung von Folter vorgeworfen wurde.

Im Übrigen waren trotz der militärischen Geheimhaltung der Todesflüge die ersten Nachrichten über das Schicksal der Verschwundenen schon sehr früh durchgesickert. Es war bekannt, dass viele Gefangene nicht einmal registriert wurden; es war anzunehmen, dass die Leichen der anonymen Toten in einer Art Limbus schwebten, bis der Río de la Plata begann, die mit Handschellen gefesselten, verstümmelten und geschundenen Leichen freizugeben. Das makabre Schauspiel wiederholte sich; der Fluss setzte die Auslieferung seiner mysteriösen Fracht zuverlässig fort.

Die Nachrichten darüber wurden zu einem großen Teil von der ANCLA (Agencia de Noticias Clandestina) verbreitet, der vom Journalisten Rodolfo J. Walsh gegründeten Untergrundagentur. Am 24. März 1977 schrieb Walsh in einem *Offenen Brief eines Schriftstellers an die Militärjunta*, den Gabriel García Marquez für ein meisterhaftes Stück Journalismus hielt:

Fünfzehntausend Vermisste, zehntausend Gefangene, viertausend Tote, Zehntausende von Exilanten – das sind die wahren Zahlen dieses Terrors. Nachdem Ihr die normalen Gefängnisse gefüllt habt, habt Ihr in den wichtigsten Militärbezirken des Landes Orte geschaffen, die man als Konzentrationslager bezeichnen kann und zu denen kein Richter, kein Anwalt, kein Journalist und kein internationaler Beobachter Zutritt hat. Die militärische Geheimhaltung der Verfahren, die vorgeblich für die Ermittlungen notwendig ist, verwandelt die meisten Verhaftungen in Entführungen, die unbegrenzte Folter und Erschießungen ohne Gerichtsverfahren ermöglichen. [...] Auf diese Weise habt ihr der Folter ihre zeitliche Grenze genommen. Da der Verhaftete gar nicht existiert, kann er nicht innerhalb von zehn Tagen vor dem Richter erscheinen, wie es das Gesetz vorsieht, das selbst am Höhepunkt der Repression der früheren Diktaturen respektiert wurde. Zu der fehlenden zeitlichen Beschränkung kommt noch das Fehlen einer Beschränkung in den Methoden, und wir sind in die Zeiten zurückgekehrt, als man sich direkt an den Gliedmaßen und Eingeweiden der Opfer vergriff, nunmehr allerdings geschieht dies mit chirurgischen und pharmakologischen Mitteln, über die die Folterknechte in alten Zeiten nicht verfügten. Das Rad, die Drehbank, das Häuten bei lebendigem Leibe, die Säge der mittelalterlichen Inquisitoren tauchen in den Zeugenberichten über zeitgenössische Einfälle gemeinsam mit der *picana*, dem „U-Boot" und dem Schneidbrenner wieder auf. Durch immer weiter gehende Konzessionen an die Grundannahme, dass das Ziel, die Guerilla zu vernichten, jedes Mittel rechtfertige, seid Ihr bis zur absoluten, zeitlosen, metaphysischen Folter gelangt, wobei der ursprüngliche Zweck, Informationen zu erhalten, in den gestörten Köpfen derer, die diese Folter ausüben, ganz dem Trieb Platz gemacht hat, einem Menschen solang Gewalt anzutun, bis er bricht, und ihm seine Würde zu nehmen, wobei der Peiniger die seine bereits verloren hat, so wie auch Ihr selbst sie verloren habt.[26]

Walsh verschickte den Brief noch am selben Tag, doch keine einzige Redaktion, weder in einer argentinischen Zeitung noch in der ausländischen Presse, veröffentlichte ihn. Am 25. März geriet er, dank der Informationen, die ein Kamerad unter Folter preisgegeben hatte, in einen Hinterhalt. Er ließ sich nicht lebend fassen; er eröffnete mit einer Kleinkaliberwaffe das Feuer. Und so gesellte auch er sich zu den Reihen der *desaparecidos* – nach den Zeugenberichten einiger Gefangener wurde seine von Kugeln durchlöcherte Leiche, wie so viele andere, auf dem Sportplatz der Mechanikschule der Marine verbrannt.

Man sollte nicht glauben, dass die Praxis des gewaltsamen Verschwindenlassens im neuen Jahrhundert aufgegeben worden ist. Die Formen und Modalitäten haben sich geändert, doch das Verschwindenlassen bleibt weithin verbreitet. Amnesty meldete für 2015 über 27 000 Fälle von Verschwindenlassen in Mexiko, in den meisten Fällen durch den Staat. Der Fall der 43 Studenten eines Lehrerseminars in Ayotzinapa, von denen seit September 2014 jede Spur fehlt, hat auch im Ausland für Aufsehen und Empörung gesorgt. Grauenvoll ist auch die Serie von Frauenmorden in Ciudad Juárez, nahe der US-amerikanischen Grenze, Symptome der endemischen Gewalt gegen Frauen.[27] Nur wenige Überreste sind in der Wüste rund um die Stadt gefunden worden.

6. Der globale Gulag der CIA

Die Folter des letzten halben Jahrhunderts trägt die Handschrift der CIA. Es ist Heuchelei, wenn man die von amerikanischen Soldaten in Afghanistan, Guantanamo und im Irak begangenen Misshandlungen so darstellt, als handle es sich um ein Unikum, um ein nie zuvor dagewesenes Fehlverhalten, das sich einige wenige verantwortungslose Personen zuschulden kommen haben lassen, denn das bedeutet, willentlich von einer langen Tradition abzusehen, die sich im Kampf gegen die „kommunistische Subversion" entwickelt hat.

Als sich in Europa der Eiserne Vorhang herabsenkte, wurde unausgesprochen auch der menschliche Geist zu einem der Gebiete der kriegerischen Auseinandersetzung gemacht. Der Spieleinsatz war dabei die *mind control*, die Kontrolle über die Gedanken. Alles begann, dem Historiker Alfred McCoy zufolge, mit dem Aufsehen, das das Schauspiel der öffentlichen Geständnisse während der ersten Sowjetprozesse erregte. Selbst Menschen, die als mutig gegolten hatten, beugten sich ohne Widerstand. Mit einem Mal wurde klar, dass die wirksamsten Techniken nicht diejenigen waren, die sich physischer Gewalt bedienten, sondern diejenigen, die auf die Psyche abzielten. Im Jahr 1950 lancierte die CIA das äußerst kostspielige Geheimprojekt MKUltra, mit dem Ziel, das menschliche Bewusstsein zu erforschen und extreme Kontrollmethoden zu entwickeln: von der Hypnose bis hin zu halluzinogenen Drogen (insbesondere LSD), von Elektroschocks bis hin zum sensorischen Entzug. Ärzte, Forscher und Wissenschaftler waren daran beteiligt, und auch renommierte Krankenhäuser, angesehene Universitäten sowie natürlich die Streitkräfte leisteten ihren Beitrag. Da die CIA der führende Nachrichtendienst war, konnte sie auf enorme Ressourcen zurückgreifen und kompromittierte schließlich die gesamte amerikanische Gesellschaft. Sie verzichtete auch nicht darauf, sich das Fachwissen der Nazi-Ärzte zunutze zu machen, darunter Kurt Plötner, der in Dachau an jüdischen Gefangenen mit Meskalin experimentiert hatte. Der Spionagekrieg gegen die Sowjetunion lief über die Kontrolle der Gehirne.

Dies stellte eine regelrechte Zeitenwende in der grausamen Wissenschaft des Schmerzes dar. Die psychologische Folter wurde zur Geheimwaffe der NATO gegen den Kommunismus, und die kognitive Psychologie war dabei die dienstbare Magd der Staatssicherheit. Das neue Paradigma kombinierte zwei Methoden: *sensory desorientation*, sensorische Desorientierung, und *self inflicted pain*, selbst zugefügter Schmerz. In jahrelanger Praxis verfeinert, erlaubten sie die Vervollkommnung einer Synergie, deren Ergebnis die existenzielle Verwirrung ist.

Dies wurde durch die Resultate deutlich, die mit diesen Methoden bei den Opfern der vom Regime von Augusto Pinochet verübten Folterungen erzielt wurden. Der chilenische Psychiater Otto Doerr-Zegers[28] führte zahlreiche Symptome, von Angstzuständen bis hin zu Paranoia, in manchen Fällen irreversibel, auf die neuartige Phänomenologie der Folter zurück, die sich mittlerweile abzeichnete. Er sprach von einem „totalen Theater", bei dem die Folterknechte die Darsteller in einer fiktiven Intrige waren, welche, auf einer Bühne mit spezieller Beleuchtung, Toneffekten und überraschenden Wendungen vorgetragen, in der Zerstörung des Opfers gipfelte.

Während sich Drogen als unwirksam erwiesen, war das von der CIA finanzierte Experiment des kanadischen Psychologen Donald O. Hebb an der McGill-Universität in Montreal, das die verheerenden Auswirkungen des sensorischen Entzugs zeigte, entscheidend. Nicht weniger bedeutend war die Entdeckung des selbst zugefügten Schmerzes – zum Beispiel in einer Stresshaltung –, bei dem der Wille zum Widerstand verloren geht, weil das Opfer sich selbst als Ursache des eigenen Leidens wahrnimmt.

Die CIA sammelte und kodifizierte die Ergebnisse dieser Forschungen in dem Handbuch *Kubark Counterintelligence Interrogation*, später schlicht *Kubark* genannt (ein Name im CIA-Code), das 1963 erstellt und jahrelang in sämtlichen Ländern der amerikanischen Einflusssphäre verbreitet wurde.[29] Ein weiteres Handbuch für Verhöre war das *Human Resource Exploitation Training Manual*, das die CIA 1983 an die Behörden in Honduras weitergab. Das dritte solche Handbuch stellen schließlich die Anweisungen für die Behandlung von Gefangenen dar, die 2003 von General Ricardo Sanchez, dem Befehlshaber der US-Streitkräfte im Irak, verfasst wurden.

Diese Handbücher, insbesondere das *Kubark*, anhand dessen die CIA ganze Generationen von Folterern ausbildete, trugen entscheidend zur beinah flächendeckenden und unkontrollierten Verbreitung der Folter in Asien, Afrika und Lateinamerika bei. Allein 1971 wurden mehr als eine Million Agenten in 47 Staaten ausgebildet. Dies ermöglichte die direkte Einbindung der CIA in die Außenpolitik, vor allem mit dem unter Präsident Kennedy ins Leben gerufenen und 1967 gegen den Vietcong erprobten Programm Phoenix. Enorm war der Einfluss dieser Handbücher in Lateinamerika, wo die Diktaturen die extremen Techniken, die sie anwandten, direkt von der amerikanischen Demokratie übernommen hatten. Die Folter blieb auch der Eckpfeiler der Strategie, die die CIA im Rahmen des streng geheimen „Project X" verfolgte, dessen Dokumentation vom Pentagon vollständig vernichtet worden ist. Hervorzuheben ist die systematische Doppelzüngigkeit, mit der einerseits das US-Militär offiziell auf Folter verzichtete, wie es die Genfer Konvention und das *Field Manual*, das Militärhandbuch, vorschrieben, andererseits jedoch die CIA durch die Erprobung und Verbreitung neuer Methoden gegen sämtliche Folterverbote verstieß. Während die Vereinigten Staaten sich auf der internationalen Bühne als Beschützer der Menschenrechte präsentierten, folgte Amnesty International den Spuren der CIA, um die Folter hinter den Kulissen aufzudecken und sie anzuprangern.

Die Techniken wiederholten sich in unleugbarer Kontinuität, die Methoden verfeinerten sich, während der globale Gulag der CIA ausgeweitet und gefestigt wurde, eine Herrschaft, die um den Angelpunkt der Folter kreiste und sich durch alte Verbindungen, gefestigte Allianzen, gemeinsame Gefängnisse, vor allem jedoch mithilfe des Bandes der Geheimhaltung und der gemeinsamen Sprache der Gewalt konstituierte.

Auf all das kann die CIA nach dem 11. September rechnen. Wenn die Folter zur wichtigsten Waffe im „Krieg gegen den Terror" geworden ist, so ist das dem globalen Gulag der CIA zu verdanken. Die einzige Schwierigkeit besteht darin, dass der Geheimdienst ehemals in der Lage war, Kollaborateure zu rekrutieren, dass dies aber im Kampf gegen die Dschihadisten fast unmöglich wird. Daher die Zuspitzung von grausamen Praktiken, die Auslagerung der Folter an Drittländer und die Beteiligung zahlreicher Staaten an der *extraordinary rendition* (außerordentlichen Überstellung).[30] Die Bilanz der ersten beiden Jahre des „Kriegs gegen den Terror" wird von McCoy folgendermaßen zusammengefasst:

Fast 14 000 irakische Sicherheitshäftlinge, die groben Verhören unterzogen wurden, oftmals mit Folterung; 1100 „wertvolle" Gefangene, die in Guantanamo und Bagram unter Anwendung systematischer Folter vernommen wurden; 150 außergesetzliche Überstellungen von Terrorverdächtigen an Staaten, die für ihre Grausamkeit bekannt sind; 68 Gefangene, die unter verdächtigen Umständen zu Tode kamen; 36 hochrangige, mit Al-Qaida affiliierte Gefangene, die jahrelang von der CIA schwer gefoltert wurden; 26 Gefangene, die während des Verhörs ermordet wurden, mindestens vier davon von der CIA.[31]

7. Guantanamo. Das Lager des neuen Jahrtausends

Orange, eine an sich leuchtende und fröhliche Farbe, ist in den letzten Jahren zum Symbol der Folter geworden. Der kollektiven Vorstellungswelt haben sich die Fotos von Männern in orangefarbenen Anzügen eingeprägt, in eisernen Käfigen kauernd, in eingesunkener Haltung: Es handelt sich um die Terrorverdächtigen, die „illegalen Kombattanten", die von der US-Regierung im Lager Guantanamo auf Kuba festgehalten werden. Weiß gekleidet sind diejenigen, die ein „positives Verhalten" an den Tag legen, indem sie ihre vergangenen Fehler durch Kooperation abbüßen. Sie haben das dichtmaschige Metallgitter und das schwere grüne Nylonband hinter sich gelassen, die das Camp 4, den Trakt der „Privilegierten", von den Metallkäfigen des berüchtigten Camp X-Ray trennen, das später in Camp Delta umbenannt wurde, dem Sarkophag der Orangenen.

Guantanamo ist zur Metonymie des Lagers im neuen Jahrtausend geworden, zur Hyperbel der unbefristeten Inhaftierung, es stellt den Endeffekt des Ausnahmezustands, die abgelegene, doch entscheidende Front im Krieg gegen den Terror dar. Dabei ist *Gitmo*, wie die Abkürzung im Militärcode lautet, nur die Spitze des Eisbergs, das größte und bekannteste Lager im globalen Gulag der CIA. Über noch geheimere Lager, wie jenes, das auf dem US-Luftwaffenstützpunkt Bagram in Afghanistan eingerichtet wurde, ist wenig bekannt, und von anderen wird man vielleicht nie erfahren.

Guantanamo wurde am 11. Januar 2002 in Betrieb genommen. Genau vier Monate waren seit dem Anschlag auf die Twin

157

Towers vergangen. In Amerika hatte die Folterdebatte bereits zu ersten Resultaten geführt: Man konnte offen über dieses geringere Übel sprechen, auf das man im Notfall zurückgreifen dürfe. Weite Teile der öffentlichen Meinung gelangten allmählich zu der Überzeugung, dass Gewalt gegen einen Einzelnen angemessen sei, um Gewalt gegen viele zu verhindern. Dies umso mehr, als sich eine Unterscheidung zwischen Folter und Zwang durchsetzte und viele, darunter auch *liberals*, es als vernünftig und nicht etwa als heuchlerisch ansahen, Informationen von einem Terroristen durch Zwang zu erhalten, wie der Journalist Marc Bowden später erklärte.[32] Im Übrigen hatte Bush bereits am 13. November 2001 das Schicksal der „ungesetzlichen Kombattanten" dekretiert, für die, ohne Verurteilung verurteilt, ausgewiesen und doch festgehalten, eine stählerne Gefangenschaft vorgesehen war, um sie der dunklen Kunst des „Zwangsverhörs" zu unterwerfen. Alles, was noch zu tun blieb, war, einen abgelegenen, jedoch gut erreichbaren Ort auf der Landkarte ausfindig zu machen, außerhalb der Gerichtsbarkeit, aber kontrollierbar, eine amerikanische Basis in einem fremden Land. Die Wahl fiel auf Guantanamo Bay.

Die ersten zwanzig Terrorverdächtigen wurden in der Nacht des 11. Januar 2002 vom „Flug 01" aus Bagram abgeladen. Zwei Tage später stiegen weitere dreißig Personen aus dem „Flug 02". Eine Liste der Ankünfte und der äußerst seltenen Abgänge ist auf der Website der Joint Task Force Guantanamo veröffentlicht.[33] Der Höchststand wurde im Jahr 2003 mit 680 Insassen erreicht, die 42 Nationalitäten angehörten und 19 Sprachen sprachen. Danach ging die Zahl allmählich zurück. Im Jahr 2011 gab es noch 172 Gefangene. Trotz des umstrittenen Schließungsplans, der, 2009 von der Obama-Regierung angeordnet, zu einigen wenigen Rückführungen und zahlreichen Verlegungen führte, befinden sich heute nach wie vor circa neunzig Häftlinge in Guantanamo.[34]

So beschrieb Muhammad Naim Faruq, der dort mehrere Monate interniert war, seinen Flug in die Bucht:

Ich war in Afghanistan gefangengenommen worden, und irgendwann wurde uns gesagt, dass man uns an einen Ort bringen würde, der uns unbekannt bleiben sollte. Ich glaube, es war um die Mitte des Jahres 2002. Wir wurden in ein Flugzeug verladen. Mir wurde eine Kapuze übergezogen, und ich wurde mit Handschellen hinter dem Rücken gefesselt. Die Fesseln waren so eng, dass meine Handgelenke nach ein paar Stunden zu bluten begannen. Ich erinnere mich, dass viele meiner Kameraden während des Fluges zu weinen begannen, als hätten sie den Verstand verloren.[35]

In Guantanamo steht die Zeit durch jene unbefristete Inhaftierung still, die Judith Butler besonders betont hat.[36] Die Folter ist bereits den Umständen des Alltags eingeschrieben. Die Zelle ist ein Käfigmodul von 1,8 mal 2,32 Metern, ein Stahlquader, der an allen vier Seiten offen und nur oben mit Stahlbeton und Blech verschlossen ist; das Bett ist ein Eisengitter, das einen guten Teil des Käfigs einnimmt. Maximale Isolation, völlige Ausgesetztheit, keinerlei Intimität, nicht einmal in den privatesten Momenten. Den Käfig darf man neunzig Minuten pro Woche verlassen, doch erst, nachdem man einen Ledergurtel angelegt hat, an die Taille festgeschnallt durch Ringe, die an zwei Meter langen Ketten befestigt sind, mit denen Knöchel und Handgelenke gefesselt werden.[37]

In diesem Menschenzoo, wo alles verboten ist, herrscht zermürbende Depression, reibt die Leiber auf und höhlt die Seelen aus. Ein ständiger Stab von Psychiatern verabreicht Psychopharmaka. Die Verdammten in den orangefarbenen Overalls werden am Leben gehalten – ob sie es wollen oder nicht –, aufgrund der Informationen, die sie liefern könnten. Manche versuchten, sich das Leben zu nehmen, indem sie die Nahrungsaufnahme verweigerten. Andere haben versucht, sich zu erhängen. Doch der Käfig ist zu niedrig, und selbst wenn es gelingt, den Kopf in die aufgehängte Schlinge zu stecken, schafft man es nicht, zu sterben; man bleibt hängen, in Zuckungen, die unauslöschliche Spuren hinterlassen. In fensterlosen Betonkasematten, in denen das elektrische Licht niemals gelöscht wird, wurden die „Zwangsverhöre" an den Al-Qaida-Verdächtigen durchgeführt. Selbstverständlich keine Folter. Allerdings zehn „harte" Methoden, darunter das *waterboarding*, in der von der CIA vorgesehenen Form. Der Gefangene wird, mit den Füßen nach oben und dem Kopf nach unten, an ein schräges Brett gefesselt, wobei auch Arme und Beine fixiert werden; Wasser, das ihm in den Rachen geschüttet wird, verursacht Schmerzen und das Gefühl zu ertrinken. Den Befehlshabern in Guantanamo wurde die Erlaubnis erteilt, während der Verhöre bis zu acht Stunden lang die *stress position* anzuwenden; sie konnten Augenbinden oder Kapuzen verwenden, zwanzigstündige Verhöre durchführen und Isolationshaft von bis zu dreißig Tagen verhängen; sie durften die Gefangenen extremer Kälte oder Hitze auszusetzen; waren bevollmächtigt zur Unterbrechung ihrer Schlafzyklen, zum Einsatz von Hunden, zu ärztlich überwachter sensorischer Deprivation, zu Techniken zur „Ego-Herabsetzung", unter anderem durch sexuelle Schmähungen oder Verhöre durch weibliche Vernehmungsbeamte. Grauenvoll sind auch die wenigen Berichte über Verhöre, die im Hangar von Bagram nahe Kabul durchgeführt wurden.

Generalleutnant Geoffrey D. Miller, der von November 2002 bis April 2004 das Kommando in Guantanamo innehatte und von Donald Rumsfeld beauftragt wurde, das irakische Gefängnis Abu Ghraib zu „gitmoisieren" [*gitmoize*], wird von Human Rights Watch beschuldigt, bei der Folterung von Gefangenen Kriegsverbrechen begangen zu haben.

8. Abu Ghraib. Die Fotos der Schande

Am 28. April 2004 strahlt die CBC-Sendung *60 Minutes II* eine große Zahl von Digitalbildern aus, die aus dem Gefängnis Abu Ghraib im Irak stammen. Die Fotos, irgendwo zwischen sexuellem Missbrauch und Folterung angesiedelt, zeigen Gefängniswärter, sowohl Männer als auch Frauen, die ihre grausamen Handlungen offensichtlich genießen. Das geht so weit, dass sie sich in Pose werfen und so ihre abscheuliche Trophäe als Andenken für alle Ewigkeit fixieren.

Auf einem Foto sind amerikanische Soldaten lächelnd auf einem Stoß von nackten, mit Kapuzen vermummten Gefangenen verewigt. Auf einem anderen führt eine Soldatin einen Gefangenen an einer Leine herum. Dann wieder laufen Fotos von Gefangenen über den Bildschirm, die von bösartigen, angriffsbereiten Schäferhunden umzingelt sind, pornografische Bilder, auf denen junge Häftlinge gezwungen werden, vor einer Soldatin zu masturbieren, die mit angezündeter Zigarette zufrieden High Five gibt. Unter den vielen Bildern sind es vor allem zwei, die weltweit Empörung hervorrufen. Das von Corporal Graner aufgenommene Foto, auf dem Special Agent Sabrina Harman, über den gefolterten und in Eis eingewickelten Leichnam von Manadel al-Jamadi gebeugt, spöttisch in die Kameralinse blickt und das Thumbs-Up-Zeichen macht. Das zweite Foto, das bald zur Ikone wurde, zeigt, wie eine Simulation zur psychologischen Folterung eingesetzt wird: Ein Gefangener, dem eine Kapuze über den Kopf gezogen wurde, steht auf einer Kiste, seine Arme sind ausgestreckt und an seinen Fingern sind elektrische Drähte befestigt. Bei diesen Drähten, die von unterhalb der Kapuze nur teilweise zu erkennen waren, handelte es sich um falsche Elektroden, die lediglich dazu dienen sollten, Angst zu erzeugen. Hätte der Gefangene die Arme sinken lassen – so hatte man ihm eingeredet –, dann wäre ihm ein möglicherweise tödlicher Stromschlag versetzt worden.

Dies waren also die Erfolge der glorreichen Mission, mit der die Bush-Regierung die amerikanische Armee betraut hatte, um dem Irak die Demokratie zu bringen und das Land von dem Tyrannen und Folterer Saddam Hussein zu befreien. Während die Spitzen der Streitkräfte sofort eilig versicherten, dass diese „Misshandlungen" das Werk „einiger weniger fauler Äpfel" wären, erklärte Verteidigungsminister Donald Rumsfeld: „Ich habe nicht die Absicht, das Wort ‚Folter' zu akzeptieren".[38] Susan Sontag dagegen forderte in ihrer Antwort auf Rumsfeld die Verwendung des Wortes „Folter" für diese Handlungen ein.[39]

Die Fotos öffneten jedenfalls die Büchse der Pandora und brachten zahllose weitere Fälle von Misshandlungen, Folterungen und Morden ans Licht, die nicht nur in Abu Ghraib, dem Gefängnis westlich von Bagdad und nur wenige Kilometer von Falludscha entfernt, sondern im gesamten Militärgefängnissystem im Irak verübt wurden. Damit kam endgültig ans Licht, was bereits zum Teil vermutet worden war: dass die Verhöre der Gefangenen von zivilen *contractors* der Titan Corporation, unterstützt von Übersetzern, durchgeführt wurden; dass es das FBI, die CIA und andere, in völliger Anonymität operierende Sektoren der Geheimdienste waren, die innerhalb der Strukturen den Wachen der Militärpolizei

Befehle erteilten und die Kontrolle über alles, was in Abu Ghraib geschah, innehatten. Es wurde außerdem das Vorhandensein sogenannter *ghost detainees* bestätigt, also von „Geisterhäftlingen", die wegen der Informationen, die sie liefern könnten, als bedeutend angesehen wurden. Die *ghost detainees*, deren Zahl von der CIA nie bekannt gegeben wurde, wurden nicht offiziell registriert, sodass, wenn sie ein Zwangsverhör nicht überlebten, die Leiche entsorgt werden konnte und keine Spur von ihnen zurückblieb.

Laut Aussage des Soldaten Ivan Frederick, genannt Chip, geschah eben dies mit dem Iraker Manadel al-Jamadi, der am 4. November 2003 in Bagdad gefangengenommen wurde. Er wurde nach Abu Ghraib gebracht, wo er während des Verhörs geschlagen und an einem Haken aufgehängt wurde. Er erstickte. Daraufhin wurde er, um die Verwesung zu verhindern, in Eis eingepackt – daher der Spitzname „Eismann" –, während ein CIA-Agent ihm eine Infusionsnadel in die Armvene einführte und ihn ins Krankenhaus transportieren ließ, so als wäre er noch am Leben. Es wurde behauptet, er habe einen Herzinfarkt erlitten. Man hätte nichts mehr weiter von ihm gehört, hätte nicht Corporal Graner, bevor der „Eismann" aufgetaut wurde, jene Fotos gemacht, die bald darauf, so mühelos und rasch, wie die digitale Macht es heute möglich macht, im Netz landeten. Es mangelt nicht an Präzedenzfällen für solche Fotos, die sich Henkersknechte gewissermaßen als Trophäen schossen, etwa jene von Brownings „gewöhnlichen Männern". Doch bei den Bildern aus Abu Ghraib fällt, neben ihrem Exhibitionismus, vor allem die Dreistigkeit der Soldatin Lynndie England auf, deren fröhliche Anmaßung in einem so dramatischen Widerspruch zu diesem Ort der Grausamkeit und des Leidens steht. Die „lächelnden Folterknechte" machen die „schmutzige Farce" der Folter noch unerträglicher.[40]

Schikanen, Vergewaltigungen, sadistische Spiele und sexuelle Gewalt gehörten in Abu Ghraib zum Alltag. Den Gefängniswärtern wurde der Eindruck vermittelt, dass Verhaltensmuster und -normen durchbrochen werden dürften. Vor allem aber wurden sie darauf abgerichtet, die Gefangenen wie Tiere zu behandeln. „Man sagte zu uns: Das sind nur Hunde. Und so setzt sich dann dieses Bild in deinem Kopf fest", berichtete Ken Davis, ein Nacht-

162

schichtwächter, „und plötzlich betrachtest du diese Leute, als wären sie weniger menschlich, und du tust Dinge, an die du nie im Traum gedacht hättest".[41]

Das Internationale Komitee des Roten Kreuzes beschuldigte direkt das Verteidigungsministerium. In seinem umfassend dokumentierten Buch *Torture and Truth* zeigte Mark Danner die Verstrickung des Verteidigungsministers Donald Rumsfeld auf.[42] Die Organisation Human Rights Watch erhob in einem im April 2005 vorgelegten Bericht mit dem Titel *Getting away with Torture?* gegen Präsident Bush und seine Berater den Vorwurf, mithilfe von akrobatischen Sprachverrenkungen faktisch die Folter gebilligt und sich für ihre Unverzichtbarkeit als Waffe im „Krieg gegen den Terror" verbürgt zu haben.

Es ist inzwischen klar, dass Folter und Misshandlungen nicht nur in Abu Ghraib, sondern auch in Dutzenden anderen Gefängnissen auf der ganzen Welt stattgefunden haben, dass die Misshandlungen in vielen Fällen zum Tod oder zu schweren Verletzungen geführt haben und dass viele der Opfer Zivilisten ohne jede Verbindung zu Al-Qaida oder zum Terrorismus waren. [...]. Solange nicht jene, die diese illegale Politik geplant oder genehmigt haben, zur Rechenschaft gezogen werden, sind alle Beteuerungen der Abscheu gegenüber den Fotos aus Abu Ghraib, die von Präsident George W. Bush und anderen geäußert wurden, bedeutungslos.[43]

Nur sehr wenige wurden allerdings für die Misshandlungen und Folterungen in Abu Ghraib zu Verantwortung gezogen. Die großen Architekten kamen ungeschoren davon.

9. Frauen und sexuelle Gewalt

Sexuelle Tätlichkeiten begleiten die grausamen Schikanen, sie stellen unfehlbar den Bass dar, der den Rhythmus der Folter skandiert. Von ihren gewaltsamsten Formen bis hinunter zur Drohung, zur Beleidigung oder Verhöhnung – sie rühren an die Würde des Opfers und stärken die Macht des Folterers. Dieser Herr über das Fleisch kann seine eigenen Triebe befriedigen, während er einem Körper, der ihm zur Verfügung steht, Schmerzen zufügt. Allein die

Nacktheit, der Bruch von Tabus, das Überschreiten von Grenzen, die für den Gefolterten moralische Barrieren und Schranken darstellen, können irreversible Traumata sein.

Im Allgemeinen hat die sexuell geprägte Folter eine explizite und scharf markierte Bedeutung. Oft nimmt sie sich erzieherische Ziele zum Vorwand, so als würde das Verdrehen [*torcere*] ein Geraderichten und Umerziehen bedeuten. Der emblematischste Fall ist jener der Homosexualität. Human Rights Watch veröffentlichte im Jahr 2009 einen Bericht über Misshandlungen an Homosexuellen im Irak.[44]

Frauen sind die bevorzugten Opfer sexueller Gewaltakte, wenn auch nicht die einzigen. Ins Visier geraten oft besonders exponierte Frauen, etwa die Leiterinnen von Oppositionsbewegungen, Freiwilligenorganisationen und Menschenrechtsverbänden – weil intellektuelle und politische Unabhängigkeit eine Herausforderung an die Autorität darstellt, die bestraft werden muss.

Folter an Frauen erfolgt beinah immer in der Gestalt einer Vergewaltigung. Üblicherweise gehen dieser Gewalt verbale Beleidigungen und Beschimpfungen voraus, Leibesvisitationen, vulgäre und peinliche Akte oder demütigende Behandlungen; Ähnliches folgt auch als Nachspiel. Im Englischen wird der Begriff *battering* verwendet, um das Spektrum dieser qualvollen und leicht zu verbergenden Praktiken zu bezeichnen.[45] Anzeigen wegen Vergewaltigungen werden nicht selten vorschnell abgeschlossen oder gleich fallen gelassen. Weil die Frau gewissermaßen die Schuld daran trägt, ihre eigene Reinheit beschmutzt zu haben. Auf diese Weise wird dem Opfer auch noch seine Opferrolle genommen.

Zumindest zwei Punkte sind hier zu präzisieren. Erst im Laufe der letzten Jahrzehnte hat das Opfer sein Gewicht in der Geschichte erhalten. Nachdem es früher einfach abgeschrieben wurde, ist die Perspektive des Opfers mit der Zeit und nach zahlreichen Kämpfen nun zu einem zentralen Anliegen geworden. Damit ist auch die Grenze zwischen öffentlichem und privatem Raum durchlässig geworden. Dort, wo das Opfer eine Stimme erhält, stellt es im Allgemeinen die Forderung, dass auch die Gewalt, die es im Privaten erleidet, öffentlich bekämpft werde. Die Gewalt, die in der Vergangenheit verharmlost und als bloß privat angesehen wurde, wird somit öffentlich gemacht und erheischt die Ausweitung der staatlichen Kontrolle.[46] Damit wird es sehr schwierig, zwischen öffentlicher und privater Gewalt zu unterscheiden. Wenn ein Soldat oder Polizist einer Frau Gewalt antut, die von ihm in Gewahrsam gehalten wird, dann gibt es allerdings keine Zweifel, dass es sich um einen Folterakt handelt, für den der Staat verantwortlich ist. Die immer umfassendere und intensivere Sexualisierung im letzten Jahrhundert hat ebenfalls dazu beigetragen, die Grenze zwischen Öffentlichem und Privatem zu verwischen. Dies gilt selbstverständlich auch für die Folterung von Frauen. Nicht immer jedoch hatten die Schikanen sexuellen Charakter.

Die revoltierende Frau, ketzerisch, unfügsam, widerspenstig, wird von Michelet meisterhaft beschrieben, nämlich als Hexe in ihrer nächtlichen Schattenexistenz, ihrer gespenstischen Erscheinung.[47] Eine Erfindung. Ebenso wenig greifbar ist das Verbrechen der Hexerei, irgendwo zwischen Sakrileg und Magie angesiedelt, für das Folter vorgesehen ist und das die allerstrengste Bestrafung erfordert. Vier Jahrhunderte lang, beginnend mit dem Ende des 14. Jahrhunderts, überziehen die Hexenprozesse in unterschiedlicher Häufigkeit das moderne Europa und erschüttern es zutiefst. Ehelose, Alte, Arme, Witwen, Fremde, Außenseiterinnen – Frauen, die der Hexerei beschuldigt werden, werden nach den Regeln des *Malleus maleficarum*, des „Hexenhammers", gefoltert, der 1487 von zwei deutschen Dominikanern veröffentlicht wurde.[48] Als minderwertig, böse, der Sünde zugeneigt – gemäß der irrigen Etymologie, der zufolge sich *femina* von *fe* + *minus*, minderer Glaube, ableitet – muss die Frau, obwohl sie eigentlich unzuverlässig ist, der Folter unterzogen werden, damit sie diese sonst unbeweisbare und unerklärliche Sünde gesteht. Das Geständnis der Hexe ist also der Königsbeweis. So nimmt das Justizsystem immer mehr inquisitorische Züge an. Die Hexerei verlangt nach der Folter und die Folter gibt ihrerseits der Hexerei Nahrung, in einem ungebrochenen Kreis.[49] Um das *stigma diaboli* zu beseitigen, genügt es jedoch, ein glühendes Eisen zu verwenden, und um die Hexe loszuwerden, reicht es, wenn man sie auf dem Scheiterhaufen verbrennt. Weder Vergewaltigung noch sexuelle Gewalt sind dazu erforderlich. Im Gegenteil, der Körper der Hexe ruft Schrecken und Abscheu hervor.

Im Gegensatz dazu wird im Zeitalter der Sexualisierung die Vergewaltigung zu einem Mittel, Macht über den weiblichen Körper auszuüben, ja sie steigt sogar zu einer Kriegswaffe, zu einem Werkzeug des Terrors auf. Nicht, dass es diese archaische Form von Gewalt in den vergangenen Jahrhunderten nicht gegeben hätte. Neu in den letzten zwei Jahrzehnten ist jedoch der systematische Charakter der Vergewaltigung, die in den Kriegen in Jugoslawien und während der Verfolgung der Tutsi in Ruanda zur Massengewalt wurde.[50]

Das Phänomen trat während des Ersten Weltkriegs auf, als, bereits an der Balkanfront und später beim Völkermord an den Armeniern, mit der zunehmenden Verwicklung wehrloser Zivilisten die Gewalt gegen Frauen explodierte. Eines der düstersten Kapitel der jüngeren Geschichte sind die Massenvergewaltigungen durch die kaiserliche japanische Armee während der Besetzung von Nanking im Jahr 1937; diese Welle von Übergriffen und brutaler Gewalt war das unmittelbare Ergebnis eines seit Generationen überlieferten ethnischen Hasses. Während es auch im Laufe des Zweiten Weltkriegs immer wieder zu Massenvergewaltigungen kam, nahm deren Zahl in der Nachkriegszeit zu. In Bosnien und Herzegowina führten serbische Milizen den Krieg auch mittels „ethnischen Vergewaltigungen", in der Absicht, den Feind zu demütigen und ihn mithilfe von Blendlingskindern zu demoralisieren. Die Vergewaltigung wurde damit zum Symbol des männlichen Sieges eines stärkeren und tapfereren Volkes über ein schwächeres, das seine Frauen nicht verteidigen konnte. Zwischen 1992 und 1993 tauchten erstmals Vergewaltigungslager auf, die der „ethnischen Säuberung" dienen sollten und sich deutlich von den Lagern der Nazis unterschieden, die getreu dem Grundsatz der Geburt und des völkischen Staates nie auf die Idee gekommen sind, jüdische Frauen zu schwängern. Daraus ergibt sich der entscheidende Bruch hinsichtlich der Lager, den viele übersehen, über den zu reflektieren Agamben jedoch anregt.[51] In Bosnien hat die Vergewaltigung die Bedeutung einer genetischen Eroberung angenommen, der Einschreibung des anderen Lebens in den eigenen *éthnos*.

In ihren vielfältigen Formen, die – wie Joanna Bourke feststellte[52] – eine starre Definition sehr schwierig machen, hat die

Vergewaltigung so weite Verbreitung erlangt, dass sogar die Blau-
helme der UN sich ihrer in mehreren Fällen schuldig gemacht
haben.[53]

10. In den Händen des Stärkeren

In ihren vielfältigen, oft verdeckten Formen erscheint die Folter
auch außerhalb von Kriegsszenarien, sie lauert in den „totalen
Institutionen" – im Sinne von Goffman[54] – und schwebt drohend
über allen Internierungseinrichtungen, wo ein wehrloser Mensch
sich in den Händen eines Stärkeren befindet: in Hochsicher-
heitsgefängnissen, Strafanstalten, psychiatrischen Abteilungen, in
Flüchtlingslagern, Krankenhäusern, Hospizen, Behindertenzentren, in Einrichtungen für Minderjährige und Waisenhäusern.
Unweigerlich stellt sich die Frage nach der Verantwortung der
Ärzte. So abwegig es auch sein mag, da die hauptsächliche Aufgabe
der Medizin doch eine therapeutische sein sollte, kommt man leider nicht umhin, nicht nur die Mitwisserschaft, sondern auch die
direkte und aktive Beteiligung von Ärzten an der Folter zu unter-
streichen, und zwar ebenso in den düstersten Fällen, wie den in
den Konzentrationslagern an jüdischen Patienten durchgeführten
Experimenten, deren Ergebnisse die deutsche Wissenschaft auch
nach dem Krieg nutzte, wie auch in den weniger bekannten und
leichter zu verbergenden Fällen, wie der pharmakologischen Folter
an Gefängnisinsassen. Die *Deklaration von Tokio*, die im Jahr 1975
unter anderem bekräftigte, dass „ein Arzt die Anwendung der Folter oder anderer grausamer, unmenschlicher oder erniedrigender
Verfahren weder begünstigen oder tolerieren noch sich daran be-
teiligen darf, unabhängig von dem Vergehen, dessen das Opfer
verdächtigt, angeklagt oder für schuldig befunden wird", brachte
kaum einen wirklichen Nutzen.
Der Film *Der Tod und das Mädchen* aus dem Jahr 1994, bei
dem Roman Polański Regie führte, spielt in einem nicht näher
bezeichneten Land in Lateinamerika. Die Handlung basiert auf
dem gleichnamigen Theaterstück von Ariel Dorfman, einem in
Buenos Aires geborenen und bis zum Putsch in Santiago de Chile

167

lebenden Schriftsteller, dessen Eltern russische Juden aus Odessa waren. Höhepunkt des Dramas ist die Konfrontation zwischen Paulina Salas, die während der Diktatur gefoltert worden ist, und dem Arzt Roberto Miranda, in dem sie – an seiner Stimme – ihren Peiniger wiedererkennt. Miranda wird zu einem Geständnis gezwungen:

Die volle, reine Wahrheit ist, es war aus humanitären Gründen. Wir sind im Krieg, dachte ich, sie wollen mich und meine ganze Familie umbringen, sie wollen eine totalitäre Diktatur errichten, aber trotzdem, sie haben dennoch ein Recht auf eine Form medizinischer Versorgung. Langsam, fast ohne dass es mir bewusst wurde, fand ich mich mit delikateren Aufgaben betraut, sie holten mich zu Sitzungen, wo es an mir war zu entscheiden, ob der Gefangene so viel Folter, so viele Stromschläge aushalten konnte. Anfangs sagte ich mir, es sei eine Möglichkeit, Leuten das Leben zu retten, und ich tat es auch, viele Male sagte ich ihnen – ohne dass es der Wahrheit entsprach, nur um der gefolterten Person zu helfen –, befahl ich ihnen, aufzuhören, oder der Gefangene würde sterben. Aber dann begann ich zu – nach und nach wandelte sich die Verpflichtung, die ich anfangs fühlte, in eine Art Erregung – nach und nach fiel die Maske der Moral, und mehr und mehr ergriff mich diese Erregung, die mich hinderte zu sehen, was ich eigentlich tat, mich in einen Sumpf von – Zu der Zeit, als Paulina Salas gebracht wurde, war es bereits zu spät. Zu spät … zu spät. Eine Art – Brutalisierung hatte mich ergriffen, ich begann, wirklich und wahrhaftig Gefallen an dem zu finden, was ich da tat. Es wurde ein Spiel. Meine Neugier war teils morbider, teils wissenschaftlicher Natur. Wieviel kann diese Frau aushalten? Mehr als die andere?[55]

Doch Machtmissbrauch und die Anwendung von Gewalt prägen auch das, was Franco Basaglia als „Friedensverbrechen" bezeichnet hat, also jene legalen Verbrechen – ein Oxymoron, das ihre ganze Widersprüchlichkeit deutlich macht –, die von den Technikern des praktischen Wissens begangen werden, in erster Linie von Psychiatern, deren Aufgabe es ist, die Devianz zu disziplinieren, Konsens zu erzwingen und die öffentliche Ordnung zu reglementieren.[56] Wissenschaftliche Theorien dienen dazu, diese Praktiken zu rechtfertigen. Und jeder Zweifel diesbezüglich ist aus dem Weg zu räumen: Dieser Techniker kann auch der Intellektuelle in seiner Funktion als Diener des Konsenses sein, ob er sich dessen bewusst ist oder nicht. Basaglia schreibt:

Nun ist es nicht ganz ohne Bedeutung, daran zu erinnern, dass in den letzten zweihundert Jahren die Folter in den „zivilisierten" Ländern offiziell, als Staatsräson, verschwunden ist. Die über Vollmachten, Delegierte, Funktionäre und Ideologieproduzenten wirksamen Formen der Kontrolle waren offenbar ausreichend, um die Ordnung zu garantieren. Nur in den Ländern, in denen die falsche Bedürfnisfreiheit, die die industrielle Entwicklung darstellt, noch unbekannt war und wo man um die Vorteile des Gebrauchs der Humanwissenschaften und der Ideologien als Form der sozialen Kontrolle noch nicht wusste, wurde illegal Folter praktiziert, mit allen Merkmalen des „Unzivilisierten".

Doch zweihundert Jahre später scheint es, als habe das „Unbehagen in der Zivilisation" die Folter an allen möglichen Orten wiederauferstehen lassen. Das Erstaunlichste ist dabei, dass es sich um eine präventive Folter handelt, bei der Menschen gefoltert und getötet werden, die nichts zu gestehen haben, es sei denn ihre Weigerung, sich massakrieren, vernichten und töten zu lassen. Eine Folter, die ausgeübt wird, um bedingungslose Zustimmung, passive Akzeptanz, eine Anpassung an eine immer starrere und enger gefasste Norm zu erreichen, die immer weniger den Bedürfnissen derjenigen entspricht, die sich ihr unterwerfen müssen. Die *Staatsräson* setzt sich gegen den letzten Rest des Humanismus durch, und die Gewalt scheut nicht länger davor zurück, sich als das zu offenbaren, was sie ist.[57]

Die Folter ist dem Staatsapparat eingeschrieben, der umso häufiger auf Zwangsmittel zurückgreift, je mehr die spontane Zustimmung versagt wird und schwindet. Die Macht macht sich dann alle repressiven Institutionen zunutze und trommelt die Funktionäre des Konsenses zusammen, die für die „Wissenschaftlichkeit" und „Legalität" der Verbrechen einstehen sollen. Neben der perversen Kollaboration von Psychiatern bei den Folterungen in Lateinamerika verabsäumt es Basaglia nicht, auch die Zwangsmechanismen in den westlichen Demokratien anzuprangern. Ob es nun im Namen der Bestrafung oder der Rehabilitation, der Fürsorge oder der Heilung geschieht, „Friedensverbrechen" werden an den Schwächsten, den Wehrlosen verübt, gemäß einem sich wiederholenden Muster institutionalisierter Gewalt. Jedenfalls ist es vom gewöhnlichen Friedensverbrechen bis hin zur Folter – wie Basaglia klar erkannt hat – nur ein kleiner Schritt.

Das Ausmaß der Gewalt kann je nach Institution, nach der Möglichkeit zu ihrer Verschleierung und nach dem Spielraum, der der repressiven Macht eingeräumt wird, variieren. Doch die Gefahr des Abdriftens, die Versuchung, auf illegitime Gewalt zurückzugreifen, ist bei der Polizei am größten, die ja über ein Monopol auf diese Gewalt verfügt.

Federico Aldrovandi, Stefano Cucchi, Giuseppe Uva, Michele Ferrulli, Riccardo Magherini, Davide Bifolco: Das sind nur einige wenige Namen von Opfern, deren Geschichten in der italienischen Öffentlichkeit für Aufsehen und Beunruhigung gesorgt haben. Denn es geht dabei um Missetaten, die ohne eine Mobilisierung, meist von Seiten der Angehörigen, in Vergessenheit geraten wären und deren Schuldige in den meisten Fällen unbekannt geblieben sind.

11. Qual und Folter made in Italy

Die Gewalttätigkeiten während des G8-Gipfels in Genua und die jüngsten Übergriffe der Polizei auf wehrlose Bürger in Polizeistationen oder sogar auf den Straßen italienischer Städte sind keineswegs noch nie dagewesene und isolierte Vorfälle. So paradox es klingen mag, das Land von Beccaria und Verri kann sich einer langen Tradition in der Kunst der Folter rühmen. Nicht nur Benito Mussolini setzte nach seiner Machtübernahme die OVRA (Opera Vigilanza Repressione Antifascista), die politische Polizei und die Geheimdienste ein, um die Feinde des Staates zu foltern, auch in der unmittelbaren Nachkriegszeit gab es immer wieder Fälle, in denen Geständnisse durch die Polizei erpresst wurden. Lelio Basso war es, der die immer noch weit verbreitete Praxis der Ermittlungsfolter anprangerte.[58]

In den bleiernen Jahren wurde ein bewährtes, doch nur sporadisch angewandtes Hilfsmittel in immer intensiverer und systematischer Weise eingesetzt. Zielscheibe waren die militanten Aktivisten im „bewaffneten Kampf" – in einem recht weiten Sinne. In den späten 70er und frühen 80er Jahren häuften sich die von Amnesty gesammelten und im Parlament vorgebrachten Beschwerden über Folterungen. Die Namensliste der Gefolterten, zum größten Teil Brigadisten, ist lang und sehr wahrscheinlich unvollständig. Die Reaktion der damals politisch Verantwortlichen bestand darin, das Geschehene zu leugnen oder bestenfalls die Schwere der Vorfälle herunterzuspielen, wobei sie sich auf die Staatsräson beriefen. Die ersten maßgeblichen parlamentarischen Anfragen stammen aus dem Jahr 1982, eingebracht von Vertretern der PdUP, der Unabhängigen und der Radikalen Partei, die die durch Innenminister Virginio Rognoni genehmigten „harten Methoden" anprangern und offen von „Folter" sprechen, die an den Brigadisten verübt worden sei. Der sizilianische Schriftsteller Leonardo Sciascia, Abgeordneter der Radikalen, verurteilt mit scharfen Worten einen Staat, der bereit ist, hinter den Kulissen zu foltern:

> Es gibt, glaube ich, kein Land auf der Welt, das heute die Folter in seinen Gesetzen erlaubt; aber es gibt in Wirklichkeit nur wenige, in denen die Polizei sowie die verschiedenen Hilfs- und Kryptopolizeien sie nicht praktizieren. In gewissen Ländern, die nur wenig Rechtsempfinden haben – auch wenn sie sich selbst als Vorkämpfer und Hüter des Rechts darstellen –, hat die Tatsache, dass die Folter nicht mehr vom Gesetz gedeckt ist, zu schrankenloser Willkür bei ihrer heimlichen Ausübung geführt.[59]

Was in letzter Zeit aus den Morasten und Sümpfen der italienischen Geschichte an die Oberfläche gekommen ist, bestätigt das, was man ohnedies schon wusste oder vermutete, trägt nun aber die Unterschrift der Protagonisten dieser Folterungen und besiegelt somit die bereits von den Opfern gelieferte Erzählung. In seiner *Storia della colonna infame* zitiert Alessandro Manzoni die 1257 in Venedig veröffentlichte Abhandlung *De indiciis et tormentis* von Francesco Casoni.[60] Vermutlich hat sich hier der angesehene Polizist Umberto Improta, damals Vizequästor und Einsatzleiter im Kampf gegen die Roten Brigaden, die Anregung zu dem bedrohlichen Beinamen eines seiner Mitarbeiter geholt: „Professor De Tormentis". Überall dort präsent, wo gefoltert wurde, doch stets beharrlich im Schatten bleibend und in eine düstere Aura der Geheimhaltung gehüllt, erscheint De Tormentis in den Zeugenaussagen und Berichten aus jenen Jahren als eine Schlüsselfigur. Seinen Beinamen erarbeitete er sich, indem er seine Quälereien äußerst großzügig austeilte. Er kam mit seinen „Spezialteams", von denen zwei jeweils Namen trugen, die dem ihres Anführers gerecht wurden: Das eine hieß „Die Fünf vom Ave Maria", das andere „Die Rächer der Nacht".

171

Auch wenn er klingt, als wäre er einem grotesken Film Noir entstiegen, hat De Tormentis wirklich existiert. Es gab ein Treffen mit dem Journalisten Nicola Rao, der in seinem 2012 erschienenen Buch *Colpo al cuore* den Ausgang der Konfrontation zwischen dem Staat und den Roten Brigaden in einer inoffiziellen Version rekonstruierte. Denn bis zu diesem Zeitpunkt war stets versichert worden, dass der Staat die Oberhand behalten habe, ohne je auf undemokratische Methoden, auf die uneingestehbare Waffe der Folter zurückzugreifen. Nur ist das nicht der Fall, und die offizielle Geschichte wird umgeschrieben werden müssen.

Die entscheidenden Enthüllungen verdanken wir Salvatore Genova, genannt Rino, ehemaliger Polizeikommissar und Leiter des NOCS (Nucleo operativo centrale di sicurezza). „Es ist genau das passiert, was die Terroristen erzählten: Man hat sie mit verbundenen Augen gefesselt, wie es sogar auf einem Dienstbefehl stand, und dann wurden sie gezwungen, große Mengen Salzwassers zu trinken". In einem Interview mit dem Journalisten Gianloreto Carbone in der beliebten RAI-Sendung *Chi l'ha visto?* am 8. Februar 2012 spricht Genova über De Tormentis, der das italienische *waterboarding* anleitete, noch ohne seinen Namen zu nennen.[61]

Dagegen entschloss sich der „Corriere della Sera" in einem Artikel vom 10. Februar 2012, seine Identität zu enthüllen.[62] De Tormentis ist Nicola Ciocia, ehemaliger Leiter der UCIGOS, der Antiterroreinheit des Innenministeriums, der im Jahr 2004, nach einer erfolgreichen Karriere, im Rang eines Quästors in den Ruhestand trat und sich in sein Haus auf dem Hügel Vomero zurückzog. Er ist Mitglied der Fiamma Nazionale und sagt von sich selbst: „Ich bin immer ein Mussolini-Faschist gewesen. Um der Gesetzmäßigkeit willen". Er bestreitet, jemals Folter praktiziert zu haben. Allerdings lässt er eine Andeutung auf Enrico Triaca fallen, bei dem bestimmte Methoden nicht funktioniert hätten. Triaca war nach seiner Verhaftung im Mai 1978 dem *waterboarding* unterzogen worden. Er zeigte die Folterung an und wurde im Gegenzug wegen Verleumdung verurteilt. Dies widerfuhr im Übrigen allen tatsächlichen oder vermeintlichen Terroristen, die damals gefoltert wurden. Es wurde behauptet, dass die Beschwerde über Folter eine weitere Waffe wäre, derer sich die Brigaden bedienten. Außerdem wurden Journalisten wie Pier Vittorio Buffa und Luca Villoresi, die sehr detailliert über die Folterungen berichteten, schließlich verhaftet, weil sie sich weigerten, ihre Quellen preiszugeben; sie wurden erst freigelassen, als zwei Polizeibeamte sich persönlich exponierten und erklärten, dass sie ihnen die Informationen weitergegeben hätten.

Obwohl die italienische Geschichte voll von Rätseln ist, die es noch zu lösen gilt, lässt sich heute sagen, dass der „Todesstoß" des Staates gegen die Roten Brigaden während der Dozier-Entführung erfolgte und dass es sich unbestreitbar um Folter handelte.

Der amerikanische General James Lee Dozier, Kommandeur der NATO in Südeuropa, wurde am 17. Dezember 1981 in Verona von den Roten Brigaden entführt. Es wurde keinerlei Lösegeld gefordert. Das ließ sofort das Schlimmste vermuten. Die Vereinigten Staaten intervenierten und übten starken Druck auf die italienische Regierung aus. Nach unerklärlich kurzer Zeit wurde Dozier am 28. Januar 1982 in Padua befreit.

Die Befreiung erfolgte keineswegs spontan, wie es institutionelle Quellen hatten glauben machen wollen. Die Spezialeinheiten zur Terrorismusbekämpfung erhielten den Befehl, mit harten Bandagen vorzugehen. Den Verhafteten weh zu tun – ohne Spuren zu hinterlassen. Es sollte weder Tote noch Verletzte geben. Deshalb wurden die Spezialisten für harte Verhöre zu Hilfe gerufen: De Tormentis und sein Team. Am 23. Januar wurde Nazareno Mantovani verhaftet. Dieser wurde zunächst „auseinandergenommen" und dann an De Tormentis übergeben. Einige Tage später wurden Ruggero Volinia und seine Gefährtin Elisa Betta Arcangeli gefasst und ins Polizeiquartier gebracht, in einen Raum, in dem sie sich, durch eine Wand getrennt, gegenseitig hören konnte. Arcangeli wurde entkleidet und sexuellen Übergriffen ausgesetzt. Volinia seinerseits wurde brutal verprügelt und daraufhin in ein für den Anlass angemietetes Häuschen gebracht, wo er die übliche Behandlung durch De Tormentis erfuhr: Vier Männer fesselten ihn mit nach hinten geneigtem Kopf an einen Tisch, woraufhin sie ihm mit einem Trichter große Mengen Salzwassers in die Kehle gossen. Er redete und gab die Wohnung an, in der Dozier festgehalten wurde.

Die Blitzaktion war ein Erfolg, die Folterungen zeigten sofort ihre Wirkung. Auch Antonio Savasta redete. Hunderte von Verhaftungen folgten. Beamte ohne Erfahrung wurden zu behelfsmäßigen Folterern. Man griff aber auch auf Scheinhinrichtungen zurück, wie im Fall von Cesare Di Lenardo. Eine Stadt nach der anderen, eine Razzia nach der anderen, in einem Crescendo, das zur unwiderruflichen Auflösung der Roten Brigaden führte.[63]

Den Folterern wurden Amnestie und Amnesie gewährt. So also hat sich der italienische Staat bei der Verteidigung der Demokratie auf die Folterungen De Tormentis', eines effizienten Mussolini-Faschisten, verlassen. Adriano Sofri schrieb: „Es spielt keine Rolle, ob sie die Bezeichnung Folter verwendeten: Das unterbleibt aus Staatsräson, und außerdem hütet sich die Italienische Republik, die Existenz eines Straftatbestands der Folter anzuerkennen. Ein solcher ist überflüssig, sagen sie. Man brauchte nur sicherzustellen, dass man Rückendeckung hat".[64]

12. Warum sie eine Straftat ist

Die jüngste Vergangenheit würde vermuten lassen, dass der Straftatbestand der Folter, falls er nicht ohnehin bereits existierte, in Italien schon vor einiger Zeit eingeführt worden sei. Dies ist jedoch nicht der Fall. Nach dem italienischen Strafgesetzbuch ist die Folter bisher nicht für „ungesetzlich" erklärt worden.

Dabei hat Italien 1988 das *Übereinkommen gegen Folter* der UNO ratifiziert und sich damit verpflichtet, ein Gesetz zur Bestrafung von Folterern einzuführen. Seit 1992 weist Amnesty International das Parlament auf diese Verpflichtung hin.[65] Mahnungen und Kritik kamen auch vom Verband Antigone sowie von der Europäischen Union und verschiedenen Menschenrechtsorganisationen.

Im Laufe der Jahre kam der parlamentarische Prozess zu einem Gesetzesentwurf in die Gänge, ohne jemals zu einem Beschluss zu führen. Alle Versuche scheiterten. Erst vor einiger Zeit, am 4. Februar 2014, stimmte der Senat in erster Lesung für einen Text, an dem die Abgeordnetenkammer später, am 9. April 2015, noch Änderungen vornahm. Das Wort „Folter" sollte mit den Artikeln 613 *bis* und 613 *ter* Eingang ins Strafrecht finden: „Wer immer mit Gewalt oder ernsthaften Drohungen einer Person, der die persönliche Freiheit entzogen wurde, akute körperliche oder seelische Leiden zufügt", wird mit einer Freiheitsstrafe von drei bis zehn Jahren bestraft.

Allerdings wird mit diesem Text kein spezifischer Straftatbestand eingeführt, wie es verlangt ist und wie es unerlässlich wäre. Das Gesetz richtet sich nicht gegen den Beamten, den Carabiniere, den Polizisten oder Agenten, der in Ausübung seines Amtes einen Bürger foltert – und damit den Staat illegitim werden lässt. Der Straftatbestand würde „wen immer" treffen, das heißt alle und keinen. Damit handelt es sich also eben nicht um jene Maßgabe, die gefordert wurde, um einem Staat Einhalt bieten zu können, der sein Gewaltmonopol missbraucht und gegen seine Pflicht verstößt, die Bürger zu schützen. Vielmehr kann der Straftatbestand, indem man ihn „wem immer" unterstellt, a priori jedem Bürger angelastet werden. Dies ist aus zwei Gründen bedenklich. Erstens, weil die Macht des Bürgers nicht die Macht des Staates ist, und weil auch seine Rolle, im Rahmen dieser Asymmetrie, nicht mit der Rolle desjenigen verglichen werden kann, der im Namen des Staates handelt. Außerdem verliert die Folter auf diese Weise ihr politisches Profil und wird schließlich zu einem verwerflichen Verhalten, das einem jedem im Alltag unterlaufen kann und für das jeder zur Verantwortung gezogen werden sollte. Ganz im Gegenteil betrifft die Folter jedoch den Staat in besonderer Weise; sie ist ein eminent politisches Verbrechen.

Schwierigkeiten ergeben sich zudem aus der Definition der Folter. Es werden Spitzfindigkeiten gesucht, um den Geltungsbereich der Straftat zu reduzieren. Zum Beispiel, indem die Klausel der „Wiederholung" eingeschoben wurde. Muss die Gewalt „wiederholt" werden, damit Folter vorliegt? Wohl kaum.

Bei tiefergehender Betrachtung scheint es offensichtlich, dass sich das Gesetz als eine Art Kompromiss ausgestaltet, nämlich zwischen den Ordnungskräften, die befürchten, angeklagt zu werden, und der öffentlichen Meinung, die für die mit wachsender Häufigkeit hinter den Kulissen verübten Verbrechen immer mehr

sensibilisiert ist. Der Gedanke liegt nahe, dass man mit einem in-
haltsleeren und wenig wirksamen Gesetzestext vermeiden will, die
Folter als Straftat anzuerkennen, und dass tatsächlich Straffreiheit
angestrebt wird. Man versteht dabei allerdings nicht, dass dies gerade die Ordnungskräfte beschädigt, weil sie das ohnehin schon
brüchige Vertrauen der Bürger vollends verlieren und weiterhin
der Willkür Einzelner und dem Missbrauch durch all jene ausgesetzt sind, die sie zu einem Werkzeug der Gewalt machen wollen.

Organisierte Straflosigkeit, die Sabotage von Ermittlungen,
Amnestie und Amnesie, Omertà und Schweigen – all das dient
der Folter, erleichtert ihre Ausbreitung und ermöglicht ihre Fort-
führung. Es wird sich nichts ändern, solange die alten Folterknechte weiterhin ungestraft auf den Wegen der Macht wandeln
und ihre Unterstützung im Austausch gegen die Tilgung jeglicher
Verantwortlichkeit anbieten können. Der Staat erteilt sich also
selbst die Amnestie.

Die Gefahr der Folter lauert überall dort, wo man von Gesetzes wegen über Macht verfügt, überall dort, wo man das Gewaltmonopol besitzt. Der potenzielle Folterer im 20. Jahrhundert ist
der Polizist. Andererseits ist es aber auch die Aufgabe der Polizei,
Folterfälle zu untersuchen. Diese Institution, über deren gespensti-
sches Wesen Benjamin uns zu reflektieren auffordert, befindet sich
also paradoxerweise auf beiden Seiten der Schranke. Hier kommt
die konstitutive Zwiespältigkeit der „Ordnungskräfte" zum Vorschein, an dem labilen Übergang zwischen der Untersuchung der
Macht und der Erhaltung der Macht, und der prekären Grenze
zwischen rein polizeilicher und rein politischer Tätigkeit.

Diese Grenze gibt unter den Schlägen des Terrors immer weiter
nach. Indem die Folter zum Schauspiel gemacht wird, kann es
sogar geschehen, dass der Polizist, der es wagt, den Terroristen zu
foltern, von der öffentlichen Meinung im Fernsehen als Held be-
jubelt wird. Auch wenn die Verurteilung der Folter nicht zu ihrem
Verschwinden geführt hat, ist das Stigma einer Straftat im Zeitalter des Terrors doch unverzichtbar. Das Italien Beccarias könnte
sonst weiter in einem vormodernen Zustand verbleiben, also ohne
dem Verbrechen auch nur gesetzlichen Einhalt geboten zu haben,
und zwar ausgerechnet in einer Zeit, die durch die postmoderne

Rückkehr der Folter gekennzeichnet ist. Die Risiken wären äußerst schwerwiegender Natur.

Dies umso mehr, als das Fehlen des Straftatbestands der Folter schließlich eine schon tief verwurzelte Doppelmoral fördert und rechtfertigt, gemäß derer man gelegentlich, in bestimmten Fällen, Mitleid heuchelt, während ansonsten das nicht Zumutbare zugemutet wird. Die Anerkennung des Tatbestandes würde bedeuten, eine fast schon althergebrachte Sprachlosigkeit zu durchbrechen, die eine öffentliche Diskussion verhindert und oftmals die ausweichende Haltung der Politik begünstigt hat.

Epilog

In der griechischen Tradition ist der Epilog der letzte Teil einer Rede, dessen Absicht darin besteht, das Publikum zu rühren. In der Moderne ist er ein Schluss, der zusammenfasst, rekapituliert und die abschließenden Folgerungen zieht. *Epílogos*, abgeleitet vom Verb *epi-léghein*, bedeutet jedenfalls sowohl hinzufügen als auch, über seine mit *léghein* verbundene Bedeutung, auswählen und verweist somit auf eine Reflexion, die, wie es nur gut und recht ist, scheidet und abwägt. Schließlich heißt die Präposition *epí*, die auch als Adverb fungieren kann, neben ihren zahlreichen anderen Bedeutungen auch so viel wie „über", „um" – im Sinne des Sprechens „über" ein Thema.

Der Epilog könnte hier also, mehr als ein Abschluss, eine Erinnerung an die Notwendigkeit des *lógos* sein, gewissermaßen ein Lobgesang auf die Rede und das Sprechen. Denn der engste und effektivste Komplize der Folter ist das Schweigen. Von Anfang an, an dem dunklen Ort, an dem sie inmitten versteckter Drohungen und unterdrückten Stöhnens verübt wird, ist die Folter in Schweigen gehüllt, macht sich die Heimlichkeit zunutze, zielt auf das Vergessen ab. Die Tilgung der Spuren ist Teil des Verbrechens. In ihren perfektionierteren Stadien wird das organisierte Verschwindenlassen des Körpers zu einer Waffe des Terrors.

Der Folter kommt eine tragende Rolle in der Geschichte der Vernichtung von Menschen zu. Es ist weder ethisch legitim noch

politisch vertretbar, diese Geschichte weiterhin gemäß der Pfeil-
richtung eines Fortschritts zu lesen. Die Gewalt ist nicht das
Sonderrecht des Altertums, Marterungen und Grausamkeiten
sind kein Monopol der Urvölker. Der schwarze Phönix ist jedes
Mal aufs Neue aus der Asche erstanden, um sein langes und vielge-
staltiges Dasein wiederaufzunehmen. Auch die höherentwickelten
Kulturen haben ihn nicht von sich gewiesen. Ganz im Gegenteil.
Es gibt keine Zivilisation, keine Nation, kein politisches Regime,
die sich nicht geschickt angepasst hätten, in ihrem Inneren nicht
einen Platz für die Folter gefunden hätten, zwischen gebrochenen
Regeln und deklarierten Ausnahmen. Die Demokratie ist nicht
per se unempfänglich und garantiert in keiner Weise das Ende der
Folter. Der Name Abu Ghraib steht – neben anderen – nicht bloß
für einen Makel, sondern stellt jenen Punkt in Raum und Zeit
dar, mit dem die westliche Demokratie vor das Tribunal der Geschichte gerufen wird, um Rechenschaft darüber abzulegen, was
sie der Menschenwürde angetan hat.

Es besteht eine enge Verbindung zwischen der Folter und den
anderen großen Vernichtungsunterfangen, dem Völkermord und
der Ausrottung. Die Folter spielt eine entscheidende Rolle in der
Ökonomie des Bösen, denn sie bereitet schleichend das Bösartige
vor und gewöhnt stillschweigend an die Grausamkeit. Die durch
die Folter verübte Zerstörung ist mit der Vernichtung durch Ausrottung nicht gleichzusetzen. Doch trotz der unverzichtbaren
Unterscheidungen besteht ein festes Band der Kontinuität. Die
Folter ist nicht unbedingt ein Schritt hin zum Völkermord, sie
deutet nicht in diese Richtung. Sie manifestiert jedoch die gleiche
zerstörerische Absicht. Die Folter ist kein isoliertes Verbrechen;
hinter den Kulissen agiert immer eine Organisation. Trotz der Geheimhaltung handelt es sich um öffentliche Gewalt; auch wenn
sie sich gegen ein Individuum richtet, ist sie ein Angriff auf die
Gemeinschaft. Wenn die Menschenwürde eines Einzelnen verletzt
wird, wird die Menschenwürde aller verletzt.

Niemand kann heute behaupten, nicht Bescheid zu wissen. Das
globale Informationsdorf erlaubt es nicht, sich aus der Verantwortung zu stehlen, und längst ist das Alibi der Unwissenheit hinfällig
geworden. Wenn die Folter auch nicht verschwunden ist, so lässt

sich zumindest hierin ein Fortschritt erkennen: in der Wachsamkeit der öffentlichen Meinung und im Walten des internationalen Rechts. Inkriminiert sind dagegen die Regierungen, die Rechenschaft über das ablegen müssen, was sie zu verbergen suchen. Die Aufgabe, darüber zu wachen, scheint umso schwieriger, als die Macht ihre Dimension verändert und sich in großem Maßstab ausgebreitet hat, nicht nur durch multiple, netzartige Verbindungen, sondern auch dank unüberschaubarer Systeme der Kontrolle, Registrierung und Archivierung sowie durch jenen ungreifbaren panoptischen Apparat, in dem sich ein noch nie dagewesenes Repressionspotenzial konzentriert.

Angesichts dieser ständigen Gefahr muss auch unsere Wachsamkeit beständig und umfassend sein. So begrenzt der politische Spielraum von NGOs und humanitären Organisationen, die eine mühsame und ganz außerordentliche Arbeit leisten, auch sein mag, die Folter lässt sich nur durch die Gegenwehr des Ungehorsams und das Wort, das das Schweigen bricht, besiegen.

Anmerkungen

Prolog

1 Theodor W. ADORNO, *Negative Dialektik*, Frankfurt am Main: Suhrkamp 1966, 281.
2 Wisława SZYMBORSKA, *Hundert Freuden. Gedichte*, Frankfurt am Main: Suhrkamp 1986, 29.

Politik der Folter

1 Edward PETERS, *Torture. Expanded Edition*, Philadelphia, PA: University of Pennsylvania Press 1999, 176 (deutsche Ausagabe: Edward PETERS, *Folter. Geschichte der peinlichen Befragung*, übers. von Jobst Christian ROJAHN, Hamburg: EVA 2003)
2 Piero FIORELLI, *La tortura giudiziaria nel diritto comune*, zwei Bände, Neapel: Giuffrè 1953–1954.
3 Michel FOUCAULT, *Surveiller et punir. Naissance de la prison*, Paris: Gallimard 1975 (deutsche Ausgabe: Michel FOUCAULT, *Überwachen und Strafen. Die Geburt des Gefängnisses*, übers. von Walter SEITTER, Frankfurt am Main: Suhrkamp 1976, vgl. hier insbesondere das Kapitel „Das Fest der Martern", insbesondere 44–90).
4 Franz KAFKA, „In der Strafkolonie", in: (ders.), *Die Erzählungen*, Frankfurt am Main: Fischer 2013, 149–181.
5 Walter BENJAMIN, *Zur Kritik der Gewalt und andere Aufsätze*, Frankfurt am Main: Suhrkamp 2015.
6 Franz KAFKA, „In der Strafkolonie", 154.
7 Michel FOUCAULT, *Überwachen und Strafen*, 71.
8 Hannah ARENDT, *Macht und Gewalt*, München: Piper 1971, 56.
9 Giorgio AGAMBEN, *Homo sacer. Il potere sovrano e la nuda vita*, Turin: Einaudi 1995, 133 (deutsche Ausgabe: Giorgio AGAMBEN, *Homo sacer. Die souveräne Macht und das nackte Leben*, übers. von Hubert THÜRING, Frankfurt am Main: Suhrkamp 2002).

181

10 Vgl. Paul W. KAHN, *Sacred Violence. Torture, Terror, and Sovereignty*, Ann Arbor, MI: The University of Michigan Press 2008.

11 Serge PORTELLI, *Pourquoi la torture ?*, Paris: Vrin 2011, 12.

12 Vgl. Karin HARRASSER, Thomas MACHO, Burkhardt WOLF, „Ein Interview mit Manfred Nowak. Herausforderungen an das Folterverbot im 21. Jahrhundert", in: *Folter. Politik und Technik des Schmerzes*, München: Fink 2007, 27–40.

13 https://www.amnesty.org/en/get-involved/stop-torture/

14 https://wikileaks.org/gitmo/

15 *China: Submission to the UN Committee against Torture* (ASA 17/2725/2015).

16 Die Dokumente wurden von der NGO Reprieve veröffentlicht. Vgl. die neuen Daten auf http://www.reprieve.org.uk/press/2014_07_09_diego_garcia_rendition_documents_damage/

17 Darius REJALI, *Torture and Democracy*, Princeton–Oxford: Princeton University Press 2007, 21.

18 Mark DANNER, „US Torture: Voices from the Black Sites", in: *New York Review of Books*, 9.4.2009 (http://www.nybooks.com/articles/2009/04/09/us-torture-voices-from-the-black-sites/).

19 Darius REJALI, „Torture and Democracy. What now?", in: Shampa BISWAS, und Zahi ZALLOUA (Hg.), *Torture. Power, Democracy and the Human Body*, Seattle, WA: University of Washington Press 2011, 25–44.

20 Vgl. Giorgio AGAMBEN, *Ausnahmezustand. Homo sacer II.1*, übers. von Ulrich MÜLLER-SCHÖLL, Frankfurt am Main: Suhrkamp 2004, 7–41.

21 Ein Asteriskus bedeutet hier und im Folgenden: Im Original deutsch *(A. d. Ü.)*.

22 Carl SCHMITT, *Der Begriff des Politischen. Text von 1932 mit einem Vorwort und drei Corrollarien*, Berlin: Duncker & Humblot 1963.

23 „Memorandum for Alberto R. Gonzales Counsel to the President", 1. August 2002, abgedruckt in: Mark DANNER, *Torture and Truth. America, Abu Ghraib, and the War on Terror*, New York: New York Review Books 2004, 115.

24 Vgl. Karen GREENBERG (Hg.), *The Torture Debate in America*, Cambridge, NY: Cambridge University Press 2006, 283–391.

25 Matthew ALEXANDER, „Torture's Loopholes", in: *New York Times*, 20.1.2010 (http://www.nytimes.com/2010/01/21/opinion/21alexander. html?_r=0).

26 David LUBAN, *Torture, Power, and Law*, Cambridge: Cambridge University Press 2014.

27 Jonathan ALTER, „Time to Think about Torture", in: *Newsweek*, 5.11.2001 (http://europe.newsweek.com/time-think-about-torture-149445?rm=eu).

28 Ebenda, 45

29 Alan DERSHOWITZ, „Is There a Torturous Road to Justice?", in: *Los Angeles Times*, 11.8.2001 (http://articles.latimes.com/2001/nov/08/local/me-1494).

30 Vgl. sein Interview mit *Combat* vom 9. November 1962.

31 Vgl. Alexander BAHAR, *Folter im 21. Jahrhundert. Auf dem Weg in ein neues Mittelalter?*, München: dtv 2009.
32 Niklas LUHMANN, *Gibt es in unserer Gesellschaft noch unverzichtbare Normen?*, Heidelberg: C. F. Müller 1993.
33 Vgl. Jan Philipp REEMTSMA, *Folter im Rechtsstaat?*, Hamburg: Hamburger Edition 2005.
34 Thomas NAGEL, „War and Massacre", in: *Mortal Questions*, Cambridge: Camdridge University Press 1979, 54.
35 Ebenda, 55.
36 Jean-Paul SARTRE, *Die Schmutzigen Hände*, Stücke, hrsg. und übers. von Vincent von WROBLEWSKY, Stuttgart: Reclam 1989, 178.
37 Michael WALZER, „Political Action. The Problem of Dirty Hands", in: *Philosophy and Public Affairs* 2, 1973, 160–180; Nachdruck in: Sanford LEVINSON (Hg.), *Torture. A Collection*, Oxford–New York: Oxford University Press 2004, 61–76, hier 61.
38 Vgl. Michel TERESTCHENKO, *Du bon usage de la torture ou comment les démocraties justifient l'injustifiable*, Paris: La Découverte 2008, 89 ff.
39 Michael WALZER, „Political Action. The Problem of Dirty Hands", 64.
40 Henri SHUE, „Torture", in: Sanford LEVINSON (Hg.), *Torture. A Collection*, 47–60, hier 58.
41 Alan DERSHOWITZ, *Why Terrorism Works. Understanding the Threat, Responding to the Challenge*, New Haven, CT: Yale University Press 2002, 125 ff.
42 Ebenda, 137.
43 Alan DERSHOWITZ, „Torture Reasoning", in: Sanford LEVINSON (Hg.), *Torture. A Collection*, 257–80, hier 264. Zur Position des Obersten Gerichtshofs von Israel vgl. unten das Kapitel *17. Schiffbruch der Menschenrechte?*
44 Michael IGNATIEFF, *The Lesser Evil. Political Ethics in an Age of Terror*, Princeton, NJ: Princeton University Press 2004 (deutsche Ausgabe: Michael IGNATIEFF, *Das kleinere Übel. Politische Moral in einem Zeitalter des Terrors*, Hamburg: EVA 2005).
45 Ebenda.
46 Ebenda.
47 Hannah ARENDT, *Was heißt persönliche Verantwortung in einer Diktatur?*, München: Piper 2018.
48 Vgl. das Interview mit J. MAYER, „Whatever It Takes. The Politics of the Man Behind 24", in: *New Yorker*, 19. und 26.02.2007, Nachdruck in: Dan BURSTEIN, Arne J. de KEIJZER (Hg.), *Secrets of 24. The Unauthorized Guide to the Political & Moral Issues Behind Tv's Most Riveting Drama*, New York–London: Sterling, 2007, 21–36.
49 Carl SCHMITT, *Politische Theologie. Vier Kapitel zur Lehre von der Souveränität*, Berlin: Duncker & Humblot ⁹2009, 13.

50 Slavoj ŽIŽEK, „24, or Himmler in Hollywood", in: *The Guardian*, 10.01.2006, Nachdruck in: Dan BURSTEIN, Arne J. de KEIJZER (Hg.), *Secrets of 24*, 203–06.

51 Slavoj Žižek, *Willkommen in der Wüste des Realen*, übers. von Maximilian PROBST, Wien: Passagen Verlag ²2014, 106 f.

52 Bob BRECHER, *Torture and the Ticking Bomb*, Malden–Oxford: Blackwell 2007, 6.

53 Dieses Zitat stammt aus einer Email von Martha Nussbaum an *The Nation Magazine*, zu finden in: Eyal PRESS, „In Torture we trust?", in: *The Nation Magazine*, 31.03.2003 (http://www.thirdworldtraveler.com/Torture/Torture_We_Trust.html).

54 Jay WINIK, „Security Comes Before Liberty", in: *Wall Street Journal*, 23.10.2001; Jonathan ALTER, „Time to Think about Torture", in: *Newsweek*, 5.11.2001.

55 Alfred W. MCCOY, *A Question of Torture*, New York: Henry Holt & Company 2006, 167 f.

56 Jeremy J. WISNEWSKI, R. D. EMERICK, *The Ethics of Torture*, London–New York: Continuum 2009, 16–45.

57 David LUBAN, *Torture, Power, and Law*, 94.

58 Siehe das Interview mit Ruchama Marton von Alisa SOLOMON, „The Case against Torture", in: *Village Voice*, 27.11.2001 (https://www.villagevoice.com/2001/11/27/the-case-against-torture/).

59 Vgl. David EDMONDS, *Would You Kill the Fat Man? The Trolley Problem and What Your Answer Tells Us about Right and Wrong*, Princeton, NJ: Princeton University Press 2014.

60 John RAWLS, *Justice as Fairness. A Restatement*, Harvard, MA: Belknap Press 2001 (deutsch: John RAWLS, *Gerechtigkeit als Fairneß. Ein Neuentwurf*, hrsg. von Erin KELLY, übers. von Joachim SCHULTE, Frankfurt am Main: Suhrkamp 2006).

61 Richard A. POSNER, *Not a Suicide Pact. The Constitution in a Time of National Emergency*, Oxford: Oxford University Press 2006.

62 Avishai MARGALIT, *The Decent Society*, Harvard, MA: Harvard University Press 1998 (deutsch: Avishai MARGALIT, *Politik der Würde. Über Achtung und Verachtung*, übers. von Gunnar SCHMIDT und Anne VONDERSTEIN, Berlin: Suhrkamp 2012).

63 Vgl. Levinson, *Torture*, 165 ff.; sowie für den Wortlaut des Urteils: https://www.court.gov.il/securitypage/securityblock.asp?_event_transid=2195637725

64 Siehe die Website http://stoptorture.org.il/?lang=en

65 Vgl. Miguel BENASAYAG, *Malgré tout. Contes à voix basse des prisons argentines*, mit einem Vorwort von David ROUSSET, Paris: Éditions Maspero 1980.

66 Miguel BENASAYAG, *Utopie et liberté. Les droits de l'homme: une idéologie?*, mit einem Vorwort von Pierre VIDAL-NAQUET, Paris: Éditions La Découverte 1986, 24–29.

67 Ebenda, 67.
68 Giorgio AGAMBEN, *Homo sacer. Il potere sovrano e la nuda vita*, 139–149 (deutsche Ausgabe: *Homo sacer. Die souveräne Macht und das nackte Leben*,135–144).
69 Ernst H. KANTOROWICZ, *Die zwei Körper des Königs*, München: dtv 1994.
70 Karl KRAUS, *Sprüche und Widersprüche*, Frankfurt am Main: Suhrkamp 1980, 167.
71 Ernst TUGENDHAT, *Vorlesungen über Ethik*, Frankfurt am Main: Suhrkamp 1995, 145.
72 Henri ALLEG, *Die Folter*, übers. von Hede von ULLMANN, München: Verlag Kurt Desch 1958, 7.
73 Ebenda, 10.
74 Ebenda, 14.
75 Ebenda, 16.
76 Robert ANTELME, *L'espèce humaine*, Paris: Gallimard 1947 (deutsch: *Das Menschengeschlecht*, übers. von Eugen HELMLÉ, Zürich: Diaphanes 2016).
77 Michel FOUCAULT, *Il faut défendre la société*, Paris: Seuil, Gallimard 1997, 213 (deutsch: *In Verteidigung der Gesellschaft. Vorlesungen am Collège de France 1956–1976*, übers. von Michaela OTT, Frankfurt am Main: Suhrkamp 1999).

Phänomenologie der Folter

1 Emmanuel LÉVINAS, *Zwischen uns. Versuche über das Denken an den Anderen*, München: Hanser 1995, 126.
2 George LAFAYE, „Tormentum", in: Charles DAREMBERG, Edmond SAGLIO (Hg.), *Dictionnaire des antiquités grecques et romaines d'après les textes et les monuments*, Band 5, Paris: Hachette 1916, 362–363, hier: 362.
3 Vgl. Bob BRECHER, *Torture and the Ticking Bomb*, 5.
4 Darius REJALI, *Torture and Democracy*, 562.
5 Friedrich NIETZSCHE, „Über Wahrheit und Lüge im außermoralischen Sinn", in: *Die Geburt der Tragödie. Unzeitgemäße Betrachtungen I–IV. Nachgelassene Schriften 1870–1873*, KSA, Band 1, hrsg. von Giorgio COLLI und Mazzino MONTENARI, München–Berlin–New York: dtv, De Gruyter 1988, 880.
6 Ludwig WITTGENSTEIN, *The Big Typescript*, hrsg. von Michael NEDO, Wien: Springer Verlag 2000, 76.
7 Michel FOUCAULT, *Mal faire, dire vrai. Fonction de l'aveu en justice. Cours de Louvain, 1981*, hrsg. von Fabienne BRION und Bernard E. HARCOURT, Louvain-la-Neuve–Chicago: Presses Universitaires de Louvain, University of Chicago Press, 2012, 197.
8 W. G. SEBALD, *Austerlitz*, Frankfurt am Main: Fischer 2003, 42.

9 Vgl. Catherine PERRET, *L'enseignement de la torture. Réflexions sur Jean Améry*, Paris: Éditions du Seuil 2013.

10 Jean AMÉRY, *Jenseits von Schuld und Sühne. Bewältigungsversuche eines Überwältigten*, München: dtv, Klett Cotta 2012, 61.

11 Ebenda, 70.

12 Vgl. Elisabeth WEBER, „,Torture Was the Essence of National Socialism': Reading Jean Améry Today", in: Julie A. CARLSON, Elisabeth WEBER (Hg.), *Speaking About Torture*, New York: Fordham University Press 2012, 83–98, hier: 88 f.

13 Jean AMÉRY, *Jenseits von Schuld und Sühne*, 71.

14 Vgl. Sven KRAMER, *Die Folter in der Literatur. Ihre Darstellung in der deutschsprachigen Erzählprosa von 1740 bis „nach Auschwitz"*, München: Fink 2004, 450.

15 Jean AMÉRY, *Jenseits von Schuld und Sühne*, 75.

16 Henri ALLEG, *Die Folter*, 60.

17 Jean AMÉRY, *Jenseits von Schuld und Sühne*, 53.

18 Ebenda, 68.

19 Ebenda, 73.

20 Jean AMÉRY, „Wann darf Kunst auf ‚Kunst' verzichten? Zu dem Filmwerk *Das Geständnis*", in: *Cinéma. Texte zum Film: Arbeiten zum Film*, hrsg. von Joachim KALKA, Stuttgart: Klett-Cotta 1994, 87–90, hier: 88.

21 Jean AMÉRY, *Jenseits von Schuld und Sühne*, 81.

22 Ebenda, 55, 66.

23 Vgl. Alfred ANDERSCH, „Anzeige einer Rückkehr des Geistes als Person", in: Jean AMÉRY, *Werke*, Band 9: *Materialien*, hrsg. von Irene HEIDERL-BERGER-LEONARD, Stuttgart: Klett-Cotta 2008, 269–290.

24 Jean AMÉRY, „Mein Judentum", in: Hans Jürgen SCHULZ (Hg.), *Mein Judentum*, Stuttgart: Kreuz-Verlag 1978, 78–89, hier: 87.

25 Vgl. Jacques DELARUE, *Histoire de la Gestapo*, Paris: Fayard 1962 (deutsche Ausgabe: *Geschichte der Gestapo*, Düsseldorf: Droste 1964).

26 Robert Jay LIFTON, *The Nazi Doctors. Medical Killing and the Psychology of Genocide*, New York: Basic Books 1986/2000, 200, 209 (deutsche Ausgabe: *Ärzte im Dritten Reich*, übers. von Annegrete LÖSCH, Sebastian FETSCHER und Matthias K. SCHEER, Stuttgart: Klett-Cotta 1988).

27 Uwe STEINHOFF, *On the Ethics of Torture*, Albany, NY: SUNY Press 2013, 18 ff.

28 Uwe STEINHOFF. „Torture – The Case for Dirty Harry and against Alan Dershowitz", in: *War, Torture and Terrorism. Ethics and War in the 21st Century*, hrsg. von David RODIN, Malden–Oxford: Blackwell 2008, 97–114, hier: 97.

29 Dave GROSSMAN, *On Killing. The Psychological Cost of Learning to Kill in War and Society*, New York: Back Bay Books 2009, 48.

30 Vgl. David SUSSMAN, „What's Wrong with Torture?", in: *Philosophy and Public Affairs* 33/1, 2005, 1–33.

31 Tim GOLDEN, „Guantánamo Detainees Stage Hunger Strike", in: *New York Times*, 9.4.2007 (http://www.nytimes.com/2007/04/09/us/09hunger.html).

32 William GLABERSON, Margot WILLIAMS, „Officials Report Suicide of Guantánamo Detainee", in: *New York Times*, 3.6.2009 (http://www.nytimes. com/2009/06/03/us/policies/03gitmo.html).

33 Michel FOUCAULT, *Sexualität und Wahrheit I. Der Wille zum Wissen*, Frankfurt am Main: Suhrkamp 2006, 132.

34 Maurice MERLEAU-PONTY, *Das Sichtbare und das Unsichtbare. Gefolgt von Arbeitsnotizen*, München: Fink 1986, 193 (Franz. Originalfassung: *Le visible et l'invisible*, Paris: Gallimard 1964).

35 Vgl. Mauro CARBONE, David Michael LEVIN, *La carne e la voce. In dialogo tra estetica ed etica*, Mailand: Mimesis 2003.

36 Roberto ESPOSITO, *Bíos. Biopolitica e Filosofia*, Turin: Einaudi 2004, 174.

37 Ebenda, 180, 182.

38 Marcelo VIÑAR, Maren VIÑAR, *Exil et torture*, Paris: Édition Denöel 1989, 163.

39 Jean-Paul SARTRE, *Das Sein und das Nichts. Versuch einer phänomenologischen Ontologie*, übers. von Hans SCHÖNEBERG und Traugott KÖNIG, Reinbek bei Hamburg: Rowohlt 1993, 696 (Original: *L'être et le néant*, Paris: Gallimard 1943).

40 Ebenda, 704.

41 Pierre KLOSSOWSKI, *Sade – mein Nächster*, übers. von Gabriele RICKE, Ronald VOULLIÉ und Marion LUCKOW, Wien: Passagen ²2023, 131 ff. (Original: *Sade mon prochain*, Paris: Éditions du Seuil 1967.)

42 Vgl. Gilles DELEUZE, *Présentation de Sacher-Masoch. Le froid et le cruel*, mit dem vollständigen Text von *Vénus à la fourrure*, übers. von Aude WILLM, Paris: Éditions de Minuit 1967 (deutsche Ausgabe in: Leopold von SACHER-MASOCH, *Venus im Pelz. Mit einer Studie über den Masochismus von Gilles Deleuze*, übers. von Getrud MÜLLER, Frankfurt am Main: Insel 1980).

43 Maurice BLANCHOT, *Lautréamont et Sade*, Paris: Éditions de Minuit 1949, 220.

44 George BATAILLE, *L'érotisme*, Paris: Éditions de Minuit 1957, 173 ff. (deutsche Ausgabe: *Die Erotik*, übers. von Gerd BERGLETH, Berlin: Matthes & Seitz 2020).

45 Vgl. Yirmiyahu YOVEL, *The Other Within. The Marranos. Split Identity and Emerging Modernity*, Princeton, NJ: Princeton University Press 2009, 162.

46 Jacques SEMELIN, *Purifier et Détruir. Usages politiques des massacres et génocides*, Paris: Éditions du Seuil 2005 (deutsche Ausgabe: *Säubern und Vernichten. Die politische Dimension von Massakern und Völkermorden*, übers. von Thomas LAUGSTIEN, Hamburg: Hamburger Edition 2007).

47 Florence BEAUGÉ, „Les aveux du géneral Aussaresses: ‚Je me suis résolu à la torture'", in: *Le Monde*, 23.11.2000.

48 Paul AUSSARESSES, *Services spéciaux. Algérie 1955–1957*, Paris: Perrin 2001.

49 François BIZOT, *Le Portail. Nassaince d'un bourreau*, Vincennes: Talents Hauts 2006, 94.

50 Thierry CRUVELLIER, *Le maître des aveux*, Paris: Gallimard 2011, 79.

51 Vgl. die Anhörungsprotokolle aus dem Prozess (https://www.eccc.gov.kh/french/cabinet/caseInfo/61//E1_71.1_TR001_20090831_Final _FR_Pub.pdf).

52 Horacio VERBITSKY, *Der Flug. Wie die argentinische Militärdiktatur ihre Gegner im Meer verschwinden ließ*, Wien, Mandelbaum 2016, 15 (Originalausgabe: *El vuelo*, Buenos Aires: Editorial Sudamericana 2004).

53 Ebenda, 43.

54 Ebenda, 55.

55 Ebenda, 32.

56 Françoise SIRONI, *Bourreaux et victimes. Psychologie de la torture*, Paris: Odile Jacob 1999, 92.

57 Muriel MONTAGUT, *L'être et la torture*, Paris: PUF 2014, 57 ff.

58 Hannah ARENDT, *Eichmann in Jerusalem. Ein Bericht von der Banalität des Bösen*, München: Piper 2006, 400.

59 Primo LEVI, *I sommersi e i salvati*, Turin: Einaudi 1986, 257 (deutsche Ausgabe: *Die Untergegangenen und die Geretteten*, übers. von Moshe KAHN, München: Hanser 1990).

60 Vgl. Donatella DI CESARE, *Heidegger e gli ebrei. I „Quaderni neri"*, Turin: Bollati Boringhieri 2014, 219 ff. (deutsche Ausgabe: *Heidegger, die Juden, die Shoah*, Frankfurt am Main: Klostermann 2016, 271 ff.).

61 Hannah ARENDT, Joachim FEST, *Eichmann war von empörender Dummheit. Gespräche und Briefe*, München: Piper 2011, 103.

62 Charlotte LACOSTE, *Séductions du bourreau. Négation des victimes*, Paris: PUF 2010, 4–7.

63 Christopher R. BROWNING, *Ordinary Men. Reserve Police Battalion 101 and the Final Solution in Poland*, London: Penguin 2001, 71.

64 Philip ZIMBARDO, *The Lucifer Effect. How Good People Turn Evil*, New York: Random House 2007, 289.

65 María ZAMBRANO (1958/1996). *Persona y democracia. La historia sacrificial*, Madrid: Ediciones Siruela, 1996.

66 Mario BENEDETTI, *Pedro y el capitán*, Mexiko: Santillana 1979, 14.

67 Ebenda, 33.

68 Ebenda, 55.

69 Ebenda, 74–76.

70 Elias CANETTI, *Masse und Macht*, Frankfurt am Main: Fischer 1980, 317.

71 Marcelo VIÑAR, Maren VIÑAR, *Exil et torture*, 165.

72 Vgl. David LE BRETON, *Expériences de la douleur. Entre destruction et renaissance*, Paris: Éditions Métalillé 2010 (Kapitel 4: „Douleur et torture: la fracturation de soi").

73 AMNESTY INTERNATIONAL, *Combattre la torture*, Paris: EFAI 2004, 45.

74 Paul RICŒUR, „Préface" in: COMMISSION MÉDICALE DE LA SECTION FRANÇAISE D'AMNESTY INTERNATIONAL, Valérie MARANGE, *Médecins tortionnaires, médecins résistants*, Paris: Éditions la Découverte 1989, 9.

75 Paul RICŒUR, „La souffrance n'est pas la douleur" (1994), in: *Souffrance et douleur. Autour de Paul Ricœur*, hrsg. von Claire MARIN und Nathalie ZACCAÏ-REYNERS, Paris: PUF 2013.

76 Emmanuel LÉVINAS, *Zwischen uns. Versuch über das Denken an den Anderen*, übers. von Frank MIETHING, München: Hanser 1995, 119 (Originalausgabe: *Entre nous. Essais sur le penser-à-l'autre*, Paris: Grasset 1991).

77 Wolfgang SOFSKY, *Traktat über die Gewalt*, München: Fischer 1996, 82.

78 Paul CELAN, *Gedichte in zwei Bänden*, Frankfurt am Main: Suhrkamp 1975.

79 Vgl. Elaine SCARRY, *The Body in Pain. The Making and Unmaking of the World*, New York: Oxford University Press 1985 (deutsche Ausgabe: *Der Körper im Schmerz. Die Chiffren der Verletzlichkeit und die Erfindung der Kultur*, Frankfurt am Main: Fischer 1992).

80 Sándor FERENCZI, *Ohne Sympathie keine Heilung. Das klinische Tagebuch von 1932*, Frankfurt am Main: Fischer 1988.

81 Françoise SIRONI, *Bourreaux et victimes*, 119 ff.

82 Pierre DUTERTE, *Terres inhumaines. Un médicin face à la torture*, Paris: Lattès 2007, 73.

Verwaltung der Folter

1 Michel DE CERTEAU, „Corpi torturati, parole catturate", in: *Humanitas* 65, 2010/2, 301–307, hier: 302 f.

2 Vgl. den am 26.2.2016 veröffentlichten Bericht der ägyptischen Zeitung *Al-Masri al-Yum*, übersetzt von Matteo COLOMBO für den Blog *Verità per Giulio* (https://veritapergiulio.it/giulio-regeni-alcuni-fatti-ebc05251ed1a.qa-1j9uj80).

3 Vgl. Carlo BONINI, „‚Ecco chi ha ucciso Giulio': l'accusa anonima ai vertici con tre dettagli segreti sul caso Regeni", in: *La Repubblica*, 6.4.2016 (http://www.repubblica.it/esteri/2016/04/06/news/_ecco_chi_ha_ucciso_giulio_l_accusa_anonima_ai_vertici_che_revela_tre_dettagli_segreti-136996781/).

4 Ebenda.

5 Vgl. Lorenzo DECLICH, *Giulio Regeni, le verità ignorate. La dittatura di al-Sisi e i rapporti tra Italia ed Egitto*, Rom: Alegre 2016.

6 Michel DE CERTEAU, „Corpi torturati, parole catturate", 303.

7 Carl SCHMITT, *Der Begriff des Politischen*, 11.

8 Walter BENJAMIN, „Zur Kritik der Gewalt", in: *Gesammelte Schriften*, Band 2.1, hrsg. von Rolf TIEDEMANN und Hermann SCHWEPPEN-HÄUSER, Frankfurt am Main: Suhrkamp 1997, 188.

9 Vgl. auch Roberto ESPOSITO, *Immunitas. Protezione e negazione della vita*, Turin: Einaudi 2002, 34 ff. (deutsche Ausgabe: *Immunitas. Schutz und Negation des Lebens*, übers. von Sabine SCHULZ, Zürich–Berlin: Diaphanes 2021, 49 ff.).

10 Walter BENJAMIN, „Zur Kritik der Gewalt", 189.

11 Ebenda, 189.

12 Ebenda, 190.

13 Giorgio AGAMBEN, *Mezzi senza fine. Note sulla politica*, Turin: Bollati Boringhieri 1996, 86 (deutsche Ausgabe: *Mittel ohne Zweck. Noten zur Politik*, übers. von Sabine SCHULZ, Zürich–Berlin: Diaphanes 2001).

14 Siehe Interview: https://www.youtube.com/watch?v=xIehPfh9EO0

15 Roberto SETTEMBRE, *Gridavano e piangevano. La tortura in Italia: ciò che ci insegna Bolzaneto*, Turin: Einaudi 2014, 255.

16 Vincenzo CANTERINI, *Diaz. La verità sulla sanguinosa notte nel racconto di uno dei responsabili dell'ordine pubblico al G8 di Genova*, Mailand: Imprimatur 2012.

17 „Schwarzes Gesichtchen". Kampflied der italienischen Faschisten seit dem italienisch-äthiopischen Krieg 1935 *(A. d. Ü.)*.

18 Vgl. Adriano ZAMPERINI, Marialuisa MENEGATTO, *Relations technique-scientifiques. Les conséquences de la violence collective du sommet du G8 à Gênes*, Angelegenheit Azzolina et al./Italien, Antrag Nr. 28623/2011, Europäischer Gerichtshof für Menschenrechte, Straßburg 2014.

19 Vgl. Roberto SETTEMBRE, *Gridavano e piangevano*, 121.

20 Arthur LONDON, *L'aveu. Dans l'engrenage du procès de Prague*, Paris: Gallimard 1968 (deutsche Ausgabe: *Ich gestehe. Der Prozess um Rudolf Slansky*, übers. von Willy THALER, Hamburg: Hoffmann und Campe 1970).

21 AMNESTY INTERNATIONAL, *La torture*, Paris: Seuil 1984, 33.

22 http://www.ohchr.org/EN/HRBodies/CED/Pages/ConventionCED.aspx

23 Julio CORTÁZAR, „Realidad y literatura en América Latina", in: *Revista de Occidente*, 23–33.

24 Vgl. Daniela PADOAN, *Le pazze. Un incontro con le madri di Plaza de Mayo*, Mailand: Bompiani 2008.

25 Vgl. Donatella DI CESARE, *Se Auschwitz è nulla. Contro il negazionismo. Nuova edizione ampliata*, Turin: Bollati Boringhieri 2022, Genova.

26 Rodolfo WALSH, *El violento oficio de escribir. Obra periodistica (1953–1977)*, Buenos Aires: Espejo de la Argentina, Planeta ²1998, 251–256, hier: 251 f.

27 Vgl. AMNESTY INTERNATIONAL, „Mexico: Intolerable Killings: 10 Years of Abductions and Murders of Women in Ciudad Juárez and Chihuahua: Summary Report and Appeals Cases", 10.8.2003 (https://www.amnesty.org/en/documents/AMR41/027/2003/en/).

28 Otto DOERR-ZEGERS, „Torture: late sequelae and phenomenology", in: *Psychiatry: Interpersonal and Biological Processes* 55, 1992, 177–84.

29 Das *Kubark* ist mittlerweile im Netz verfügbar: http://nsarchive.gwu.edu/ NSAEBB/NSAEBB122/CIA%20Kubark%201-60.pdf

30 Vgl. hierzu *The Official Senate Report on CIA Torture* (2015).

31 Alfred W. MCCOY, *A Question of Torture. CIA interrogation, from the Cold War to the War on Terror*, New York: Henry Holt & Company 2006, 145 f.

32 Mark BOWDEN, „Con la forza e con il terrore", in: *Internazionale*, 6. November 2003.

33 http://www.jtfgtmo.southcom.mil/xWEBSITE/

34 Zum Zeitpunkt der Veröffentlichung der italienischen Originalausgabe des vorliegenden Buches im Jahr 2016 *(A. d. Ü.)*.

35 Amnesty International, *USA. The Threat of a Bad Example*, 18.8.2003, Index number: AMR 51/114/2003, 17 (https://www.amnesty. org/en/documents/amr51/114/2003/en/).

36 Judith BUTLER, *Precarious Life. The Powers of Mourning and Violence*, London–New York: Verso 2004, 71–110 (deutsche Ausgabe: *Gefährdetes Leben. Politische Essays*, übers. von Karin WORDEMANN, Frankfurt am Main: Suhrkamp 2010, 69–120).

37 Vgl. Carlo BONINI, *Guantanamo. Usa, viaggio nella prigione del terrore*, Turin: Einaudi 2004, 21 ff.

38 Vgl. Adam HOCHSCHILD, „What's in a word? Torture", in: *New York Times*, 23.5.2004 (http://www.nytimes.com/2004/05/23/opinion/what-s-in-a-word-torture.html?_r=0).

39 Vgl. Susan SONTAG, „Regarding the Torture of Others", in: *New York Times Magazine*, 23.5.2004 (http://www.nytimes.com/2004/05/23/magazine/regarding-the-torture-of-others.html).

40 Adriana CAVARERO, *Orrorismo ovvero della violenza inerme*, Mailand: Feltrinelli 2007, 142–154.

41 Siehe „The Human Behavior Experiments", *Sundance Channel*, 1.6.2006.

42 Mark DANNER, *Torture and Truth. America, Abu Ghraib, and the War on Terror*, New York: New York Review Books 2004.

43 HUMAN RIGHTS WATCH, „Getting away with Torture?" (http://pantheon.hrw.org/reports/2005/us0405/).

44 HUMAN RIGHTS WATCH, „'They want Us Exterminated'. Murder, Torture, Sexual Orientation and Gender in Iraq", 17.8.2009 (https:// www. hrw.org/report/2009/08/17/they-want-us-exterminated/murder-torture-sexual-orientation-and-gender-iraq).

45 Claudia CARD, *Confronting Evils. Terrorism, Torture, Genocide*, Cambridge: Cambridge University Press 2010, 227.

46 Vgl. Michel WIEVIORKA, *La violence*, Paris: Hachette 2005, 89.

47 Jules MICHELET, *La sorcière*, Paris: Lacroix 1862 (deutsche Ausgabe: *Die Hexe*, übers. von R. KLOSE, Leipzig: Schaefer 1863, digital verfügbar unter: https://www.digitale-sammlungen.de/de/view/bsb10101278?page=7).

48 Heinrich KRAMER (INSTITORIS), *Der Hexenhammer. Malleus malefi-carum*, München: dtv ³2003.
49 Brian P. LEVACK, *The Witch-Hunt in Early Modern Europe*, London: Rout-ledge 2006, 23.
50 Vgl. Marcello FLORES, *Lo stupro come violenza di guerra, in Stupri di guerra e violenze di genere, a cura di S. La Rocca*, Rom: Ediesse 2015, 139–150.
51 Giorgio AGAMBEN, *Homo sacer. Il potere sovrano e la nuda vita*, Turin: Einaudi 1995, 197 (deutsche Ausgabe: Giorgio AGAMBEN, *Homo sacer. Die souveräne Macht und das nackte Leben*, übers. von Hubert THÜRING, Frankfurt am Main: Suhrkamp 2002).
52 Johanna BOURKE, *Rape. A History from 1860 to the Present Day*, London: Virago Press 2007, 7.
53 SIEHE HUMAN RIGHTS WATCH, „*The Power These Men Have Over Us*", 8.9.2014 (https://www.hrw.org/report/2014/09/08/power-these-men-have-over-us/sexual-exploitation-and-abuse-african-union-forces).
54 Erving GOFFMAN, *Asylums. Essays on the Social Situation of Mental Patients and Other Inmates*, New York: Random House 1961 (deutsche Ausgabe: *Asyle. Über die soziale Situation psychiatrischer Patienten und anderer Insassen*, Frankfurt am Main: Suhrkamp, ¹⁰1995).
55 Ariel DORFMAN, *Der Tod und das Mädchen. Stück in 3 Akten*, übers. von Stephan ULLI, Frankfurt am Main: Fischer 1992, 61–62.
56 Vgl. Eric STOVER, Elena O. NIGHTINGALE (Hg.), *The Breaking of Bod-ies and Minds. Torture, Psychiatric Abuse, and the Health Professions*, New York: W. H. Freeman & Co 1985.
57 Franco BASAGLIA, Franca ONGARO BASAGLIA, *Crimini di pace. Ricerche sugli intellettuali e sui tecnici come addetti all'oppressione a cura di Franco Basaglia e Franca Ongaro Basaglia*, Mailand: Baldini & Castoldi, 2013 (1975), 21–22.
58 Lelio BASSO, *La tortura oggi in Italia*, Novara: Civiltà 1953.
59 AMNESTY INTERNATIONAL, *Tortura negli anni '80*, Pordenone: Studio Tesi 1985, VIII.
60 Alessandro MANZONI, *Storia della colonna infame*, Mailand: Feltrinelli 2015 (1840), 55–56.
61 Das Interview ist online verfügbar: http://www.rai.it/dl/RaiTV/programmi/media/ContentItem-f9f29993-8740-479d-bccd-97d252a45f74.html.
62 Siehe das Interview von Fulvio BUFI, „Corriere della sera", 10.2.2012.
63 Vgl. für einen Überblick die Website „Insorgenze" (https://insorgenze.net/category/torture/).
64 Adriano SOFRI, „L'uso della tortura negli anni di piombo" (Der Einsatz von Folter in den Bleiernen Jahren), in: *La Repubblica*, 16.2.2012.
65 Vgl. Antonio MARCHESI, „Gli obblighi italiani di criminalizzazione della tortura e la vicenda italiana", in: Caterina PERONI, Simone SANTORSO (Hg.), *Per uno Stato che non tortura*, Mailand: Mimesis 2015, 59–74.

Frédéric Gros

Warum Krieg?

Es herrscht wieder Krieg in Europa. Frédéric Gros nimmt den Angriffskrieg Russlands auf die Ukraine zum Anlass, um die politische Bedeutung des Krieges philosophisch zu reflektieren. Was können wir aus der Geistesgeschichte über den aktuellen Krieg lernen? Und haben wir die Rückkehr eines „totalen" Krieges zu befürchten?

Glaubt man den Worten des französischen Generals Le Borgne, ist der Krieg „in Hiroshima gestorben". Verschwunden ist er jedoch keineswegs: In Gestalt des Terrorismus, des Nahostkonflikts, der Kriege im Mittleren Osten oder der Balkankriege war er immer präsent. Aber mit Russlands Invasion der Ukraine wurde ein neues Kapitel aufgeschlagen. Von einer Zeitenwende und von der Auflösung der Nachkriegsordnung ist die Rede. Bedeutet das, dass wir heute eine wahrhafte Rückkehr des Krieges mit all seinen Schrecken und Gräueltaten erleben, die Rückkehr einer Form des Krieges, die man bereits für tot erklärt hatte? Mit Rückgriff auf die großen Denker der politischen Philosophie von Platon über Machiavelli und Hobbes bis Marx versucht Frédéric Gros, diese Frage zu beantworten. Er untersucht, wie Kriege politisch legitimiert werden, auf welche Moralvorstellungen dabei zurückgegriffen wird, und arbeitet den Zusammenhang zwischen Krieg und Staatlichkeit heraus. Dabei bleibt als konkreter Bezugspunkt immer die Aggression Russlands und die Selbstverteidigung der Ukraine im Fokus sowie die Frage, für welchen Frieden ein Krieg letztlich geführt wird.

Jacques Derrida

Die Todesstrafe I

Seminar 1999–2000

Für Jacques Derrida bildete die Tätigkeit als Lehrender zeitlebens eine Quelle seines Denkens und Schreibens. Mit *Die Todesstrafe* liegt nun ein weiteres der Seminare Derridas vor.

Reflexionen über das „Vergeben" und das „Nichtvergebbare" führen Derrida zur Befragung der Todesstrafe als irreversible Sanktion. Im Fokus stehen dabei vor allem drei Begriffe, die sich als problematisch erweisen: Souveränität, Ausnahme und Grausamkeit. Es stellt sich die Frage, warum internationale Konventionen die Abschaffung grausamer Strafen fordern, insbesondere der Todesstrafe, ohne die Staaten je dazu zu verpflichten – mit der Begründung, dass ihre Souveränität zu achten sei. Ausgehend von vier paradigmatischen Fällen zum Tode Verurteilter (Sokrates, Jesus, Al Halladsch, Jeanne d'Arc) wird anhand kanonischer Texte (Beccaria, Kant, Hugo, Camus, Genet, Badinter) und einschlägiger Rechtsdokumente die Logik und Rhetorik dieser Argumentation untersucht. Konkrete Bezugspunkte bilden dabei die Bewegungen zur Abschaffung der Todesstrafe in Frankreich und den USA.

Jacques Derrida

Die Todesstrafe II

Seminar 2000–2001

In dem zweijährigen Seminar über die Todesstrafe wird das in Europa bereits erledigt geglaubte, aber irritierend oft wiederauftauchende Thema der Todesstrafe ebenso umfassend wie strikt erörtert, wobei auch tagesaktuelle Bezüge aufblitzen.

Das zweite Studienjahr wagt nach einer kurzen Anknüpfung an die zentralen Begriffe des vergangenen Jahres – Souveränität, Ausnahme und Grausamkeit – einen Neuanfang. Dieser ist durch drei Fragen gekennzeichnet, die sich durch die Lektüre diverser Texte (von Kant, Freud, Reik, Heidegger, aber auch Kafka und Benjamin) ziehen: „Was ist ein Akt? Was ist ein Alter? Was ist ein Begehren?" Neben der Frage, ob es sich bei der Todesstrafe um eine Fremd- oder eine Selbst-Bestrafung handelt, geht es auf einer grundlegenderen Ebene um drei Formen der Verurteilung: die zum Sterben im Allgemeinen, zum Sterben in kurzer Zeit (z. B. an einer Krankheit) und die Verurteilung zum Tode durch ein Strafgerichtsurteil. Hierbei zeigt sich, dass nur Letztere eine Entscheidung impliziert, die Entscheidung des Anderen.

Françoise Vergès

Eine feministische Theorie der Gewalt

Die Antwort auf sexualisierte Gewalt gegen Frauen besteht oft in der Ausweitung strafrechtlicher Maßnahmen gegen Männer. Vergès zeigt auf, wie diese Maßnahmen rassistische, klassistische und sexistische Gewalt fortschreiben. Sie zeichnet ein komplexes Bild patriarchaler Gewalt und ruft auf zu einem Feminismus, der sich dem staatlichen Sicherheitsparadigma widersetzt.

Gleichberechtigung hat es auf die Agenda liberaler westlicher Demokratien geschafft: Staatliche Instrumente wurden eigens geschaffen, um gegen geschlechterbasierte Diskriminierung vorzugehen und Frauen vor sexualisierten Übergriffen zu schützen. Gleichzeitig nutzen dieselben Staaten systematisch sexualisierte Gewalt als Mittel der Kriegsführung, profitieren von der Ausbeutung rassifizierter Frauen im Niedriglohnsektor und gehen mitunter gewaltvoll gegen antikapitalistische feministische Proteste vor. Françoise Vergès zeigt nicht nur auf, wie stark die vermeintlich progressiven staatlichen Sicherheitsmaßnahmen von patriarchaler, rassistischer und kapitalistischer Gewalt durchzogen sind. Sie skizziert auch eine alternative dekoloniale und feministische Politik jenseits der Ausweitung strafrechtlicher Institutionen.